STANISLAS MEUNIER

Professeur honoraire au Muséum national d'Histoire Naturelle
Ancien Président de la Société Géologique de France

HISTOIRE GÉOLOGIQUE
DE
LA PLUIE

PARIS
LIBRAIRIE VUIBERT
63, Boulevard Saint-Germain, 63

1921

livre de prix

Mariette Gauthier

en 3ᵉ année à la fin

soit année 1922

Examen de 3ᵉ

reçue

Félicitations!!!!....

6 Mars 1923

11ʰ du soir

Veut repasser composition
de géographie demain
pallou 12 - 1

y'n'encore une version
latine à finir
et tout à remettre
au nette et j'ai
sommeil
enfin! courage!
Bonsoir livre:
Bonsoir.
Mariette

HISTOIRE GÉOLOGIQUE DE LA PLUIE

STANISLAS MEUNIER

Professeur honoraire au Muséum national d'Histoire Naturelle
Ancien Président de la Société Géologique de France

HISTOIRE GÉOLOGIQUE

DE

LA PLUIE

PARIS

LIBRAIRIE VUIBERT

63, Boulevard Saint-Germain, 63

1921

A MA FILLE

COMME A MON INFATIGABLE COMPAGNE D'EXCURSIONS

EN FRANCE, EN ITALIE, EN SUISSE,

EN AUTRICHE, EN POLOGNE,

EN FINLANDE, DANS LE BASSIN DE LA VOLGA,

SUR LA CASPIENNE ET EN ARMÉNIE,

EN SOUVENIR DES DISTANCES PARCOURUES

ET DES PLUIES ESSUYÉES.

S. M.

PRÉFACE

La pluie est une grande méconnue. On pourrait dire que dans le plus grand nombre des cas, on ne la prend pas au sérieux ; elle est le symbole auquel on compare tous les ennuis ; c'est un accident, objet de beaucoup plus de malédictions que de manifestations d'intérêt ou de considération.

Aussi n'est-ce pas sans une certaine surprise qu'on arrive à reconnaître que de gigantesques travaux naturels, déterminants de la forme du sol et auxquels il faut attribuer la plupart des traits caractéristiques dés paysages, lui sont dus, malgré l'opinion qui en a reporté l'origine à des agents géologiques d'allure bien plus intense et de violence subite et irrésistible.

C'est d'ailleurs l'idée de cette soudaineté et de cette violence qui a faussé la plupart des chapitres de la géologie et contre laquelle ont réagi les progrès de la science.

Mais si, grâce à elle, on en arrive à substituer à l'improvisation fulgurante de la planète, le résultat d'actions lentes et progressives indéfiniment poursuivies, pour la pluie on en est encore, — ou bien peu s'en faut, — à la méconnaissance d'une évolution réalisée par la persistance, au travers de temps interminables, d'actions à chaque instant presque insensibles. Et c'est comme conséquence d'études patientes et délicates des effets de la pluie sur le sol, qu'on a, sans hésitation, développé la doctrine, si essentiellement contraire à l'observation indépendante des faits, des *révolutions du globe*.

Nul sujet n'est plus éloquent à cet égard que l'histoire du creusement des vallées et l'on retrouverait bien vite de prétendus « maîtres de la Science » qui, — à l'instar de Cuvier lui-même, mais sans avoir aujourd'hui les motifs atténuants qu'on peut alléguer quant à celui-ci, — développent la thèse d'un torrent de 15 kilomètres de largeur et de 150 mètres de profondeur, dont le fleuve actuel n'est qu'un infime résidu et dont le tarissement est continu. « Vous refusez toujours de croire, me disait encore l'un d'eux en 1910, lors de la dernière grande inondation du bassin parisien, à la grande Seine quaternaire? » Et comme je lui répondais ces simples mots : « Plus que jamais », il passa sans transition à un autre sujet de conversation.

Il est impossible de se faire une idée précise de la première manifestation de la pluie sur la planète. Cependant, l'un des besoins les plus pressants de notre esprit étant l'approximation basée sur des analogies, nous déduisons de l'état actuel du Soleil, l'état passé de la Terre, alors que la matière cosmique subissait, sous l'influence du refroidissement, un commencement d'organisation, résultant de la séparation entre les divers éléments de l'astre.

Et de même que la photosphère du Soleil nous montre, — par l'analyse spectrale, — de la vapeur d'eau, nous en inférons que la vapeur d'eau dut être l'un des corps qui se définirent d'abord dans l'atmosphère primitive de la Terre.

Lorsqu'une écorce solide se fut constituée et sépara le noyau fluide interne de l'énorme masse gazeuse extérieure, toujours sous l'action du refroidissement, l'écorce terrestre dut se contracter, afin de suivre son support central sans cesse en voie de retrait, d'où plissements et brisures, et ces « bossellements » enfin, qui ont donné lieu aux chaînes de montagnes et aux bassins des mers, tandis que la condensation des vapeurs atmosphériques produisait les déluges dont les eaux s'amassaient dans les dépressions, en y entraînant une infinité de corps fluides ou solides, qui dorénavant appartiendront à la croûte terrestre.

L'atmosphère en fut diminuée et épurée, et sans qu'elle s'appauvrît de l'eau qui lui est nécessaire, puisque, par une distillation constante, les vapeurs, s'élevant sans cesse des parties mouillées du sol, lui rapportent de quoi alimenter indéfiniment de nouvelles pluies. Celles-ci l'ont rendue, peu à peu, respirable et ont permis l'apparition de la vie qui, telle que nous la connaissons, ne se serait pas accommodée des lourdes matières primitives en suspension.

Ce rôle, qu'elle eut dès son apparition, d'alléger, de nettoyer l'atmosphère, la pluie le continue, en précipitant sur le sol les poussières de toutes sortes qui continuellement se répandent dans l'air, sables des déserts, cendres volcaniques, aussi bien que détritus organiques, emportés, charriés par les vents à de grandes hauteurs, à d'énormes distances.

Ce n'est que très progressivement que l'eau de pluie est devenue à peu près pure, ne renfermant que des traces de substances étrangères. A cet égard, rien n'est plus frappant que le contraste entre la salure de l'eau de mer et la douceur de l'eau de pluie.

Et maintenant, nous en sommes manifestement à la phase ultime du lavage, par l'eau du ciel, de tout ce qui, à l'état solide comme à l'état liquide, n'est pas incorporé dans la mer, pendant que celle-ci s'est constituée à l'état de bassin de concentration de tous les sels primitifs solubles. Même au voisinage des côtes, on est frappé de la pureté des eaux renfermées dans le sol superficiel et l'on ne tarde pas à reconnaître que les vapeurs que l'atmosphère pompe dans la mer sont de véritables produits de distillation.

Si, çà et là, des fractions d'eau salée sont isolées de la grande masse aqueuse par la production des marais salants, c'est encore sans contradiction avec la disposition dont il s'agit et qui continue d'être prépondérante dans le phénomène sédimentaire. C'est, en effet, un autre exemple de ces phénomènes de compensation dont le type concerne la manière d'être du gaz carbonique dans l'atmosphère. La quantité de matières hallogènes, sel gemme, nitrate de potasse, carbonate de soude, est exactement réglée, comme les $3/10\,000$ de ce gaz dans l'atmosphère sont exactement maintenus.

Pour avoir de la pluie une opinion conforme à son rôle dans la Nature, nous esquisserons le plan qui nous paraît le plus propre à mettre ce rôle en valeur :

Nous considérerons d'abord le phénomène pluviaire à proprement parler. A première vue, c'est une question purement météorologique, mais comme beaucoup d'autres sciences à apparence indépendante, la météorologie n'est qu'un chapitre de la géologie, l'atmosphère faisant partie de la Terre, aussi bien que son noyau central.

L'eau étant tombée sur le sol y détermine, aux dépens des roches, des modifications en général si lentes qu'on les a souvent méconnues et qui, peu à peu, ont conquis dans l'ensemble de nos connaissances une place considérable. Ces phénomènes sont de deux catégories nettement différentes : les uns étant purement mécaniques, les autres d'essence chimique ; ils s'accompagnent d'ailleurs, très fréquemment.

A la pluie se rattache, comme à leur cause unique, l'existence des cours d'eau, ruisseaux, rivières, fleuves, et par conséquent des bassins hydrographiques eux-mêmes.

D'une façon symétrique se présente à nous l'histoire de la portion de l'eau tombée du ciel, qui s'infiltre dans le sol et qui y circule en tous sens.

Une fois ce programme parcouru, nous considérerons le phénomène pluviaire dans ses relations avec les autres fonctions dont la vie de la Terre est la résultante. Qu'il s'agisse du soulèvement des montagnes (fonction corticale), de l'explosion des volcans, du métamorphisme et de la concrétion des gîtes minéraux (fonction bathydrique), du régime des sources aqueuses et de l'origine du modelé du sol de tous genres (fonction épipolhydrique), des réactions d'origine marine (fonction océanique), de l'existence même et du rôle des glaciers, de la fonction éolienne et enfin de la fonction biologique, l'eau de pluie intervient toujours comme l'un des facteurs principaux.

Une dernière partie de nos études sera relative à la découverte et à l'examen de traces renfermées dans l'épaisseur des sédiments de tous les âges et qui témoignent non seulement de l'intervention de la pluie, mais aussi de l'intime ressemblance de la pluie géologique avec le phénomène actuel.

En somme, si nous avons donné à ce volume le titre d'*Histoire géologique de la pluie,* c'est afin de réhabiliter une grande méconnue, et pour que le lecteur ait sans cesse présente à l'esprit cette cause, cette mère de l'eau qui dort (en apparence), et qui circule en surface et en profondeur par toute l'étendue de la Terre.

HISTOIRE GÉOLOGIQUE
DE
LA PLUIE

INTRODUCTION

LA MÉTÉOROLOGIE DE LA PLUIE

Sommaire. — *L'atmosphère.* — Sa composition.
La température. — Absorption de la chaleur solaire par l'atmosphère. Calories répandues par
le Soleil sur la Terre. Décroissance de la température avec l'augmentation de l'altitude.
Températures extrêmes : le pôle du froid et le Sahara.
Le vent. — Influence de la rotation de la Terre sur les courants aériens. Vents alizés. Moussons. Vents du désert. Pays sans pluie. Le khamsin et les débordements du Nil. Brises de
terre et de mer. Cyclones. Trombes.
L'évaporation. — Vapeur d'eau de l'atmosphère ; son pouvoir absorbant de la chaleur. Pays
secs et pays humides.
Les nuages. — Leur classification. Comment ils se produisent. Leur constitution éclairée par
la méthode expérimentale. Électricité qu'ils dégagent. Le brouillard.
La pluie. — Théories auxquelles elle a donné lieu. Hypothèse sur le rôle des *ions.* Pluies
convectives, orographiques, cycloniques. Le pluviomètre. Statistique de la pluie. Les grandes
pluies. Les inondations dans la région parisienne. Moyens préventifs. La neige et la grêle.
Analyse chimique de la pluie. Poussières entraînées par la pluie.

L'atmosphère. — Il nous faut faire quelques remarques sur
cette atmosphère, qui tient en suspension l'eau évaporée de la
surface du globe et qui la lui rend par condensation.

Elle a été explorée par les ballons-sondes jusqu'à l'altitude de
3o kilomètres ; mais nous savons par l'observation des météores
lumineux qu'elle a une profondeur d'au moins 15o kilomètres.

A partir de 6 ooo mètres, on commence à respirer péniblement
dans l'air déjà très raréfié. En outre, la composition de la masse

Stan. Meunier. — La Pluie. I

gazeuse varie extrêmement dans les grandes hauteurs : la proportion d'azote augmente d'abord : à 20 kilomètres, elle est de 85 %, l'oxygène a 15 %, tandis que sur le sol, ces deux gaz sont dans les proportions de 78,1 % et de 20,9 %, le reste se répartissant entre l'argon, l'hélium, l'hydrogène, etc. D'après un savant allemand, A. Wegener[1], le maximum de l'azote serait de 88 1/2 % contre 10 % d'oxygène et 1 % d'hydrogène, à 40 kilomètres. Au-dessus, l'azote diminuerait et l'hydrogène augmenterait ; à 60 kilomètres, il y aurait 77 % d'azote, 12 % d'hydrogène, 6 % d'oxygène, 1 % d'hélium. Ce serait ensuite la zone de l'hydrogène, qui s'étendrait entre les altitudes de 80 et 220 kilomètres. A 100 kilomètres, il n'y aurait plus que 1 % d'azote, 4 % d'hélium et 55 % d'hydrogène. C'est alors qu'apparaîtrait le coronium, dont la présence a été constatée dans l'atmosphère solaire et qui se partagerait la nôtre avec l'hydrogène, jusqu'à la hauteur de 500 kilomètres. Il va sans dire que ces chiffres, qui s'appuient en petite partie sur des observations spectroscopiques, n'ont pas été contrôlés. Ils n'ont cependant rien d'invraisemblable.

La température. — Le Soleil est le père de la pluie aussi bien que de la chaleur de notre globe. Sans tenir compte de celle du centre, isolée de l'atmosphère par l'écorce solide, nous considérerons les rayons qui traversent l'air et vivifient les mers et les continents.

On sait que la latitude, l'altitude, les saisons, l'heure sont autant de causes des variations de la température, et nous ne répéterons pas des notions qui s'apprennent à l'école primaire. Disons seulement que l'atmosphère absorbe une partie de la chaleur que nous envoie le Soleil et que cette absorption dépend de la composition de l'atmosphère et de l'obliquité des rayons, c'est-à-dire de la quantité d'air qu'ils ont à traverser. L'absorption est faible dans un air sec.

« En supposant, dit M. Angot[2], que le Soleil ne soit jamais caché par les nuages, la quantité de chaleur qu'il enverrait pen-

[1] Cité dans *la Nature* du 28 octobre 1911 d'après *Fortschritte der Abhanlungen*, tome III et *Physicalische Zeitschrift*, XII, 1911.
[2] *Traité élémentaire de Météorologie.*

dant toute l'année à l'équateur sur une surface donnée équivau-
drait seulement à la chaleur que dégagerait la combustion d'une
couche de houille épaisse de $0^m,34$ qui recouvrirait cette surface. La chaleur qui parvient réellement au sol, après avoir subi
l'absorption atmosphérique, est beaucoup plus faible ; elle équivaut à celle que donnerait une couche de houille épaisse de
$0^m,24$ si la transparence atmosphérique est de 0,8, et de $0^m,17$
si la transparence descend à 0,6. » Le même auteur donne
d'autres chiffres qui présentent la question sous un autre
aspect. Les calories répandues par le Soleil sur la Terre représentent celles qui seraient nécessaires, à l'équateur, pour fondre
en une année une couche de glace de $54^m,8$, ou de $39^m,4$, ou de
$26^m,7$ d'épaisseur, selon que le coefficient de transparence serait
de 1, 0,8, 0,6.

Au pôle, la couche de glace fondue par la chaleur du Soleil
serait encore de $22^m,8$, $10^m,7$, $4^m,4$, selon les différents coeffi-
cients de transparence. Et dans la même hypothèse, la quantité
totale de chaleur reçue par toute la Terre fondrait une couche de
glace de $28^m,6$, $19^m,4$, $12^m,5$.

La température décroît avec l'altitude, de même que la pression. Nous savons tous combien est froid l'air dans les hautes
montagnes. Les aviateurs sont obligés de se couvrir comme les
voyageurs polaires, et les ballons-sondes, avec leurs thermomètres et leurs baromètres, ont enregistré des températures de
— 60°, de — 70° à des hauteurs de 14000 à 15000 mètres. Si
cette décroissance était uniforme, à quel chiffre n'arriverait-on
pas, pour des hauteurs comme celles dont nous parlions dans le
paragraphe précédent, ou simplement à une hauteur de 50 kilomètres ? La loi de décroissance qu'on a voulu formuler de 0°,5
ou 0°,6 par 100 mètres, subit sans doute bien des modifications.

De même que la montagne, mais pour une raison différente,
la mer diminue la chaleur de l'air ; une grande partie de cette
chaleur étant employée à l'évaporation de l'eau. D'un autre côté,
les courants qui font dans la mer une si merveilleuse canalisation
d'eau chaude et d'eau froide, modifient heureusement la température de l'air, faisant des régions tempérées de celles situées
déjà sous de hautes latitudes, rafraîchissant des côtes comme celles
du Chili, qui, ainsi, ne souffrent pas du voisinage des tropiques.

Aussi, les températures extrêmes se rencontrent-elles loin des mers, dans ces contrées désolées dont la dureté des climats a fait des déserts. Lors de l'expédition de Khiva, les soldats russes eurent à supporter dans les steppes du Turkestan, au mois d'avril 1872, une température de — 70° C.

L'évaporation était telle que les barils qui, au départ, le 16 avril, contenaient 50 litres d'eau, n'en renfermaient plus que 25 deux jours après. Cette sécheresse de l'air, jointe à l'absence du vent, permet à la vie de subsister.

Le pôle du froid est pour notre hémisphère en Sibérie, vers Iakoutsk, où l'on a observé une température inférieure à — 72°. En été, la température dépasse parfois 30° C, écart dont il semble incroyable que l'être humain puisse s'accommoder.

Les plus hautes températures connues sont dans le Sahara, mais elles ne semblent pas avoir été beaucoup au delà de 50° C. En France, pays essentiellement tempéré, le thermomètre est monté pourtant jusqu'à 41°,2 et s'est abaissé jusqu'à — 20°.

Le vent. — Le soleil et le vent sont les facteurs principaux de la circulation atmosphérique, ou plutôt, le soleil est son principe, son moteur ; le vent, sa manifestation la plus sensible.

Il faut d'abord considérer les vents alizés, ces courants d'air permanents, superposés l'un à l'autre et se mouvant dans des directions opposées. Dans notre hémisphère, le courant supérieur va de l'équateur vers le pôle ; le courant inférieur, des pôles vers l'équateur.

Il est intéressant de rappeler ici l'ingénieux raisonnement que Tyndall([1]) a si bien exposé. « Si, dit-il, la Terre était immobile, ces deux courants iraient directement du sud au nord et du nord au sud ; mais la Terre tourne de l'ouest à l'est autour de son axe, une fois en vingt-quatre heures. En vertu de cette rotation, un individu situé à l'équateur est emporté circulairement avec une vitesse de 1600 kilomètres à l'heure. Vous avez sans doute observé ce qui arrive quand une personne sort sans précaution d'une voiture en mouvement. Elle est animée de la vitesse de la

([1]) *La Chaleur considérée comme un mode de mouvement,* traduit par l'abbé Moigno. Un vol. in-12, Paris, 1864, p. 165.

voiture, et lorsque son pied touche la terre, elle est poussée en avant dans la direction de cette vitesse. C'est ce qui rend presque toujours fatal l'acte de sauter d'un wagon sur le quai, lorsque le train est en pleine marche. Quand nous nous éloignons de l'équateur, la vitesse due à la rotation de la terre se ralentit; elle devient nulle aux pôles. En un point quelconque, elle est proportionnelle au rayon du parallèle de la latitude et diminue à mesure que ce cercle diminue lui-même. Cela posé, imaginez un individu soudainement transporté de l'équateur en un lieu où la vitesse, due à la rotation, n'est plus que de 1.500 kilomètres à l'heure; en touchant la terre, il devra être poussé en avant dans la direction de l'est avec une vitesse de 100 kilomètres à l'heure, différence entre la vitesse avec laquelle il était entraîné à l'équateur et la vitesse à la surface de la terre dans sa nouvelle. position.

« Des considérations semblables s'appliquent au transport de l'air des régions équatoriales aux régions septentrionales, et *vice versa*. A l'équateur, l'air possède la vitesse de la Terre en ce point; et en la quittant, il doit obéir non seulement à sa tendance vers le nord, mais aussi à sa tendance vers l'est ; il prendra donc une direction moyenne ou résultante. Plus il va loin au nord, plus il est dévié de sa direction première, plus il tourne vers l'est; il devient ce que nous appellerons un vent ouest. Le contraire a lieu pour un courant venant du nord ; celui-ci passe d'un lieu où la vitesse est plus petite à un lieu où la vitesse est plus grande, et son mouvement s'accorde avec celui de la Terre. Voilà pourquoi le vent qui a d'abord soufflé au nord est bientôt un vent nord-est et tend à devenir de plus en plus un vent d'est, à mesure qu'il s'approche de l'équateur. »

L'existence de courants atmosphériques supérieurs se dirigeant en sens inverse des autres est prouvée par ce fait que, sous les tropiques, on voit, dans les hautes régions de l'atmosphère, des nuages se mouvoir dans une direction opposée à celle du vent.

Les volcans nous donnent aussi des indications sur ces alizés supérieurs, des cendres d'éruptions ayant été transportées à des distances considérables, 1 280 kilomètres par exemple, dans une direction diamétralement opposée à celle du vent régnant dans les régions basses de l'atmosphère.

Enfin, les ballons-sondes, qui dépassent 8 à 10000 mètres, montrent également que les courants aériens ont une direction constante de l'est à l'ouest.

Ces courants aériens, de même que les courants marins, sont un bienfait pour nos contrées, car le courant supérieur, à mesure qu'il s'éloigne de l'équateur, se refroidit et descend vers le sol. C'est ainsi qu'au sommet du pic de Ténériffe, le voyageur se trouve dans un courant d'air, alors qu'un vent contraire soufflait à la base. L'Europe presque entière bénéficie de ce courant tiède. « Ici, à Londres, dit encore Tyndall(¹), pendant huit ou neuf mois de l'année, les vents du sud-ouest prévalent. Et remarquez quelle influence cette prédominance doit avoir sur notre climat. L'humidité de l'océan équatorial vient à nous douée d'une énergie potentielle, avec ses molécules séparées, aptes par conséquent à se heurter et à développer de la chaleur par leur collision ; il est, si vous voulez, comme chargé de chaleur latente. Sans la rotation de la Terre, nous recevrions les bouffées chaudes et sèches de l'Afrique. Mais, grâce à cette rotation, le vent qui, parti du golfe du Mexique, irait au nord, est détourné vers l'Europe. L'Europe est, par conséquent, le récipient de ces provisions de chaleur amassées dans l'Atlantique occidental.

« Les îles de la Grande-Bretagne ont la plus grande part de cette humidité et de cette chaleur, et cette circonstance, s'ajoutant à la chaleur spécifique de l'eau, contribue puissamment à défendre notre climat des froids et des chaleurs extrêmes. C'est à cet état de choses que nous devons nos champs si verts et les joues roses de nos jeunes filles. »

Ajoutons que la région des calmes tropicaux, où l'air descend presque verticalement, et qui est d'environ 4° (entre le quatrième parallèle nord et l'équateur lui-même), marque la limite des alizés.

Cette grande circulation n'est pas sans subir des modifications de la part d'autres vents engendrés par les saisons, le jour et la nuit, des actions locales, la distribution irrégulière de la terre et des eaux.

Ce dernier cas donne lieu dans la mer des Indes et dans la

(1) Loc. cit., p. 170.

mer de Chine aux moussons (de l'arabe *moussim*, saison). La
direction des alizés subit là un changement qui les fait passer de
six mois en six mois du N.-E. au S.-O., et réciproquement. Le
renversement se produit en quinze jours, dans un calme profond, interrompu brusquement par des cyclones et des typhons.
Durant la mousson du N.-E., le temps est parfaitement beau ;
durant celle du S.-O., le temps est constamment à la pluie ; et
c'est pourquoi, dans ces deux climats, on ne connaît que deux
saisons : la saison sèche et la saison pluvieuse.

Une cause analogue à celle des moussons engendre dans la
Méditerranée, à cause de l'échauffement par l'air, venu du
Sahara, où souffle le simoun asphyxiant chargé de poussières,
le siroco, auquel s'oppose le mistral venu du nord.

Des voyageurs nous ont fait des tableaux énergiques des
vents du désert, jamais rabattus par la pluie.

« Des dunes, semblables à des vagues, s'élèvent l'une derrière
l'autre jusqu'aux limites de l'horizon, séparées par d'étroites
vallées qui représentent les dépressions des grandes lames de
l'Océan, dont elles simulent tous les aspects. Tantôt elles
s'amincissent en crêtes tranchantes, s'effilent en pyramides, et
tantôt s'arrondissent en voûtes cylindriques. Vues de loin, ces
dunes nous rappelaient aussi quelquefois, les apparences du
névé, dans les cirques et sur les arêtes qui avoisinent les plus
hauts sommets des Alpes. La couleur prêtait encore à l'illusion.
Modelés par les vents, les sables brûlants du désert prennent les
mêmes formes que les névés des glaciers.

« Deux vents, celui du nord-ouest et celui du sud ou *simoun*
règnent dans le désert. Leurs efforts se contrebalancent si bien
que l'un ramène le sable que l'autre a déplacé et la dune reste en
place et conserve sa forme : l'Arabe nomade la reconnaît et c'est
pour les étrangers que des signaux, formés d'arbrisseaux qu'on
accumule sur les crêtes, jalonnent la route des caravanes.

« Quand le temps est clair, rien de plus facile que de se diriger
dans le désert ; mais quand le simoun se lève, l'air se remplit
d'une poussière dont la finesse est telle qu'elle se tamise à travers les objets les plus hermétiquement fermés, pénètre dans les
yeux, les oreilles, les organes de la respiration. Une chaleur
brûlante, pareille à celle qui sort de la gueule d'un four, embrase

l'air et brise la force des hommes et des animaux. Assis sur le sable, le dos tourné du côté du vent, les Arabes, enveloppés de leurs burnous, attendent avec une résignation fataliste la fin de leur tourment, leurs chameaux accroupis, épuisés et haletants, étendent leurs longs cous sur le sol brûlant. Vu à travers ce nuage poudreux le disque du soleil, privé de ses rayons, est blafard, comme celui de la Lune. Dans le Souf, ces vents ensevelissent les caravanes sous des masses de sables énormes : c'est ainsi que périt l'armée de Cambyse, et les nombreux squelettes de chameaux que nous rencontrons témoignent que ces accidents se renouvellent encore quelquefois (¹). »

« Notre station matinale portait le nom charmant d'Adamkyrylan (traduisez : endroit où périssent les hommes), et il suffisait de jeter un regard vers l'horizon pour se convaincre que cette appellation tragique ne lui avait pas été gratuitement donnée. Qu'on se représente un océan de sable s'étendant à perte de vue, façonné d'un côté, par le souffle furieux des ouragans, en hautes collines semblables à des vagues ; de l'autre, en revanche, représentant assez bien le niveau d'un lac paisible à peine ridé par la brise du couchant. Dans l'air, pas un oiseau : sur la terre, pas un animal vivant, pas même un ver, pas même un grillon. Nuls vestiges autres que ceux dont la mort a semé ces vastes espaces ; des monceaux d'os blanchis, que chaque passant recueille et réunit pour servir de jalons à la marche des voyageurs qui lui succèderont. »

Mais ces horreurs ne sont rien, auprès de celles que déchaîne la tempête.

« ...Nos pauvres chameaux, plus expérimentés que nous, avaient déjà reconnu l'existence du *tebbad* : après une clameur désespérée, ils tombèrent à genoux sur le sol, allongeant leurs cous sur le sol et s'efforçant de cacher leurs têtes dans le sable. Derrière eux, comme à l'abri d'un retranchement, nous venions de nous agenouiller, quand le vent passa sur nous avec un frémissement sourd et nous enveloppa d'une croûte de sable épaisse d'environ deux doigts. Les premiers grains dont je sentis le contact produisirent sur moi l'effet d'une véritable pluie de feu.

(¹) Charles Martins, *Tableau physique du Sahara oriental.*

Si nous avions subi le choc du tebbad à quelque six milles de là, dans la profondeur du désert, nous y restions tous, infailliblement (¹). »

En ces affreux pays sans pluie, la soif est le continuel tourment du voyageur, d'autant que les provisions d'eau s'évanouissent pour ainsi dire dans la plus active des évaporations. « Je n'étais plus, dit encore Vambéry, en état de quitter ma haute monture. En vain je chercherais ici à donner l'idée du martyre causé par la soif. Elle me brisait, m'anéantissait ; le mal de tête me stupéfiait ; mes entrailles brûlaient d'un feu dévorant. »

Il n'y a pas que du mal à dire du vent du désert.

Les débordements annuels du Nil, dus aux pluies saisonnières, sont la cause de la grande fertilité de l'Égypte, parce que, dans cette tâche bienfaisante, ils ont un collaborateur, le vent.

Le limon argileux, que le fleuve étale par un colmatage naturel, donnerait une terre trop grasse et trop compacte, si le sable que, dans l'intervalle des crues, le khamsin vient répandre abondamment sur le pays, ne procurait au sol une légèreté et une porosité tout à fait favorables.

C'est à lui qu'est due la structure du limon du Nil, constitué par d'innombrables alternances de sable et d'argile.

Malheureusement, cette poussière, dont est chargée l'atmosphère, cause des ophtalmies qui amènent parfois la cécité!

Les variations de température donnent également lieu aux brises périodiques de terre et de mer ; nous verrons qu'elles ont une grande influence sur la pluie, quoiqu'elles n'affectent que des parties peu élevées de l'atmosphère.

Des brises de montagnes ou de vallées résultent d'intenses productions de nébulosités, par exemple ces *mers de nuages* qui laissent émerger les sommets sous un ciel parfaitement pur.

Le *föhn* est un vent S.-S.-E. ou S.-O., fréquent dans les Alpes, chaud en toute saison et sec avant d'avoir ramassé l'humidité des glaciers. Il fond la neige mieux que le soleil, disent les montagnards. Le *gugx* est aussi un vent des Alpes, soufflant violemment dans toutes les directions, horizontalement, de bas en haut, de haut en bas, obliquement, par bouffées chaudes ou

(¹) Vambéry, *Voyage d'un faux derviche.*

froides, sèches ou humides et passant par toutes les phases dans
l'espace de quelques secondes.

Il se produit dans l'atmosphère des perturbations d'une grande
violence, et qui sont dues à de fortes dépressions atmosphériques.
Il n'est pas dans notre sujet de parler de la force élastique de l'air,
qu'en météorologie on assimile à la pression. Disons seulement
que le vent forme autour du centre de la dépression un mouvement tourbillonnaire, dirigé dans notre hémisphère de droite à
gauche et en sens inverse dans l'hémisphère sud. Ce sont les
cyclones, fréquents surtout dans les régions tropicales et qui
portent dans la mer de Chine le nom de typhons. Ils occa-
sionnent souvent de véritables catastrophes.

Des mouvements plus circonscrits de l'atmosphère donnent
lieu aux trombes. Elles se produisent et sur terre et sur mer, et
quelquefois passent de l'une à l'autre. Lorsqu'elles commencent,
on les voit pendre du ciel, comme une sorte d'appendice du
nuage, puis s'allonger vers la terre en un tube plus ou moins effilé.

On a vu quelquefois deux ou trois trombes attachées au même
nuage. Elles sont animées d'une rotation très rapide. Leur mouvement est dans le même sens que celui du cyclone. Elles
peuvent naître par un temps calme, et le plus souvent elles précèdent un orage. Elles donnent lieu à des incidents très curieux.

Au pied des trombes marines il se fait une espèce de *buisson*
blanchâtre d'eau écumeuse. On dit que le flot est aspiré par la
trombe jusqu'à une grande hauteur. Cependant, quand la trombe
crève, il en tombe une grande quantité d'eau douce. Les trombes
marines se produisent surtout dans les régions tropicales, et
pendant les calmes.

Les trombes terrestres se sont vues assez souvent dans nos pays.

Mais il en est peu, il n'en est peut-être pas qui aient eu la violence de celle de Monville et Malaunay qui, le 19 août 1845,
ravagea les environs de Rouen.

On raconte qu'aux États-Unis une maison fut arrachée de ses
fondations et transportée 100 mètres plus loin. A Saint-Louis,
en 1896, plus de 300 personnes périrent du fait de ce terrible
phénomène. Il faut certainement lui faire honneur de ces pluies
de crapauds, de poissons, d'oranges, etc., qui se sont produites
en maints endroits.

Diverses suppositions ont été faites quant à l'origine des trombes, et c'est à Hervé Faye que l'on doit la plus plausible.

Chose intéressante à noter, elle a été inspirée à son auteur par l'étude rationnelle de l'économie du globe solaire.

La masse de l'atmosphère dont notre astre central est enveloppée tourne avec lui, et on doit la considérer comme une réunion de courants parallèles les uns aux autres et animés de vitesses variant de o aux pôles jusqu'à 115 000 kilomètres par jour. Sur une échelle gigantesque, c'est ce qui se produit dans le lit de nos rivières rapides. Les courants parallèles si inégalement fougueux, composent entre elles leurs vitesses et il en résulte les tourbillons en entonnoirs qui fréquemment mettent le lit à sec. Sur le soleil, ces tourbillons sont extrêmement visibles, car en précipitant la matière de la photosphère dans les régions profondes qui sont bien plus chaudes, elles leur font perdre leur état solide en les volatilisant et, du même coup, leur pouvoir rayonnant, et c'est ainsi que se font les taches.

Avec une intensité proportionnée à sa petitesse relative, l'atmosphère de la Terre se comporte comme celle du Soleil, et les trombes ne sont pas autre chose que les entonnoirs aériens correspondant aux dépressions de l'eau courante. C'est un exemple entre beaucoup d'autres des actions correspondantes les unes aux autres dans des domaines très divers, avec des dimensions très inégales. Les tourbillons descendants, nés dans les hautes couches de l'atmosphère, expliqueraient l'eau douce des trombes marines.

L'évaporation. — La chaleur et le vent ramènent en vapeur dans l'atmosphère l'eau que la pluie précipite à la surface. Les mers, les lacs, les rivières, le sol humide, la respiration des animaux et des végétaux restituent à l'air l'élément indispensable qu'elles lui ont emprunté et qui cependant n'y reste qu'en infime proportion, tant est immense l'océan aérien.

Comme toutes les vapeurs, celle de l'eau est invisible ; on ne l'aperçoit que lorsqu'elle cesse d'être, c'est-à-dire à l'état de buée sur un corps froid, une carafe, une vitre, par exemple, à l'état de rosée, sur l'herbe, après une nuit claire.

D'après Desains, la quantité de vapeur d'eau dans une colonne d'air ayant la hauteur de l'atmosphère, donnerait en France une couche d'eau d'environ 4 centimètres.

La petite et très variable proportion de vapeur d'eau que contient l'atmosphère a une influence sur la radiation terrestre, bien plus considérable que celle du volume énorme de l'air. « En disant qu'en Angleterre, par un jour d'humidité moyenne, la vapeur atmosphérique exerce une action égale à *cent fois* celle de l'air lui-même, nous resterons certainement bien au-dessous de la réalité ([1]). »

Partant de ses expériences, l'illustre physicien ajoute que les qualités particulières de cette vapeur et la circonstance qu'à la température ordinaire, elle est très près de son point de condensation, permettent presque d'affirmer que l'absorption de la vapeur d'eau est 200 fois plus grande que celle de l'air dans lequel elle est diffusée.

Et Tyndall, continuant ses calculs et ses raisonnements, envisage les conséquences immenses du pouvoir absorbant de la vapeur d'eau qui en fait comme une enveloppe protectrice de notre globe : « Concevons, dit-il, que les molécules superficielles de la Terre soient animées du mouvement qui constitue la chaleur, et que ce mouvement se communique à l'éther environnant ; ce mouvement serait bien vite enlevé et perdu à jamais pour notre planète, si les ondes de l'éther n'avaient, pour les arrêter dans leur course excentrique, que l'absorption de l'air. Mais les vapeurs aqueuses enlèvent leur mouvement aux ondes éthérées, s'échauffent et enveloppent ainsi la terre comme d'un manteau qui la protège contre le froid mortel qu'elle aurait sans cela à supporter. »

Ce qui confirme cette manière de voir, c'est la météorologie des pays où sévit la sécheresse de l'air. Le froid et l'extrême chaleur y règnent alternativement, les rayons du soleil traversent l'atmosphère sans obstacle durant le jour, tandis que la nuit, la terre brûlée perd rapidement sa chaleur, en la rayonnant vers l'espace céleste.

Il en est ainsi dans le Sahara, où la température peut descendre

([1]) Tyndall, *Sur la Radiation*, traduit par l'abbé Moigno. Un vol. in-16, Paris, 1865.

jusqu'à zéro, et aussi dans l'Asie centrale, en Australie, etc. Par contre, dans des climats tropicaux particulièrement humides, comme les Guyanes, le thermomètre n'enregistre guère au cours des saisons qu'un écart d'une dizaine de degrés, et la nuit y est aussi étouffante que le jour.

Tyndall ajoute que la terre reçoit plus de chaleur solaire qu'elle n'en renvoie, les rayons du soleil différant en qualité de ceux de la terre. Par exemple, les rayons du soleil passent relativement en toute liberté à travers une couche d'eau de 2 millimètres d'épaisseur, tandis que, comme Melloni l'a prouvé, une couche d'eau ayant la moitié de cette épaisseur ne laisserait passer aucun des rayons émis par la terre échauffée.

Les nuages. — La vapeur d'eau atmosphérique se condense lorsqu'elle se refroidit, soit par suite du rayonnement sur place, soit parce que le déplacement de l'air l'amène dans des régions à température plus basse, soit par détente, une masse d'air perdant de sa pression dans un mouvement ascendant, ce qui lui fait perdre de sa chaleur ($0°,99$ pour 100^m quand l'air est sec), soit enfin par mélange de masses d'air à des températures différentes. C'est la condensation par détente qui donne lieu aux plus grandes pluies. La condensation par refroidissement direct augmente la quantité de pluie dans les régions parcourues par les courants dirigés de l'équateur aux pôles : le Chili, la côte orientale des États-Unis. Le refroidissement par rayonnement donne lieu à ces jolis brouillards qui traînent sur les marais, les rivières, les lacs, par les soirs calmes et les nuits claires.

Ce livre n'étant pas un traité de météorologie, nous n'entrerons pas dans la description des nuages. Disons seulement qu'on les a répartis en quatre groupes : les *cirrus*, qui sont en filaments, les *cumulus*, qui sont arrondis, les *stratus*, qui s'étendent en couches, les *nimbus*, noirs, confus, gros de pluie. Ces quatre formes se combinent et donnent lieu aux pittoresques changements de l'atmosphère.

Un des problèmes dont nos ancêtres ont poursuivi la solution est celui de la suspension des nuages dans l'atmosphère. Avant de résumer quelques assertions à cet égard, et pour ne pas prendre le lecteur au dépourvu, il y aurait lieu de se demander si ce problème existe réellement : si le fait de la suspension a bien une existence réelle.

Pour ma part, j'ai réuni un certain nombre d'observations d'où il me paraît résulter que, dans bien des cas, une région donnée de l'atmosphère doit être considérée comme constituée par un lacis ou un tissu de courants aériens animés de déplacements divers et dont chacun est à une température et à un degré hygrométrique particuliers. Par leur simple rencontre, ces courants se modifient réciproquement, non seulement dans leur direction, ce qui est le côté mécanique de la question, mais aussi dans leur degré hygrométrique et dans leur température, c'est-à-dire aux points de vue chimique et physique.

La faculté dissolvante de l'air au point de vue de l'eau est sous la domination de la température, d'où il résulte que le mélange de deux vents inégalement chauds et inégalement humides peut déterminer une précipitation de poussière d'eau ou bien la dissolution de portions de nuages, qui disparaissent, et l'on devine tout de suite, qu'en passant d'un des points que nous avons supposés à un autre, le mélange aérien pourra, à la même place, déterminer alternativement l'apparition d'un nuage ou sa disparition, suivant les variations du degré hygrométrique de l'air prédominant. Ainsi s'établira dans la région du contact de ces deux vents, un nuage qui aura toutes les raisons d'y persister, pendant que dans le voisinage, les conditions étant tout autres, la nébulosité s'évanouira, et nous aurons le spectacle d'un nuage suspendu dans un point particulier, au milieu d'un ciel pur.

Un exemple me fera bien comprendre, qui m'a été fourni par l'extrémité d'amont du lac Léman, vue des environs de Saint-Légier, au-dessus de Vevey. Cette région permet de regarder d'affilée, sur le flanc occidental du Gramont, le ravin de Novel, presque symétrique d'un ravin tout voisin d'avalanches de pierres, mais qui est un *ravin d'avalanches d'air froid*.

Ce courant descendant, venant prendre contact avec l'air relativement tiède qui recouvre le lac, détermine dans celui-ci une vraie précipitation nébuleuse, qui fait comme un écran sur le flanc montagneux. Quand le vent inférieur remonte la vallée du Rhône, il détache, par lambeaux successifs, le nuage ainsi produit ; mais la bouffée isolée n'a pas le temps de parvenir à

La Bataglière, point où le Rhône supérieur tombe dans le lac, que, réchauffée par l'atmosphère ambiante, elle a disparu. Naturellement l'apparence varie avec les conditions météorologiques : par certains temps, il se fait dans le ciel comme un chapelet de petits nuages très analogues par leur forme générale, mais qui diminuent de volume et qui disparaissent progressivement, à mesure qu'ils s'éloignent de leur lieu d'origine. Malgré cette fragilité, si l'on revient plusieurs fois dans la même journée au même observatoire, il semble que le nuage, toujours là, vous procure le spectacle d'une suspension immuable.

Il n'est pas douteux que les mêmes apparences prennent naissance dans beaucoup de lieux différents et donnent l'explication de certaines dispositions de nuages qu'on ne comprendrait pas à priori.

Dans le département de l'Ain, sur le versant S.-O. de ces belles montagnes qui forment le cirque de Culoz-Belley, le vent du S.-E. au N.-E. charrie de temps à autre de vrais convois de nuages globulaires à peu près équidistants et qui, pour l'observateur qui les voit venir à lui, sont rangés sur une ligne horizontale et dont les variations de volume tiennent évidemment à un effet de perspective. Le courant d'air qui vient du massif de la Grande-Chartreuse se comporte manifestement comme le courant d'air du vallon de Novel, et, dans ces deux exemples, on voit qu'il y a production éphémère de nuages dans un point déterminé de l'atmosphère et qu'il n'y a pas lieu de faire intervenir une suspension à proprement parler.

D'ailleurs, beaucoup de physiciens se sont préoccupés d'une question préjudicielle, c'est-à-dire de l'état de la matière constitutive du nuage, considéré avant tout au point de vue de sa structure. Le contraste des densités à volume égal entre l'air et l'eau est tellement considérable qu'à première vue, il semble que les plus petites particules de liquide doivent se précipiter immédiatement vers le sol. Sans épuiser la question, on peut constater qu'on a quelquefois donné à son étude une forme mathématique qui, comme dans tous les cas analogues, n'a pas manqué de fournir une apparence de solution.

Jamin, par exemple, partant de l'idée de globules aqueux suffisamment petits, leur attribuait une forme régulièrement sphérique, mais sans expliquer comment les attractions capillaires suspendent leur activité et ne déterminent pas la conjugaison de ces petites boules. Il prétendait démontrer, par des formules d'ailleurs très simples, que les moindres déplacements de l'air, poussé de bas en haut, sont suffisants pour vaincre la faible influence de la gravité (¹).

D'autres ont comparé les éléments nuageux à de petites vésicules creuses, véritables réductions microscopiques de bulles de savon et les dernières tentatives paraissent préférer rattacher le fait observé à des influences électriques, dans lesquelles les propriétés des *ions* interviennent d'une manière prépondérante. A cet égard, l'évaluation de dimensions des globules a dépassé en petitesse tout ce qu'on aurait pu supposer. Le choix entre ces différentes manières de voir reste en somme arbitraire.

Toutefois, je crois pouvoir suggérer le secours qu'on pourrait attendre de l'intervention dans cette question de la méthode expérimentale.

Conformément à ce qui précède, elle permettrait de juger la valeur de l'hypothèse d'une précipitation, à chaque instant renouvelée, de la matière nuageuse dans des points où le conflit de masses aériennes inégalement chaudes et inégalement humides se rencontrerait.

C'est bien ce que semblent indiquer des essais où l'on remplacerait les courants aériens par des courants liquides, où les différences de température seraient remplacées par des différences de pouvoirs dissolvants et où les contacts seraient déterminés par des projections à l'aide de pipettes, dans le sein de l'un des deux liquides, de petites quantités du second.

Dans une cuve de verre de forme parallélépipédique remplie d'eau, on fait arriver un petit filet d'alcool dans lequel on a préalablement dissous une résine. Chaque goutte détermine un petit nuage, mais l'alcool, subissant de la part de l'eau ambiante une diminution de son pouvoir dissolvant, le nuage, qui tend d'ailleurs à se diffuser quelque peu, s'éclaircit, et disparaît bientôt. Si, par une disposition facile à comprendre, on a déterminé un lent courant horizontal dans la masse aqueuse, on voit chaque

<hr>

(¹) J'ai donné, à titre d'exemple, ce petit calcul en note infrà-paginale, dans ma *Géologie générale*, 2ᵉ édition, p. 289, un vol. in-8, 1909.

goutte de la solution alcoolique donner un petit nuage qui s'en va au fil de l'eau, et l'on arrive ainsi à imiter, dans ses détails principaux, les apparences du phénomène de Novel. Ce dispositif se prête à de nombreuses modifications et il m'a semblé, sans y insister outre mesure, que toutes les grandes lignes de la mécanique des nuages pourraient en être imitées.

Ajoutons, comme complément à cette manière de comprendre la condensation des nuages, que les courants aériens inégalement chauds et inégalement humides sont souvent inégalement électrisés, soit au point de vue de la tension, soit à celui de la nature positive ou négative de l'électricité qu'ils contiennent.

Les éclairs qui jaillissent entre deux nuages d'électricités contraires et qui constituent les orages, ont très ordinairement pour effet d'ébranler les masses nébuleuses, qui se résolvent en gouttelettes liquides constituant la pluie. Dans de nombreux orages, la pluie présente des variations d'intensité qui sont bien nettement déterminées par les alternances de détonations et de silences ; et la violence des averses est ordinairement en accord avec la force des coups, bien que l'électricité n'intervienne à aucun moment comme force distincte dans le phénomène pluviaire à proprement parler.

Le *brouillard* est le résultat d'une condensation de la vapeur d'eau. Ses éléments ont une forme globulaire qu'on peut distinguer en déterminant leur dépôt sur une lame de verre convenablement refroidie. On remarque journellement leur mode de formation, en constatant l'intervalle qui sépare l'extrémité supérieure de la cheminée d'une locomotive, de la région où apparaît tout à coup le panache de nuages. L'intervalle qui semble vide est en réalité occupé par l'invisible vapeur. Saussure pensait que la poussière d'eau atmosphérique est composée de vésicules creuses. Mais Monge démontra que les particules du brouillard rebondissent sur les corps secs et même parfois sur l'eau ; que les particules qui composent les nuages rassemblent les rayons du soleil et se comportent comme des lentilles, lorsqu'on les arrête sur quelque corps léger, une fourrure, par exemple ; enfin, que si elles étaient creuses, elles se convertiraient très vite par capillarité, en globules pleins.

Le brouillard ne se distingue du nuage que parce qu'il occupe confusément les régions les plus basses de l'atmosphère, qu'il rend plus ou moins opaques.

On a pu mesurer la quantité d'eau liquide que renferme le brouillard : le poids de cette eau, dans un mètre cube d'air, est notablement plus petit que celui de la vapeur d'eau renfermée au même moment dans l'atmosphère. Et dans son *Traité de Météorologie*, M. Angot rapporte que les expériences de Fugger, à Salzbourg, ont donné par mètre cube d'air un poids d'eau liquide variant de $1^g,25$ à $3^g,55$. Il ajoute : « Si l'on suppose que chaque gouttelette a un diamètre de $0^{mm},02$, on trouve que 1 gramme d'eau correspond à 23.800.000 gouttelettes, un mètre cube d'air qui contiendrait 4^g d'eau liquide, ne renfermerait pas tout à fait cent milliards de gouttelettes, soit moins d'une pour un volume de 10^{mm3} ; or, 4^g d'eau liquide est une quantité supérieure à celle que l'on trouve en réalité ; on voit ainsi que, même dans un brouillard très épais, la distance moyenne des gouttelettes (plus de 2^{mm}) est plus de cent fois plus grande que leur diamètre. »

La pluie. — Les paragraphes qui précèdent ont eu pour objet de nous amener à celui-ci. La pluie, en effet, dépend de la température, des vents, de l'évaporation, des nuages, de l'électricité, de la configuration du sol.

En outre, étant données la symétrie sphéroïdale de la Terre et la régularité de son mouvement périsolaire, on devrait supposer que chaque portion successive de la planète accomplissant à la fois sa rotation autour du soleil et sa rotation autour de son axe propre, les mêmes conditions doivent se reproduire exactement tous les ans, avec les mêmes incidents, à chaque époque prise à part et avec la plus parfaite précision.

Les théories s'accorderaient avec une géographie scrupuleusement symétrique, c'est-à-dire avec une situation des océans et des continents coordonnée par la direction de la ligne des pôles, et, par conséquent, de l'équateur. Jean Reynaud a développé ce point de vue dans son ouvrage intitulé *Terre et Ciel*([1]), et il

______

([1]) Un volume in-8, Paris, 1854.

attribue à des « perturbations », dont il n'essaie d'ailleurs pas de déterminer la raison d'être, la distance qui sépare les relations entre
les deux blocs continentaux, correspondant à l'Ancien et au Nou-
veau-Monde, à la place des bandes perpendiculaires au méridien
et qui eussent dû, paraît-il, surgir, dans un ordre réglé d'après
leur latitude et d'une manière égale du pôle nord au pôle sud.

Mais, et ainsi que nous y avons nous-même insisté dans notre
Géologie générale, les massifs continentaux sont des formations
approximativement en parallélogrammes et ont leurs grands axes
perpendiculaires l'un à l'autre.

C'est cette distribution, si éloignée de celle que l'esprit géométrique a fait éclore à propos d'autres chapitres de la dynamique
planétaire, qui a déterminé, d'une part, les courants de la mer
et conjointement le réseau des vents, dont nous avons parlé dans
un paragraphe précédent. La pluie, et c'est là ce qui explique
les contrastes de sa répartition et de son abondance, a sa cause
dans les hautes régions de l'atmosphère.

Comment se forme la pluie?

On aurait pu supposer que l'air, contenant toujours de l'eau
en dissolution, il suffirait d'un certain degré de refroidissement
pour déterminer la condensation de l'eau jusque-là en vapeur, et
par conséquent la précipitation de la pluie.

Les choses ne se passent cependant pas d'une façon aussi
simple, et c'est ce que plusieurs météorologistes, travaillant
d'une manière indépendante, semblent en passe de démontrer.
C'est avant tout ce qui résulte des observations du physicien
finlandais Melander, qui, en 1897, a publié en français, à Hel-
singfors, un mémoire de lecture facile, intitulé : *Sur la condensation de la vapeur d'eau dans l'atmosphère.*

D'après lui, les causes de condensation atmosphérique de la
vapeur d'eau sont des grains de poussières qui ne manquent
jamais et qui, quand la température s'abaisse convenablement,
constituent chacun un centre d'attraction ou *substratum,* autour
duquel se constitue la gouttelette de pluie. Ajoutons que, pour
cet auteur, le phénomène est avant tout déterminé par des *élec-
trons* qui sont encore l'objet de bien des recherches, et dont la
considération, qui promet d'être féconde, découle de la découverte de la radioactivité.

Pour apprécier la portée de cette hypothèse, il n'est pas inutile de constater qu'elle a des prolongements dans des chapitres
très variés de la physique et de la chimie, et de reconnaître
qu'elle évolue quelquefois avec une rapidité déconcertante : c'est
avec empressement, mais avec une certaine prudence, qu'il faut
l'accueillir.

Tout d'abord, on a étudié d'une manière spéciale les effets du
passage de la décharge électrique au travers des gaz et on s'est
arrêté, au moins provisoirement, à la conception d'atomes, formés par l'association de corpuscules gazeux et d'une certaine
charge électrique. L'ensemble, qui est toujours le même, quelle
que soit la sorte de matière qui l'a déterminé, revient à nos élec-
trons de tout à l'heure. Pour expliquer leur manière d'être, il
est des auteurs qui n'ont pas craint de leur attribuer une masse
mécanique 2000 fois plus faible que celle de l'atome d'hydrogène.

C'est la concentration de ces éléments de la matière qui a
conduit à l'hypothèse des *ions,* dont les uns seraient positifs et
les autres négatifs et dont les réactions mutuelles détermineraient
avec une inlassable activité, la condensation de la vapeur d'eau
dans l'air.

Cela posé, on acceptera plus facilement que des physiciens
très spécialisés admettent la présence dans l'atmosphère de mul-
titudes de gouttelettes liquides dont le diamètre serait d'un
centième de *micron* « environ » : ces infiniment petits
(qu'on dit avoir été observés) interviendraient pour provoquer
la précipitation des gouttes de pluie, au même titre que les
germes à l'état solide évoqués depuis longtemps. Seulement, il
faudrait un complément de renseignements pour expliquer comment il ne pleut pas constamment.

Dans son travail intitulé : *Analysis of the Causes of rainfall,
with a special relation to surface condition*(¹), Curtis distingue
trois catégories principales de pluies, dont il donne une définition concise :

1° Les pluies *convectives,* c'est-à-dire qui résultent de la
convection des courants ascendants de l'atmosphère : à ce type

----

(¹) *The American meteorological Journal*, octobre 1895 (Washington).

se rattache la pluie tropicale par excellence, dont la mousson est
une variété particulièrement connue ;

2° Les pluies *orographiques*, qui sont la conséquence d'une
poussée de bas en haut d'un vent contrarié par l'existence d'un
relief montagneux transversal ; elles ont des maxima relatifs sur
toutes les régions montagneuses ;

3° Les pluies *cycloniques*, déterminées par les courants ascendants qui règnent toujours dans certaines parties des dépressions.
Rares dans les régions intertropicales, elles deviennent fréquentes sous les latitudes supérieures à 30° ; elles sont intenses
au nord des Iles Britanniques, apportées par les bourrasques, qui
ont là leur trajectoire principale, et c'est pourquoi les pluies
d'Ecosse et d'Irlande sont bien supérieures à celles du nord de la
France.

Elisée Reclus a magistralement dit le rôle des montagnes
dans un exemple que nous lui empruntons([1]).

Dans le Gobi, « le vent, qui, après avoir balayé la surface des
glaces de l'Océan polaire, traverse encore les régions sibériennes
sur un espace de plus de 3000 kilomètres et se heurte contre
les pentes du Sayan, ne peut apporter aucune humidité sur les
plateaux mongols : c'est un vent glacial et desséchant qui mena-
cerait de fendre la peau des voyageurs, s'ils n'avaient soin de
porter des masques de feutre pour se garantir le visage. En été,
le vent change, le courant aérien est renversé : la mousson du
sud-est l'emporte ; mais presque tous les nuages pluvieux qu'elle
a pris dans l'océan Pacifique viennent se décharger sur les pentes
des montagnes et des terrasses parallèles qui séparent la Chine
proprement dite des plateaux déserts. Cependant, des averses
s'abattent parfois en été sur le Gobi oriental ; et dans les régions
argileuses du plateau, elles forment çà et là des mares et des lacs
temporaires, qui s'évaporent bientôt en ne laissant à leur place
qu'une poussière saline. Ailleurs, le sol est raviné par des torrents d'un jour, et c'est dans ces fondrières que les Mongols
creusent des puits, espérant y trouver un peu d'eau de suintement, lorsque sur le plateau le sol aura perdu toute humidité.
Mais aucune rivière permanente n'a pu se former au sud de la

([1]) Elisée Reclus, *Asie orientale.*

Tola et du Kerulen jusqu'au Hoang-Ho, entre le Khingan et le Kanson mongol, sur un espace que l'on peut évaluer à 1.200.000 kilomètres carrés, plus de deux fois la superficie de la France. »

En France, c'est dans les pays montagneux que les pluies sont le plus abondantes, et dans l'ordre que voici : Pyrénées occidentales, Cévennes, Alpes, Jura, Vosges, Plateau Central, monts du Morvan, monts de Bretagne. Alors que dans nos plaines du nord et du nord-ouest, la moyenne reste parfois au-dessous de 500^{mm}, elle peut atteindre 2^m dans les hautes régions, mais avec ces exceptions, ces irrégularités qui remplissent la météorologie de problèmes. Ainsi, les observatoires installés au sommet des montagnes ont donné lieu à cette remarque de M. Plumandon que « les quantités d'eau pluviale, ainsi que le nombre des jours pluvieux enregistrés par ces observatoires, ne dépassent guère les valeurs atteintes dans quelques stations de moyenne altitude. Le sommet du mont Ventoux, qui s'élève à 1 900 mètres, a 108 journées pluvieuses, qui fournissent 1544 millimètres d'eau. Le Pic du Midi, dont l'altitude atteint 2859 mètres, reçoit seulement 1541 millimètres d'eau répartis sur 185 journées. Enfin, le Puy de Dôme, dont la cime ne dépasse pas 1465 mètres, est l'observatoire qui subit le plus grand nombre de jours de pluie ou de neige : on en compte 256, qui donnent en moyenne 1 586 millimètres d'eau ([1]). »

Notons ici la différence, sur laquelle nous reviendrons, de la météorologie pluviaire de l'Auvergne avec celle de la région parisienne où il pleut en moyenne 147 jours de l'année, seulement, c'est-à-dire pendant lesquels il tombe au moins 0^{mm},1 d'eau, quantité suffisante pour mouiller le pavé.

La mer et l'orientation ont sur la pluie autant d'influence que l'altitude. Le régime pluvieux est tout différent sur les deux versants opposés d'une chaîne de montagnes. Ainsi, le versant ouest des Vosges, exposé à des vents humides, reçoit bien plus d'eau que celui du Rhin. Le voyageur qui, au printemps, traverse les Alpes en tunnel, que ce soit le Gothard ou le Simplon, a le plus souvent lieu d'admirer le contraste du paysage, noyé

([1]) *La Nature*, du 20 février 1897.

de pluie, de la Suisse, ou de la Savoie, avec la descente sur l'Italie, inondée de soleil.

La mer, chargeant les vents d'humidité, rend ordinairement pluvieux les pays côtiers, comme en Bretagne et en Haute-Normandie, et M.. Moyraux remarque (¹) qu'il y a un maximum considérable dans les Cévennes, parce que leurs deux versants principaux sont exposés, l'un aux vents pluvieux de l'Océan, l'autre aux vents de la Méditerranée, également très chargés de vapeur d'eau. « De même, dans le bassin de l'Adour, les pluies correspondent presque exclusivement aux vents d'entre ouest et nord, qui soufflent de l'Océan ; les vents du sud ont déchargé leur humidité sur le versant espagnol des Pyrénées et n'amènent pas de pluie de l'autre côté de la chaîne. »

C'est du premier janvier 1689 que datent les observations régulières sur les chutes de pluie : Philippe de la Hire les commença et les poursuivit jusqu'en 1719. L'instrument dont on se servait était un récipient placé à l'Observatoire de Paris, au niveau de la grande salle de la méridienne, dans la tour orientale, alors découverte. Maraldi et Fouchy y succédèrent à La Hire pour ces études, dont les résultats furent publiés jusqu'en 1755, après quoi, il y eut interruption jusqu'en 1805. En 1817, on disposa à l'Observatoire deux récipients gradués, placés, l'un sur le sommet de l'édifice, l'autre dans la cour. Au moyen de ces *pluviomètres*, on évalue la hauteur de l'eau dont le sol serait recouvert, s'il n'y avait ni infiltration ni évaporation.

Aujourd'hui, la météorologie a des observatoires spéciaux, édifiés dans toutes les parties du monde, et les pluviomètres sont devenus des instruments de précision, quoique toujours très simples ; les plus perfectionnés ont des enregistreurs qui, au moyen de courbes, rendent un compte fidèle et régulier des chutes de pluie, dans un temps donné. On peut, grâce à eux, se faire une idée assez juste de la quantité d'eau déversée par l'atmosphère, quoiqu'il ne s'agisse que de ces approximations qui s'appellent des moyennes.

Tous les traités de météorologie insistent sur la variation du régime des pluies annuelles, d'après la situation géographique

(¹) *La Nature*, du 30 mai 1891.

des stations. Le record de l'abondance est tenu, par Cherra-poundji, localité des Indes anglaises, dans les monts Garrows, située à une altitude de 1300 mètres, à une distance de 320 mètres de la partie nord du golfe du Bengale, dont ces montagnes sont séparées par les marécages du delta du Gange. Il y tombe annuellement 12 à 15 mètres de pluie. Pendant cinq jours consécutifs, on y a recueilli 0^m,76 d'eau par jour, et l'on cite l'année 1861 pour une quantité qui dépassa 20 mètres.

Par contre, une zone mitoyenne à la fois au Chili et au Pérou reçoit à peine annuellement 10 millimètres d'eau. Ce maximum et ce minimum sont presque des curiosités. Il faut citer aussi parmi les chiffres les plus considérables marqués par les pluviomètres : 7^m,10, à Maranhao (Brésil) ; 5^m,20, à Buitenzorg (Indes néerlandaises) ; 4^m,60 à la Vera-Cruz (Mexique).

D'après une statistique dressée par John Murray, le total de la pluie qui tombe, en un an, sur la surface entière du globe est tel qu'en la supposant également répartie dans tous les pays, elle constituerait une enveloppe continue de 97 centimètres de profondeur ; son volume serait de 111 800 kilomètres cubes et son poids du même chiffre de milliards de tonnes.

C'est l'Amérique du Sud qui reçoit le plus de cette eau, dont la hauteur moyenne est de 1^m,67, malgré les sécheresses épouvantables du désert d'Atacama où, par exemple, trois années consécutives se sont écoulées sans pluie.

M. Henri Coudreau, qui passa un long temps dans la Guyane française (1887-1891), a bien rendu dans le récit de son voyage ([1]) ces sombres paysages de la saison des pluies équatoriales :

« Voici que notre soleil tire à sa fin. L'astre se meurt derrière une coupole de nuages livides. Le chant des canotiers devient mélancolique à leur insu. La tristesse du ciel oppresse comme une maladie de cœur. Voici venir le grain furieux, l'averse d'hiver qui remonte la rivière. C'est un nuage gris, terne, énorme, compacte, pesant, engouffré dans le creux des rives qu'il déborde, et s'étendant et montant toujours plus loin, toujours plus haut. Avec un bruit d'ouragan, une marche de cyclone, la puissante

([1]) *Chez nos Indiens,* un vol. in-8°, Paris, 1893.

masse, qui remplit complètement le ciel, crible l'opacité ambiante
d'une pluie en coups de foudre, serrée, qui fait mal. Plus de lit
de rivière, plus de surface liquide sur laquelle glisse le canot,
plus de rives, plus de forêt, plus de ciel ; seulement, partout, du
gris sifflant, crépitant et qui aveugle. Il semble que, bondissant
sur les flots soulevés, on plane au sein d'un océan sans limites,
qui empêche de rien voir, mais qui permet cependant de respirer
à moitié. Puis les gouttes de pluie se ralentissent, s'espacent ;
les rives apparaissent, et on voit un grand arc-en-ciel qui marche
sous une coupole de nuages déchirés en paysages fantastiques. »

C'est écrit le 7 janvier, et la pérégrination continue sur les
eaux de la forêt vierge, sous la pluie, pendant des mois. « La
forêt est inondée partout, bien que les rives soient élevées ; la
rivière a profité des moindres rigoles d'écoulement de la pluie
pour pénétrer dans la forêt. »

Et, à la fin de sa campagne, le voyageur récapitule ;

« Jusqu'au 10 août, failli mourir sous les pluies incessantes.

11. Averse, de midi à 3 heures, et de 8 à 11 heures du soir.

12. Orage violent, de 11 heures du matin à 2 heures du soir.

13. Pluie la nuit précédente ; à 10 heures du matin, 11 heures
matin, 2 heures soir, 4 heures soir, 10 heures soir.

14. Pluie toute la journée.

15. Averse avec fort orage à 1 heure ; pluie de 3 heures à
5 heures 1/2 soir.

16. Beau temps. Orage à 1 heure soir. Pluie de 2 heures à
5 heures. Pluie la nuit.

17. Brouillard tout le matin. Pluie fine toute la soirée.

18. L'hiver bat son plein. Pas 3 heures d'éclaircie entre le
lever et le coucher du soleil.

Et cela continue. »

Et le voyageur n'est pas content, car on prétend généralement
que la saison des pluies, dans la région guyanaise, cesse au commencement de juillet.

En Afrique, la hauteur moyenne est de 0^m,825 ; dans l'Amérique du Nord, de 0^m,750 ; en Asie, de 0^m,655 ; en Europe, de
0^m,615 ; en Australie, de 0^m,520. Dans ces continents, la pluie est
très inégalement répartie : ainsi, en Europe, avec notre moyenne
de 615 mm., il y a en Écosse, 2^m,80 et en Norwège, 2 mètres.

Le maximum des jours de pluie est, pour l'Europe, à l'extrémité S.-O. de l'Irlande : (pluies cycloniques) 246 jours, et le minimum, au S.-E. de la Russie (Astrakan), 60 jours. En France, le maximum est à Brest : 200 jours, le minimum à Marseille : 98 jours.

Les plus violentes averses peuvent fournir 500 litres d'eau par seconde et par hectare ; elles seraient absolument désastreuses, si elles se prolongeaient au delà de 5 à 8 minutes. L'une des plus fortes pluies que l'on connaisse, peut-être la plus forte, tomba à Londres : elle donna $2^{mm},5$ en 30 secondes [1].

La puissance, l'énormité de la pluie, sont démontrées d'une façon immédiate par les inondations, qui ont parfois des effets si désastreux. Et il faut bien constater que Paris est exposé d'une manière permanente au retour de semblables calamités. Un peu d'histoire sur ce sujet intéressera et édifiera le lecteur [2].

La *Collection des Mémoires relatifs à l'Histoire de France* [3] contient ce passage de Grégoire de Tours : « La huitième année du roi Childebert (583), au mois de février, les eaux de la Seine et de la Marne grossirent au delà de la coutume et beaucoup de bateaux périrent entre la Cité et la basilique de Saint-Laurent. »

Sur l'emplacement de cette basilique de Saint-Laurent, les archéologues ne sont pas d'accord. Il est peu vraisemblable qu'il s'agisse d'une église située, comme celle qui porte actuellement le même nom, dans le faubourg Saint-Martin, et qui semble vraiment hors des atteintes de la Seine, même par les plus forts débordements que l'on puisse concevoir.

Les anciennes chroniques citent des inondations dans les années 820, 821, 854. On promenait alors la châsse de sainte Geneviève, pour que la bonne patronne défendît la cité contre les éléments, comme elle l'avait défendue contre les Huns. Cette coutume persista jusqu'au milieu du XVIIᵉ siècle.

En février 886, le fleuve débordé se fit l'auxiliaire des Parisiens, assiégés par les Normands. « Tout à coup, dit le poète Abdon, pendant le silence de la nuit, le milieu du pont s'écroule, entraîné par le courroux des ondes furieuses, qui s'enflent et

---

[1] *Scottish geological Magazine*, volume de 188? (Edimbourg).
[2] Stanislas Meunier, *La Revue des Deux-Mondes*, du 1ᵉʳ mars 1910.
[3] Collection Guizot, t. VI.

débordent. La Seine, en effet, avait étendu de tous côtés les
limites de son humide empire et couvrait les vastes plaines des
débris du pont, qui, du côté du midi, ne portait que sur un point
où le fleuve s'abîme dans un gouffre. Il n'en fut pas de même de
la citadelle qui, bâtie sur une terre appartenant au bienheureux
saint Germain, resta debout sur ses fondements. » L'inondation
et le siège se prolongèrent, car, parlant de ce qui se passait en
mars, le poète ajoute : « La Seine, nous prêtant son concours,
enfle ses ondes, engloutit au fond de ses abîmes ces malheureux
et les fait descendre dans l'Arverne. »

N'y-eut-il plus d'inondations jusqu'au XIIe siècle ? C'est peu
probable, mais on n'en sait rien. Orderic de Vital (*Histoire de
Normandie*) dit qu'en 1119, à la suite de grandes pluies, il y eut
des inondations dont souffrirent fort Paris et Rouen. 1125,
1175, 1195, 1196, 1206, 1219, 1232, 1233, 1236, 1281, 1296,
1306 furent aussi des dates néfastes, particulièrement les deux
dernières. En 1296, « la veille de saint Thomas l'Apôtre, dit
Guillaume de Nangis (¹), le fleuve de la Seine s'accrut tellement
qu'on ne se souvient pas et qu'on ne trouve écrit nulle part qu'il
y ait jamais eu à Paris une si forte inondation, car toute la ville
fut remplie et entourée d'eau ; en sorte qu'on ne pouvait y entrer
d'aucun côté, ni passer dans presque aucune rue sans le secours
d'un bateau. La masse des eaux et la rapidité du fleuve firent
crouler entièrement deux ponts de pierre, des moulins et des
maisons bâties dessus, et le Châtelet du Petit-Pont. L'inondation
de 1306 se compliqua de gel, avant la décrue, en sorte que la
débâcle fut terrible.

Un assez long temps se passe sans qu'il soit question d'inondations. Puis on en constate de graves en 1373, 1384, 1394.

En février 1407, ce fut la fonte des glaces qui causa le débordement. Un froid terrible sévissait depuis le mois de novembre.
De lourdes charrettes pouvaient traverser la Seine sur la glace.
Le Petit-Pont, le pont Saint-Michel et les maisons du Grand-
Pont furent emportés, après avoir été ébranlés et renversés par
le choc des glaçons, malgré les pieux enfoncés dans la Seine,
pour amortir cet assaut. Inondation en juin 1426, ce qui est pres-

(¹) Collection Guizot, t. XIII.

que une anomalie, et de même en 1427, à la Pentecôte, ce qui pourrait donner à croire qu'on a simplement attribué des dates différentes à un même événement. Mars 1432, janvier 1434, avril 1442, janvier 1496 eurent des crues importantes. L'inondation de 1497 eut pour conséquence, au bout de deux ans, la chute du pont Notre-Dame. Il y eut encore des débordements en 1505, 1531, 1547, 1564, 1570, 1571, 1573, 1582, 1595. Quelques mois après la crue de cette dernière date, le pont aux Meusniers s'écroula avec les maisons qui y étaient bâties ; l'Estoile fit de cette catastrophe une punition du ciel, car, dit-il, « la plupart de ceux qui périrent dans ce déluge estoient tous gens aisés, mais enrichis d'usures et pillages de la Saint-Barthélemy et de la Ligue. Sur quoi, sans nous arrester à l'accessoire, sçavoir au mauvais gouvernement tout notoire et meschante police de la ville de Paris, nous faut regarder au doigt de Dieu, qui est la cause principale, lequel en ce malheur nous a voulu proposer un exemple de sa justice, qui s'exécute tost ou tard sur les rebelles, réfractaires à ses saincts commandements et à sa parole. »

En 1416, il y eut à la fois débâcle et inondation. L'ébranlement du pont au Change fut tel que la plupart de ses maisons s'écroulèrent. 1649 et 1641 virent aussi des crues considérables, mais elles furent dépassées par celle de 1658. La moitié de la ville, les mêmes environs dont il fut tant parlé en 1910, furent envahis par les eaux. Le pont Marie fut en partie détruit avec vingt-deux de ses maisons. Deparcieux (¹) donne de la ville, d'après les récits des témoins, une description qui pourrait s'appliquer à peu près à cette inondation de 1910.

Dans la seconde moitié du XVIIᵉ siècle, on note encore les crues de 1665, 1671, 1677, 1684, 1690.

Avec le XVIIIᵉ siècle, nous arrivons à une époque où les crues furent observées avec plus de précision. La grande crue de 1740 fut spécialement étudiée. Il faut en lire la description dans les *Mémoires contemporains de l'Académie des Sciences*, dans le *Journal de Barbier*, dans la *Relation* de Bonamy (²), en s'aidant du plan de Turgot. Dès que l'eau commença à croître dans des

---

(¹) *Mémoires de l'Académie des Sciences*, année 1764.
(²) *Mémoires de l'Académie des Inscriptions et Belles-Lettres*, années 1741-1743.

proportions inquiétantes, c'est-à-dire le 7 décembre 1740, le reliquaire de sainte Geneviève et celui de saint Marcel furent découverts par arrêt du Parlement. On alla en procession à Notre-Dame et à Sainte-Geneviève, et l'archevêque, dans un mandement, prescrivit des prières publiques. Cependant le fléau sévissait encore en janvier 1741. « D'un côté, dit Barbier, la plaine de Grenelle et tout le canton des Invalides, le grand chemin de Chaillot, le Cours et les Champs-Élysées, tout est couvert d'eau. Le quai du Louvre, le quai des Orfèvres, le quai de la Ferraille, le quai des Augustins, la rue Fromentau jusqu'à la place du Palais-Royal, tout est en eau. Le côté de Bercy, de la Râpée, de l'Hôpital Général, de la porte et du quai Saint-Bernard, c'est une pleine mer. La place Maubert, la rue de Bièvre, la rue Perdue, la rue Galande, la rue des Rats et la rue du Fouarre, c'est pleine rivière. Toutes les boutiques sont fermées : de tous les côtés, on est réfugié au premier étage, et c'est un concours de bateaux, comme en été, au passage des Quatre-Nations (l'Institut). La place de Grève est remplie d'eau, la rivière y tombe par-dessus le parapet... Dans les rues de Paris où il y a des égouts, l'eau de la rivière y gonfle, se répand dans les rues et il faut y passer dans des bateaux ou sur des planches. La rue de Seine, faubourg Saint-Germain, est remplie d'eau qui entre des deux côtés dans les maisons... On ne passe que sur le Pont Royal et sur le Pont Neuf... On a vu place Maubert porter le bon Dieu dans un bateau... Il y eut quelques maisons détruites et renversées par les eaux, entre autres une, rue Saint-Dominique, vis-à-vis le couvent de Belle-Chasse, appartenant à M. le duc de Saint-Simon ; il y en avait une partie vieille et l'autre rebâtie à neuf. La partie vieille a résisté. »

A part ce que l'on a à dire aujourd'hui du Métropolitain, la description de l'avocat Barbier ne convient-elle pas à ce que nous avons eu sous les yeux en 1910 ?

Les inondations de 1751, 1764, 1784, 1795 furent désastreuses, sans atteindre à la hauteur de celle de 1740.

L'inondation qui commença le 1er décembre (10 frimaire) 1801 eut des péripéties cruelles : les eaux montèrent et descendirent un grand nombre de fois. Ainsi, le 4 nivose (25 décembre), elles n'étaient plus qu'à 3^m,25 ; mais le lendemain, elles croissaient brusquement de 80 centimètres ; le 6 et le 7, elles redescendaient ; le 8, elles remontaient avec violence, et le 12 (janvier 1802), se trouvaient à 7ᵐ,10, la nuit à 7ᵐ,45. Au point du jour, elles commencèrent de baisser. Mais autre malheur, le froid était grand. Dix-huit chantiers bordant le port Saint-Bernard étaient inaccessibles, et les glaces, réunies en masses énormes, fracassaient et entraînaient tout ce que le débordement semblait avoir respecté.

Le xixᵉ siècle ne le cède pas aux précédents en fait de désastres fluviaux. 1806, 1807, 1817, 1819-1820, mai et décembre 1836, 1845, 1847 et 1848, 1850, 1866, 1872, 1876, 1882-1883, 1896 eurent des crues plus ou moins désastreuses. L'inondation de 1882-1883 présente certaines analogies avec celle de 1801-1802, qui avait été précédée de dix-huit mois de sécheresse.

Nous ne dirons rien de la première grande crue du xxᵉ siècle (1910), présente dans toutes les mémoires.

Ajoutons que dans ses plus grands débordements, la Seine fait passer sous le pont de la Tournelle 2 110 mètres cubes par seconde. Dans les basses eaux, il ne passe que 40 mètres cubes par seconde. Il y aurait donc 52 fois plus d'eau dans les grandes crues qu'à l'étiage.

L'étiage du pont de la Tournelle a été marqué sur les basses eaux de 1719. Le zéro de l'échelle du pont d'Austerlitz est à 0ᵐ,14 au-dessus de l'étiage de la Tournelle. Pour obtenir la hauteur de l'eau à l'échelle du pont Royal, il faut ajouter 0ᵐ,90 au nombre observé au pont de la Tournelle.

La Seine est déjà en grande crue, lorsqu'elle marque 5ᵐ,30 au pont d'Austerlitz. La navigation est alors supprimée.

Le grand ouvrage de défense contre l'inondation réalisé par Paris et par la plupart des grandes villes pourvues de cours d'eau, est l'édification de quais plus ou moins élevés. Ceux de Paris méritent de nous arrêter un instant. Ils datent de Philippe le Bel, qui, en 1312, ordonna d'en construire un sur la pente ombragée de saules, agréable lieu de promenade par le beau temps, mais couverte par l'eau dès que le fleuve grossissait, qui s'étendait le long du couvent des Augustins, jusqu'à l'hôtel de Nesles. Philippe eut quelque peine à faire comprendre ses ordres, et ces berges continuèrent d'être visitées par les crues.

D'ailleurs, ne vîmes-nous pas en 1910 la rue Gît-le-Cœur, sur l'emplacement de laquelle était située « la maison de notre amé et féal l'évêque de Chartres », que le roi désigne ainsi expressément dans sa lettre au prévôt, remplie d'eau au point de n'admettre la circulation qu'en bateau ?

Sous les règnes de Charles V et de Charles VI, « on construisit, dit Bonamy ('), un mur épais le long de la rivière, avec des tours de distance en distance, depuis la tour de Billi bâtie derrière les Célestins, jusqu'à la tour de Barbel ou Barbeau, au bas du port Saint-Paul. On creusa de larges et profonds fossés dans tout le circuit de l'enceinte de Charles V, depuis la tour de Billi jusqu'à la tour du Bois, au bas de la rue Saint-Nicaise, au-dessus du Louvre. Tous ces changements empêchèrent les eaux de se répandre, par les Célestins, dans le quartier du Marais pendant les inondations ordinaires. »

En 1507, un arrêt du Parlement ordonna le relèvement du sol de la Cité. Ce serait au cours des travaux qui furent alors exécutés que disparurent les treize marches par lesquelles on entrait dans la cathédrale.

Le quai du Louvre a été construit sous François Ier, de même que le quai de la Mégisserie. En 1554 et 1555, des lettres de Henri II ordonnèrent la construction du quai Saint-Bernard, « autrement dit de la Tournelle, et d'y employer les plus clairs deniers du domaine ». En 1558, un mur fut construit sur le petit bras de la Seine, pour soutenir des maisons. Les futurs galériens, relégués au Petit Châtelet, furent employés à ces travaux. De 1561 à 1566, on fit entre le Petit-Pont et le pont Saint-Michel, un quai, qui, à cause des boutiques aussitôt installées, devint le Marché-Neuf. De 1564 à 1572, on travailla au quai de Nigeon ou de Chaillot, que l'on appela aussi le quai Neuf des Bons-Hommes et qui est aujourd'hui le quai Debilly.

Jusqu'à Henri IV, les quais étaient exécutés avec de pauvres matériaux, en bois ou en maçonnerie irrégulière. Désormais, on élèvera des ouvrages en pierre de taille. Il est vrai qu'ils n'offriront pas encore à la Seine un obstacle continu et qu'elle aura un libre accès en bien des parties basses. Il est vrai aussi que parfois

('') *Mémoires de l'Académie des Inscriptions*, t. XVIII.

on appelait quai ce qui, pour nous, n'est que le bas quai : « devant la Grève, le Port au Foin, le Port au Grain et celui de Saint-Nicolas du Louvre ; ils sont en glacis ou pente insensible et commode pour l'embarquement et le débarquement des marchandises. »

L'inondation de 1910, comme celles de 1882, 1883, 1876, etc., prouve que les quais, tout en protégeant efficacement les riverains, n'empêchent pas les caves et un grand nombre de rues, même situées assez loin de la Seine, de se remplir d'eau. Nos lecteurs en trouveront la raison dans un chapitre suivant : tous les muraillements n'empêcheront pas la nappe souterraine de déborder, lorsqu'elle n'aura plus son écoulement. Certains ingénieurs, et non des moindres, puisque ce sont Deparcieux, Lambert, Cordier, accusent même les quais, ou du moins le rétrécissement qu'ils infligent à la rivière, d'aggraver l'inondation :

« Non seulement, dit Deparcieux, les quais resserrent trop le lit de la rivière dans Paris, mais on a encore embarrassé ou diminué d'une étrange manière le peu de passage qu'on avait d'abord laissé à quelques-uns. Il est fâcheux qu'on ait laissé construire le quai de Gèvres sur le lit même de la rivière, etc. »

« Assurer, disait Lambert en 1807, que plus on rétrécira le lit de la rivière et plus on mettra d'obstacles à son cours, plus les eaux auront de facilité à s'écouler, moins nous aurons d'inondations à craindre, par la raison que les eaux augmenteront de vitesse : c'est ce qui ne nous paraît pas aisé à concilier avec les premiers principes de l'hydraulique. »

« Paris, ajoute Cordier en 1827, est plus exposé que jamais aux chances des inondations : quatre nouveaux ponts, des quais, des ports, l'estacade de l'île Saint-Louis rétrécissent à ce point le débouché que les eaux, dans les débâcles, s'élèveront à une plus grande hauteur et causeront de plus grandes pertes. »

Que proposent donc ces hommes compétents, pour prévenir les inondations ? Un canal de dérivation. Mais cet exutoire ne saurait s'établir sans de gigantesques dépenses, et, qui pis est, sans augmenter les mauvaises conditions de l'aval.

Mais il y a des moyens naturels (et nous verrons plus loin pourquoi) de combattre l'exubérance des rivières ; ce sont ceux qui favorisent le développement de la végétation. D'après les calculs de M. Houiller, le débit de la Somme est tombé, dans le cours du xixe siècle, de 35 mètres cubes par seconde à 27, bien que le régime des pluies se soit maintenu sans variation. La cause d'un changement si manifeste est tout entière dans le grand développement des cultures intensives : il y a cent ans, la surface du sol était en majeure partie abandonnée à la jachère, qui consommait peu d'eau ; l'humidité absorbée par le supplément de rendement agricole correspond presque exactement à la réduction observée.

Un autre exemple de l'efficacité de la végétation, comme antagoniste des crues, nous vient, par l'intermédiaire de M. Cunisset-Carnot, qui l'a relaté dans *la Nature*, de la gracieuse rivière bourguignonne qui baigne Semur et Tonnerre et qu'on appelle l'Armançon. A mesure que la culture des céréales, de moins en moins rémunératrice, a été remplacée par les grasses prairies et que l'élevage est de plus en plus florissant, le régime de ce cours d'eau a subi une profonde métamorphose.

Autrefois des ponts permettaient seuls de le franchir à pied sec ; aujourd'hui un enfant peut sauter d'un bord à l'autre, et il y a beau temps que le pêcheur, dont l'épervier était souvent bien garni, a renoncé à son métier.

La pluie, retenue maintenant par le feutrage des racines et évaporée par les feuilles, vertes toute l'année, ne s'en va plus à la rivière.

On a proposé un grand nombre de moyens pour prévenir les inondations, et plusieurs peuvent se déduire des faits que nous venons d'exposer. Pour le bassin de la Seine, comme pour bien d'autres régions, ils se répartissent en deux séries, nettement distinctes selon qu'elles ont pour objectif d'empêcher la saturation des terres perméables, ou bien de retenir, dans les points hauts, les eaux épanchées, pour les dépenser ensuite à loisir.

La saturation peut être combattue en favorisant les décharges de la couche considérée, par sa région inférieure. Dans bien des cas, les sources qu'alimente la nappe décrite précédemment peuvent être élargies et rendues plus actives, grâce à des aménagements convenables. A l'aide de vannes, on arrive à régler la dépense dans une certaine mesure. Parfois une tranchée tracée suivant le pied d'un coteau détermine dans son économie hydrographique un appauvrissement considérable : on trouverait des exemples de semblables travaux, dont on a regretté les conséquences desséchantes.

J'ai eu pour ma part l'occasion, il y a peu d'années, d'en voir un exemple remarquable en Seine-et-Marne. Une population de maraîchers, cultivant depuis des siècles avec profit la surface d'un plateau, a eu sa condition tout à fait compromise à la suite de la diminution de la nappe renfermée dans le sol, appelée qu'elle était à un écoulement nouveau par l'ouverture d'un canal en contre-bas. La zone perméable paraissait mise désormais à l'abri de la saturation par la pluie. Pratiquées dans une sage mesure et non avec l'excès réalisé ici, les rigoles d'assèchement peuvent amener au contraire un résultat tout à fait favorable.

Mais la saturation peut être conjurée aussi par le développement de l'évaporation superficielle du sol, conformément aux données générales que nous résumions en la décrivant. Ici, le moyen qui se présente le premier est l'augmentation de l'activité végétale. Tout le monde sait, en effet, que les racines des plantes vont chercher sous terre les masses d'eau nécessaires à leur vie, et que ce liquide, transporté dans les feuilles par les vaisseaux du liber, s'y exhale pour enrichir la sève élaborée, ce véritable *sang botanique*.

Des expériences innombrables ont démontré que l'évaporation ainsi produite est gigantesque. Et qui n'a pas constaté *de visu* la rapidité avec laquelle un bouquet feuillu dessèche le vase dans lequel on l'a placé ?

Aussi, dans les bassins construits comme le bassin hydrographique de la Seine, n'y a-t-il pour ainsi dire point d'inondations d'été.

Il est beaucoup de circonstances où ces mesures étant d'une application difficile, on doit prévenir les inondations en retenant les eaux dans les points hauts au moyen de dérivations. Par exemple, on peut, par une sorte de débordement artificiel, épancher un affluent gonflé dans des prairies convenablement situées.

Becquerel pensait qu'on a augmenté la quantité d'eau qui s'écoule vers les vallées, en supprimant, à la fin du xviii⁰ siècle, la plus grande partie des innombrables étangs qui couvraient jadis le sol de la France. Ces étangs recueillaient les eaux des tcrres environnantes et les tenaient emmagasinées, de sorte qu'elles ne concouraient pas aux inondations comme aujourd'hui.

Les anciens étaient passés maîtres dans l'art d'aménager, dans le haut des vallées, des approvisionnements d'eau qu'ils dépensaient lors de la période sèche de l'année.

J'ai vu encore, en Tunisie, les restes des immenses citernes d'où s'épanchait l'abondance dans les régions placées plus bas. Nos ingénieurs ont repris dans une certaine mesure ces pratiques antiques, et le lac des Settons, en Bourgogne, est un exemple à côté duquel on pourrait en citer beaucoup d'autres.

L'eau se congèle parfois dans l'atmosphère et, au lieu de la pluie, nous avons de la neige ou de la grêle. Il y a aussi, comme le savent bien les voyageurs polaires, du brouillard composé de petits globules pleins, de glace transparente. Nous avons même quelquefois, en France, des flèches glaciales, des flèches de neige. Les nuages qualifiés de cirri sont formés d'aiguilles de glace.

La neige résulte, comme les aiguilles, de la cristallisation de la vapeur d'eau, mais avec des caractères cristallographiques particuliers, dont le principal est le groupement régulier d'aiguilles hexagonales sous la forme de rayonnements par trois, par six et par leurs multiples. Il s'y mêle fréquemment des prismes hexagonaux très fins et plus ou moins allongés.

Sous la forme de flocons, la neige occupe un espace dix à onze fois plus considérable que l'eau résultant de sa fusion.

La neige joue un rôle de réserve d'eau qui, au lieu de se précipiter immédiatement, persiste dans les montagnes jusqu'aux époques de fusion, pour arroser les régions basses.

La grêle, qui se produit toujours pendant les orages, est constituée par de la glace très dure. Les grêlons ont comme dimensions ordinaires de $0^m,005$ à $0^m,02$; mais il en est de beaucoup plus gros et qui sont alors des projectiles meurtriers. On en a cité de la grosseur d'un œuf de poule, d'une pomme, d'une carafe.

Nous demanderons à un voyageur, M. Marcel Monnier([1]), la description d'un orage de grêle, qui se reproduit avec une périodicité quotidienne.

___

([1]) *Des Andes au Para*. Un vol. in-8°, Paris, 1890.

« Quand, vers neuf heures du matin, j'avais pour la première fois observé le Pic (de Chimborazo), sa silhouette se détachait sur un ciel d'une pureté absolue.... A dix heures, un ruban de nuages s'enroulait à sa base. Une demi-heure plus tard, une seconde écharpe s'était nouée au-dessus de la précédente. Toutes deux s'épaissirent au point de se confondre, et bientôt le sommet lui-même cessa d'être visible. A partir de midi, la calotte de vapeurs passait tour à tour du blanc neigeux au gris de fer, puis au violet, puis au noir de suie. On eût dit un drap mortuaire étendant des plis à l'infini...

« Pas un souffle n'agitait l'air.

« Soudain, — il était environ deux heures, — un coup de tonnerre éclata, si brutal, que nos montures s'arrêtèrent court, frissonnantes, les oreilles dressées. Au même instant crevait un ouragan de grêlons, de la grosseur d'un œuf, tandis qu'un vent furieux se levait, menaçant de jeter bas les bêtes et les gens. Alors suivit une heure d'angoisse dont chaque minute nous sembla devoir être la dernière de notre vie. A un moment, nous fûmes littéralement emprisonnés dans un cercle de flammes. Le sillon lumineux des éclairs se prolongeait durant plusieurs secondes, et la foudre frappait à droite, à gauche, en avant, en arrière, fracassant les tiges des cactus, éraflant les roches. A trente pas de nous, sur le bord du sentier, un arbre mort fut fendu du haut jusqu'en bas, et les éclats atteignirent ma mule, qui fut renversée. Ce fut tout une affaire de repartir. Le sentier avait disparu sous une couche de grêle épaisse d'un demi-pied, et les animaux glissaient, trébuchaient d'épouvante, insensibles au fouet et à l'éperon.

« La tourmente dura une couple d'heures. Puis, comme par magie, le vent tomba, la grêle se changea en fine pluie ; le voile funèbre fut déchiré en mille pièces, laissant pendre jusqu'à terre ses lambeaux de crêpe effiloché, et le soleil reparut, éclairant la vallée verte de Riobamba ; tandis qu'un immense éventail d'iris, formé de quatre arcs concentriques, se déployait sur un rayon de quinze lieues, d'un massif à l'autre, de la Cordillère du Chimborazo à l'Altaï. »

Nous avons vu, dans nos montagnes européennes, des orages aussi violents ; mais ceux des Andes ont de remarquable qu'ils

se produisent tous les jours, avec régularité, atteignant leur
maximum d'intensité vers deux ou trois heures de l'après-midi.

L'analyse chimique de l'eau de pluie est extrêmement intéressante, quand on la réalise avec un soin suffisamment méticuleux :
le nombre des corps qui y sont contenus, soit en dissolution,
soit en suspension, se révèle plus grand qu'on ne se le figurerait.

Tout d'abord se signale l'acide carbonique, qui joue, par sa
constance, un rôle de première valeur, mais dont la proportion
varie d'un échantillon à l'autre, entre des limites qui contrastent
par leur écart avec la constance du même gaz mélangé dans l'air.
En conséquence, on doit vraisemblablement en rattacher l'origine à la sortie du sol de griffons de sources bicarbonatées, qui
se décomposent par la rencontre de carbonates divers, très
enclins à se bicarbonater.

On y trouve aussi de l'oxygène, tout aussi peu constant, et
qui se manifeste même sans recherches bien délicates, par les
phénomènes de rubéfaction qui sont si fréquemment complémentaires des décalcifications. On sait que là est l'explication de
bien des dispositions statigraphiques réalisées au contact de l'atmosphère humide, et nous pouvons prendre comme type de ce
genre de réactions, l'extension si fréquente du diluvium rouge
et privé de fossiles calcaires sur la surface du diluvium gris,
ossifère et coquillier.

L'hydrogène ne manque pas dans la pluie et se rencontre
naturellement dans l'air (sur 10000 volumes, 1,48 d'hydrogène,
d'après Verves[1]. Peut-être ce gaz intervient-il dans la synthèse
de l'ammoniaque, par sa combinaison avec l'azote de corps
azotés comme l'acide azotique et l'acide azoteux, dont Achille
Müntz a trouvé des traces sensibles dans la pluie et qui peuvent
résulter à leur tour de la production de décharges électriques
combinant l'azote à l'oxygène.

On sait depuis les travaux de plusieurs auteurs, tels que
Schoenbein (de Bâle, en 1840) qui l'a le premier découvert, De
la Rive, Becquerel et Frémy, Beaumert, Andrews et Tait, Soret,
Babo et surtout Houzeau (de Rouen) et plus récemment Cailletet,

------

[1] *Revue scientifique et industrielle*, t. VI, p. 121, Paris.

Berthelot et M. Chappuis, que la décharge électrique détermine au sein de l'air une polymérisation de l'oxygène, qui passe à l'état d'*ozone*, lequel, dans l'air, représente 1 partie dans 450 000 parties de gaz atmosphérique. On le retrouve dans la pluie et on doit croire qu'il intervient dans maintes réactions atmosphériques. Il jouit d'un pouvoir oxydant très supérieur à celui de l'oxygène ordinaire. Il est facile à déceler par le bleuissement qu'il inflige au papier de tournesol rouge, qu'on a, au préalable, imprégné d'une solution d'iodure de potassium.

L'ozone, qui paraît engendré par les décharges électriques et par diverses oxydations, est d'ailleurs une matière très instable, que bien souvent on cherche en vain, mais qui d'autres fois est relativement abondante. Houzeau a fait à cet égard des études intéressantes. Il a observé, entre beaucoup d'autres faits, que le froid et la diminution de la pression sont deux conditions spécialement favorables à la production de l'ozone, c'est-à-dire à la combinaison de l'oxygène avec lui-même : il me semble qu'il en résulte de fortes probabilités pour que la quantité d'ozone dans la pluie et dans l'air soit spécialement accusée aux grandes altitudes et c'est peut-être là que la fonction essentiellement oxydante et encore peu connue de ce corps est réalisée le plus activement.

Il n'y a pas de doute que l'électricité atmosphérique et avant tout les orages ne contribuent à la présence et au renouvellement de l'ozone dans l'air et dans la pluie. On peut, en effet, le préparer en grande quantité, comme l'a montré Houzeau, en électrisant de l'oxygène, grâce à un appareil auquel il a donné le nom d'ozoniseur. On arrive par ce procédé à avoir un gaz dans un état de concentration très considérable.

L'eau de pluie contient de l'ammoniaque. « On admet généralement, dit Houzeau ([1]), que les eaux météoriques empruntent l'ammoniaque à l'atmosphère, qui la contient probablement à l'état de matière saline. » Moins il tombe de pluie, plus elle est riche en ammoniaque.

Cet alcali disparaît d'ailleurs très vite de l'eau de pluie, étant

([1]) *Bulletin de la Société de Chimie,* 1864. — *Comptes rendus de l'Académie des sciences,* 1883, t. XCVI, p. 250.

absorbé par les matières organiques que cette eau renferme.
M. Chairy(¹) a donné d'intéressants résultats de l'eau de pluie
de la ville d'Alger. En faisant évaporer sur le porte-objet d'un
microscope une goutte d'eau de pluie, concentrée préalablement
par l'évaporation d'un demi-litre à 5o centimètres cubes, il
obtint de magnifiques trémies ; la cristallisation comprenait en
outre des cristaux losangiques, probablement des sels ammonia-
caux.

Le nitrate d'ammoniaque est d'une rareté qui peut surprendre,
tandis que le nitrite d'ammoniaque se décèle nettement par l'iodure d'amidon en présence de l'acide acétique. En opérant sur
1/2 litre, l'auteur a pu réaliser des dosages. Il a trouvé par litre
de o^g,ooo14 à o^g,ooo29 de nitrite d'ammoniaque.

Quant aux dosages du sel marin, ils ont donné :

En février, o^g,o174 (NaCl) par litre,
    id.   et mars, o^g,o43,
19 mars à 3 avril, o^g,o248,
(Orage), 13 mars à 15 avril, o^g,o19,
(Orage), 15 au 16 septembre, o^g,o2,
    id.   le 12 septembre, o^g,o3.

Les poussières salines dépassent donc facilement l'altitude
de 4o mètres, qui est celle de l'Observatoire d'Alger où ces
observations ont été faites.

La pluie contient du fer, qui a été dosé par le même auteur. Il
a trouvé dans :

o^l, 95, du 13 janvier au 6 mars, o^g,ooo67,
1/2 litre, fin mars, o^g,oo42,
1 litre eau d'orage, 12 septembre, o,oo39.

Il y a des pluies d'eau salée(²) et c'est ce qui arriva le 1er janvier 1896 aux Etats-Unis, dans l'Utah et le Wyoming ; l'étrange
phénomène dura environ deux heures.

Entre Oyden et Evanston, qui sont à 18o kilomètres l'une de

(¹) *Comptes rendus de l'Académie des sciences*, 1884, t. XCIX, p. 869.
(²) *Le Naturaliste*, t. III, 1er janvier 1897.

l'autre, tous les objets humectés se couvrirent, par simple dessiccation, d'un véritable pralinage de sel de cuisine, admirablement cristallisé. Le docteur C. T. Gamble a évalué à 28 tonnes la quantité de chlorure de sodium tombé sur le sol. Le soleil ayant brillé après l'averse, le spectacle devint féérique, mais la conséquence du phénomène fut désastreuse au point de vue du fonctionnement télégraphique : tous les courants étaient si parfaitement interrompus qu'il fallut recourir aux pompiers pour lessiver tous les fils télégraphiques, les poteaux et les isolateurs.

Le fait n'était d'ailleurs pas absolument nouveau : il s'était produit par des vents soufflant de l'ouest avec violence. C'est qu'à une centaine de kilomètres d'Oyden, vers l'est, s'étale le grand lac Salé (le fameux lac des Mormons), en une nappe de plus de 5 3oo kilomètres carrés. C'est peut-être par la répétition des mêmes accidents que le sous-sol se trouve maintenant, dans plusieurs localités, agrémenté d'une rivière souterraine d'eau plus ou moins salée et plus ou moins profonde.

Il est toutefois prudent de n'accepter ces hypothèses qu'avec certaines précautions, car si elles étaient tout simplement exactes, il devrait y avoir partout sur les lignes de rivages marins des pluies fortement salées ; or, ce n'est pas ce qui a lieu, et l'on peut constater, tout près du littoral, que la pluie y a la composition normale.

On connaît aussi des pluies de sable, telles que celle qui tomba en Sicile les 9, 10, 11 mars 1872. C'était de l'eau jaune, rougeâtre, tenant en suspension une poussière très abondante. Au bout d'un quart d'heure de repos, elle laissa déposer 3ᵍ,3 de poussière par litre.

L'eau filtrée fut analysée. Sa densité est de 1,ooo6g ; elle est neutre aux réactifs colorés ; elle marque 17°,5 à l'aréomètre, alors que l'eau ordinaire ne marque que 1°,o. Par l'ébullition, elle se trouble et dégage par litre d'eau filtrée 19 1/2 centimètres cubes de gaz composé de :

$$
\begin{array}{lr}
\text{azote.} & 83,959\ \%, \\
\text{oxygène.} & 13,070\ \%, \\
\text{acide carbonique..} & 2,971\ \%.
\end{array}
$$

Elle contient des matières minérales insolubles (carbonates de

chaux, de magnésie, de fer et de sulfate de chaux) ; de la matière
minérale soluble (chlorure de potassium, reconnu au spectro-
scope et sulfate de soude) ; de la matière organique.

La poussière séparée par le filtre a donné :

    Parcelles argileuses jaunâtres..   75,08
    Carbonate de chaux.   11,65
    Matière organique.   13,19
              Densité, 2,5258.

Cette poussière renfermait beaucoup d'organismes incomplets :
des fragments de membranes végétales, des portions de plantes
aquatiques, de petites fructifications, et des diatomées complètes,
des infusoires vivants (¹).

La pluie, balayant l'atmosphère, se charge de ses poussières
et les entraîne sur le sol. C'est ainsi que l'on a des pluies de
sang (de l'eau colorée en rouge par d'abondantes diatomées) ;
des pluies de soufre (qui ne sont que des pluies de pollen) et
surtout des pluies de cendres répandues au loin, à tous les bouts
du monde, par les violentes éruptions.

Celle du Krakatau donna lieu à des effets météorologiques
tout à fait remarquables, à cause des poussières envoyées et suspendues dans les plus hautes régions de l'atmosphère : il y eut
durant plusieurs mois de merveilleux crépuscules rouges, que
l'on revit après l'éruption de la montagne Pelée, en 1902-1903.
Nous recueillîmes sur le toit d'une maison, à Paris, des cendres
volcaniques qui provenaient vraisemblablement d'une éruption
du Vésuve, beaucoup moins puissante que les deux précédentes.

De même que les cendres volcaniques, les globules cosmiques
provenant des météores (météorites et peut-être étoiles filantes)
se rencontrent dans l'atmosphère et par conséquent dans l'eau
de pluie.

Tous ces détails sont nécessaires pour ne laisser dans l'ombre
rien de ce que la pluie apporte au sol.

(¹) Observation du professeur Silvestri, de Catane.

PREMIÈRE PARTIE

LES TRAVAUX ACTUELS DE LA PLUIE

Bonvalot, dans son *Voyage à travers le Tibet inconnu,* se trouvant dans une passe de 6 000 mètres et parlant de la chaîne qu'il a baptisée monts Dupleix, a dit avec éloquence :

« Après que la neige aura tombé dans les mois qui suivront, et que l'été sera venu, le soleil fondra ces « conserves » prodigïeuses d'eau, et ce sera, aux alentours de la chaîne Dupleix, une débâcle de fin du monde. Une inondation diluvienne déposera des lacs sur les hauts plateaux, les traversera de rivières qui entraîneront les boues épaisses et laisseront aux flancs des collines, et dans les anses, des débris des hauteurs. Ces dépôts restent là jusqu'à l'été suivant, car l'hiver arrête le cours des fleuves. Puis, la chaleur du soleil agit, elle liquéfie les masses solidifiées ; celles-ci s'ébranlent, coulent, s'emportent, reprennent les dépôts où elles les ont laissés à l'entrée de l'hiver, et les enlèvent. D'année en année, étape par étape, elles finissent par les charrier, toujours plus bas, sans cesse obstruant les vallées, étalant des deltas, comme si une volonté supérieure avait ordonné : « Vous, les eaux, de concert avec les vents et les froids, démolirez la montagne et nivellerez la terre. »

Ceci, on le voit, contient en raccourci toute la géologie de la pluie... en passant par la neige.

CHAPITRE PREMIER

LE RUISSELLEMENT DES EAUX DE PLUIE

Petits ruissellements de l'eau sauvage. — La goutte de pluie travaille, aussitôt tombée, le sol qui l'a reçue et y réalise des effets variés.

D'abord, le choc de la petite sphérule aqueuse déplace de la matière délayable, sable ou argile ; ensuite, elle l'accumule en certains points aux dépens de points voisins. Théoriquement, on pourrait croire qu'une pluie régulière tombant sur un sol homogène exercera partout la même action, mais la moindre observation démontre qu'il n'en est rien. Par suite de circonstances locales, qui peuvent être presque insensibles, certains points sont un peu plus impressionnables ou, au contraire, plus résistants, que les points voisins et il en résulte immédiatement de petits ravinements.

Il suffit de faire appel à nos souvenirs pour constater que, quelque soin qu'on prenne dans l'établissement des allées de terre battue de nos jardins et de nos parcs, l'effet le plus immédiat de la pluie est d'y dessiner des réseaux de tout petits sillons anastomosés entre eux et qui, sous l'influence de pluies continues, s'accentuent de proche en proche, de façon à ressembler aux systèmes de rivières représentés par les cartes géographiques.

Fig. 1. — Flanc gauche du ravin de la baie de Clarence (canton de Vaud, Suisse), au lieu dit « En Saumon », entaillé dans un placage de sables éboulés et montrant des sillons divergents qui ont été creusés par l'écoulement de l'eau de pluie. Ces sillons reproduisent exactement, quoiqu'à plus petite échelle, les relations des affluents de tous les ordres avec le cours d'eau dans lequel ceux-ci se déversent.

Nous verrons que ces sillons infimes sont des embryons de vallées et que les vallées les plus larges, les bassins hydrographiques les plus vastes, celui du Rhône, celui du Gange, celui des Amazones, ont commencé d'une manière identique. Nous allons voir comment. Il paraît que la chose n'était pas si facile à voir, car tout le monde se trompait à cet égard. Un géologue de mérite, Hermite, exprimait l'opinion générale par cette remarque : « si à notre époque, l'action de l'atmosphère paraît amoindrie, cela tient à ce que les terres ont pris la forme qui leur permet le mieux de résister à l'érosion (¹). »

(¹) *Comptes rendus de l'Académie des sciences*, 1878, t. LXXXVI, p, 1209.

Choisissons sur le bord d'un étang ou d'un ruisseau (fig. 1), un point des berges dépourvu de gazon et convenablement incliné, nous verrons, à côté les uns des autres, des séries de petits ravinements, qui, pendant la pluie et tout de suite après, dirigent des filets d'eau jusque dans l'étang ou dans le ruisseau. Il y en a de toutes les longueurs, depuis ceux qui se bornent à une simple rainure sans ramifications, jusqu'à la disposition qui comporte un tronc et des branchements. On voit facilement que leur âge n'est pas le même et l'idée d'un développement s'impose à l'esprit, c'est-à-dire d'un allongement vers l'amont, dans le sens opposé à l'écoulement de l'eau.

Capture des rivières. — Sans qu'il y paraisse, c'est la consécration d'un fait universel que les géographes paraissent n'avoir bien remarqué que depuis fort peu d'années et que l'on qualifie ordinairement de *capture des rivières*. Cette expansion de chaque petit bassin ayant pour axe un filet d'eau ne peut pas se continuer sans qu'il y ait très vite modification dans l'allure générale de l'écoulement.

Les plus gros filets, les plus anciens, réalisent, par le recul de leur source, la diminution de leurs voisins, qui, peu à peu, perdent leur forme et même leur personnalité. Ils ont bientôt complètement disparu entre deux bassins plus travailleurs qu'eux, et qui témoignent déjà de l'intensité avec laquelle la surface d'abord très simple de la berge, dans l'endroit considéré, est soumise à une usure qui l'intéresse toute, en raison, pour chaque point, de son inclinaison.

Revenant aux grands exemples, après la lumière fournie par les petits, nous sommes bien assurés qu'un bassin comme celui de la Seine, peu compliqué et peu étendu à son origine, a procédé à l'allongement, à la croissance de ses rameaux originels, en même temps qu'à celle de son tronc principal, de façon à s'enrichir de l'Eure, de l'Oise, de la Marne, de l'Yonne, de l'Aube.

Une bonne région, pour se pénétrer de la fragilité des limites hydrologiques de deux bassins voisins, c'est la frontière commune du bassin de la Seine et du bassin de la Loire, dans la région qui s'étend du Perche à l'Orléanais.

Pour s'y reconnaître, il faut suivre avec attention le sens de l'écoulement très lent des ruisselets qu'on rencontre et qui, à chaque instant, détruisant par érosion les petits reliefs qui les séparent, quittent le sillon qui les conduisait dans l'un des grands cours d'eau, pour se rejeter vers l'autre. Soulignons la lenteur de ce procédé, opposé à la dimension des résultats obtenus, d'où l'on conclura l'allure de l'érosion superficielle, bien différente, comme on verra, de celle qu'on a soupçonnée à l'origine.

Il faut, en effet, que nous constations qu'on s'est fait d'abord du mécanisme de vallonnement du sol une opinion qui a été bien loin de recevoir une confirmation de l'étude impartiale des faits. Par exemple, dans la vallée de la Seine, on a cru voir une incompatibilité entre la largeur de ce fleuve et la largeur de la vallée qu'elle suit.

Persuadé de la rapidité et de l'énergie qui avaient dû intervenir dans la réalisation des inégalités de la surface du sol, — production des reliefs continentaux et des abîmes de la mer, sculpture des continents où alternent les vallonnements et les collines, — on n'a pas fait de doute quant à l'entrée en fonction de déplacements subits de masses énormes de terrains, détruisant tout à la surface de la Terre, au moyen de *révolutions*, comme on disait, et dont la dernière en date serait représentée dans le déluge universel.

D'ailleurs, on admettait que l'âge de la Terre n'atteint pas encore 6.000 années et cette remarque seule suffisait pour écarter l'idée de toute analogïe entre les phénomènes auxquels nous assistons et ceux qui sont intervenus dans la création du monde.

Comme application au sujet précis que nous avons en vue, et comme si on eût fermé délibérément les yeux aux enseignements de la Nature actuelle, on s'arrêta à cette idée, qui nous paraît si étrange aujourd'hui, que ce n'est pas la pluie qui a érodé lentement les sillons ou vallées dans lesquels coulent la Seine ou la Loire, mais que ces cours d'eau ont commencé par jouir de dimensions colossales, en désaccord absolu avec celles des agents géologiques que nous voyons à l'œuvre.

La Seine aurait commencé, sous la forme d'un torrent dont

les dimensions nous sont données par la section de sa vallée.
A la place de Paris, elle avait une dizaine de kilomètres de
large et une profondeur de plus de 150 mètres. Et c'est son
déchaînement subit, à partir des montagnes de la Côte-d'Or
jusqu'à la Manche, qui aurait laissé, dans l'épaisseur du sol,
un véritable stéréogramme de sa masse.

Il va sans dire qu'au moment précis où la Seine faisait cette
prouesse, la Loire et la Garonne, le Rhône qui, chez nous, coule
à angle droit avec leur direction, creusaient aussi soudainement
leur lit. Quant aux affluents de ces cours d'eau, le lit de chacun
d'eux résultait du même mécanisme, avec la plus grande diversité
de direction, ce qui suppose un état dynamique aussi impossible à
concevoir que les sources fantastiques de ces fleuves monstrueux
(fig. 2).

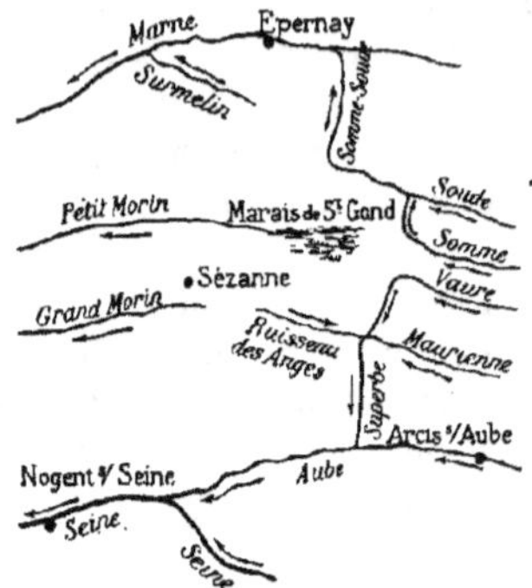

Fig. 2. — *La capture des rivières* dans la région comprise entre les vallées parallèles de la Marne près d'Epernay et de l'Aube près d'Arcis. A l'origine le Petit-Morin résultait de la rencontre de la Somme et de la Vaure ; la capture de la Somme par la Soude et celle de la Vaure par la Superbe a décapité le Petit-Morin, qui sort maintenant du marais de Saint-Gond. En même temps, la Somme-Soude a détourné les eaux alimentant le Surmelin, exactement comme la Superbe a supprimé la tête du Grand-Morin. On retrouve des faits identiques dans la plupart des bassins hydrographiques. Ils suffiraient pour faire rejeter sans appel la vieille doctrine de Cuvier du creusement torrentiel et instantané des vallées des pays peu accidentés.

Les théoriciens de la doctrine révolutionnaire ne se sont pas aperçus qu'en diverses circonstances la Nature a pris, pour ainsi dire, la précaution de constituer, au cours de son travail d'érosion, de véritables appareils chronométriques qui nous font assister à la succession d'étapes progressives, en même temps qu'ils proclament la vanité de l'hypothèse du creusement rapide. On peut être d'autant plus certain du peu de valeur de leurs assertions qu'ils sont loin d'en avoir compris tout de suite la portée et que plus tard, renonçant à en contredire l'éloquence, ils ont obéi à une discipline quelque peu naïve et plus fréquente peut-être en science qu'en politique : à la « conspiration du silence ».

**Érosion progressive des montagnes et des volcans d'Auvergne
et du Caucase. — Creusement des vallées.** —L'illustre géologue
anglais, Poulett-Scrope, dans son beau livre intitulé *Géologie et
Volcans éteints du Centre de la France* ('), signale vigoureuse-
ment, dans une lumineuse généalogie des montagnes ignivomes
de l'Auvergne, les prodigieuses durées écoulées depuis l'apparition de la plus ancienne jusqu'à l'érection de la plus récente :
« Les périodes qui, dans notre étroite compréhension, et comparées avec nos existences éphémères, paraissent d'une incom-
mensurable durée, ne sont, selon toute probabilité, que des
bagatelles dans le calendrier de la Nature. C'est la Géologie qui
nous apprendra, plus que toutes les autres sciences, ce fait
important quoique humiliant. Chaque pas que nous faisons en
la poursuivant nous force à porter nos regards vers une ancien-
neté presque sans limite. L'idée principale qui se présente dans
toutes nos recherches et qui accompagne chaque nouvelle observation, le son qui, à l'oreille de celui qui étudie la Nature, semble
incessamment répété par chacune de ses œuvres, est celui-ci :
« Time ! Time ! Time ! »

Rappelons que la géographie physique du Plateau Central
d'Auvergne offre tout d'abord à notre vue des montagnes d'un
genre tout particulier, qu'on désigne sous le nom de *puys*. De
médiocre hauteur, à pentes relativement abruptes, elles ont des
différences d'aspect qui s'expliquent par la nature lithologique
de leurs flancs et de leur couverture.

Les flancs sont identiques à la roche qui compose le terrain
environnant. Ce sont des couches calcaires peu épaisses et parfois très minces, alternant avec des lits de marne ou d'argile. Les
fossiles qu'on y rencontre quelquefois témoignent de l'âge tertiaire de ces sédiments, en même temps que de la qualité
lacustre des eaux dans lesquelles ils se sont déposés. Pour la
couverture, au contraire, il s'agit de ces roches cristallines qu'on
appelle couramment des basaltes ou des trapps et qui entrent
sans aucun doute dans la catégorie des roches éruptives ou volcaniques.

(') Traduction française de Vimont, bibliothécaire de la ville de Clermont-
Ferrand. Un vol, in-8°, Clermont et Paris, p. 218 et suiv., 1866.

Stan. Meunier. — La Pluie.   4

La comparaison de ces reliefs révèle entre eux une véritable communauté d'origine, un air de famille et très évidemment des étapes successives d'une histoire commune pour toutes, mais à des degrés plus ou moins avancés.

Le grand mérite de Poulett-Scrope a été d'ouvrir la voie aux études qui concernent l'âge relatif des volcans d'Auvergne, et à cet égard, il a bien marqué la différence qui résulte pour eux de l'absence de contemporanéité. Il en est de très vieux, et par conséquent de très altérés du fait des actions atmosphériques. Le puy Girou, par exemple, n'est représenté que par des tronçons de sa coulée de làve qui, vus de loin, se raccordent par leur profil d'une manière incontestable, comme ils se raccordent de près par leurs particularités minéralogiques, c'est-à-dire par la variété de la roche éruptive qui les constitue ; ce sont les puys de Jussat et de Gergovia. Leurs coulées ont évidemment descendu, lors de leur épanchement, la pente générale du pays, mais du cratère qui les a émis, il ne reste plus aucune trace. L'extrémité de cette contrée est à 797 mètres d'altitude.

Il importe d'ailleurs de faire remarquer — ce qui va de soi quand on y pense — qu'aucune espèce d'éruption volcanique n'a pu couronner une pyramide de couche sédimentaire d'une lame de lave. La lave, qui est une substance fluide, a nécessairement suivi les déclivités du terrain. C'est au fond d'une vallée qu'elle a progressé, absolument comme un cours d'eau, dont elle a, dans maintes localités, pris la place, encore marquée sous la roche ignée par un lit de galets. Donc le jour de l'éruption, la lave de Girou, de Jussat et de Gergovie était en continuité et intercalée entre deux collines qui constituaient les flancs de cette vallée.

C'est le même phénomène météorologique qui a supprimé le cratère générateur, qui a érodé peu à peu les deux collines marginales et qui, poussant plus loin son travail, a laissé, sans les détruire, des tronçons du courant rocheux qui a joué véritablement le rôle de parapluie pour la roche sous-jacente. De façon qu'il faut reconnaître que le surélèvement de la coulée de Gergovie, dont l'éruption date des débuts des temps quaternaires, est dû à la destruction de tout le pays environnant par la pluie.

Non loin de ces vestiges d'un volcan qui a perdu son cratère, nous rencontrons un autre ensemble fort analogue, formé aussi de collines couronnées de dalles pierreuses se faisant suite par leur profil, et qui, d'après ce qui précède, sont les restes d'une ancienne coulée. Le tronçon principal est connu sous le nom de Plateau de la Serre. Sur son prolongement, du côté du haut pays, se trouve, sortant directement du granit qui constitue cette région, un gros amas de basalte tout pareil à celui qui forme le plateau. Et le fait est si frappant que, malgré la grande largeur de l'intervalle qui les sépare, les habitants du pays lui ont donné de toute antiquité le nom expressif de « tête de la Serre ». C'est tout ce qui représente encore le cratère et nous ne répèterons pas les raisons du relief du plateau lui-même, qui sont identiques à celles qui concernent le plateau de Gergovie. Seulement, Poulett-Scrope constate, d'une part, que l'éruption qui a apporté la roche de la Serre est beaucoup plus récente que la première, et, d'autre part, que l'extrémité de la coulée, ou du moins de tout ce qui en reste, est de 117 mètres inférieure à la coulée de Gergovie, c'est-à-dire à 680 mètres au-dessus de la mer. Cela est en rapport avec ce qui précède, en confirmant que l'érosion pluviaire, qui a transformé l'écoulement de lave de Gergovie en sommet de montagne, avait abaissé considérablement la surface du sol au moment de la deuxième éruption, ce qui n'empêche pas celle-ci d'avoir, à son tour, perdu les collines qui encaissaient sa vallée et même d'avoir continué son érosion sur le pays d'alentour.

C'est par intermédiaires faciles à multiplier, que nous arrivons à un troisième exemple fourni par le volcan de Gravenoire. Celui-ci montre des portions presque intactes d'un cratère proprement dit, et qui seraient plus manifestes encore si, depuis des siècles, on ne se livrait à l'exploitation active des matériaux qui le composent et qui, sous le nom de *pouzzolane*, sont très hautement appréciés pour les constructions.

Du cratère de Gravenoire sort une coulée qu'on peut suivre sur plusieurs kilomètres, sans y rencontrer de grandes lacunes, mais qui néanmoins, sur toute sa longueur, est supportée par un piédestal de roches sédimentaires, d'où il résulte que l'érosion pluviaire n'a pas pu cesser après l'éruption de Gravenoire et que depuis l'intervalle qui la sépare de celle de Gergovie, la surface du sol avait encore perdu 290 mètres, car le bout de la coulée est à 390 mètres.

Enfin, pour ne pas abuser du lecteur, nous nous bornerons à mentionner, pour terminer cette série d'exemples, le volcan du Pariou, dont le cratère est si correct dans sa forme et dans ses relations avec la coulée qui en est sortie, qu'on pourrait se demander si de nouvelles éruptions ne sont pas à prévoir, quoique les cendres et les lapillis soient envahis par une luxuriante végétation de prairie et de broussailles.

Cette fois, la coulée a l'air d'être toute récente, étant, elle, très peu fertile et de la catégorie des *cheires*, dans la langue du pays. Elle se continue avec l'allure normale jusqu'au voisinage de Clermont-Ferrand, ce qui ne l'empêche pas de témoigner de l'efficacité incessante de la pluie dans ses environs par la situation qu'elle a acquise à son tour de s'étaler sur un soubassement à pic de calcaire et de marne. La lave du Pariou descend jusqu'à 300 mètres au-dessus de la mer.

« Le basalte de ces différentes coulées, dans son aspect minéralogique, écrit notre auteur, apporte une preuve confirmative que leur âge correspond à leur niveau relatif. Celui de Gergovia est compacte, en partie amygdaloïde, fortement atteint par la décomposition dans ses parties extérieures. Celui de la Serre a une fraîcheur beaucoup plus grande, quoiqu'il conserve encore les traits distinctifs des basaltes les plus anciens. Celui de Chanonat a un aspect presque aussi moderne que plusieurs courants de l'Etna dont la date est connue. De plus, le cône et le cratère d'où procède ce dernier sont entiers et intacts. Le cône qui a donné naissance à la lave de la Serre a été fortement dégradé, les scories et les bombes les plus pesantes et les plus massives restant seules. La source du courant basaltique de Gergovia était probablement le puy de Berzé([1]), qui conserve le caractère d'une bouche éruptive, mais qui a été réduit encore à l'état de ruine véritable.

« On pourrait, si cela était nécessaire, multiplier indéfiniment

([1]) Au-dessus du puy Girou, que nous avons cité et auquel on peut se borner.

les exemples de cette espèce qui conduisent inévitablement à la conclusion, que l'immense soustraction de matière qui a eu lieu dans la formation lacustre de la Limagne, s'est effectuée pour la plus grande partie, *graduellement* et *progressivement* et a marché

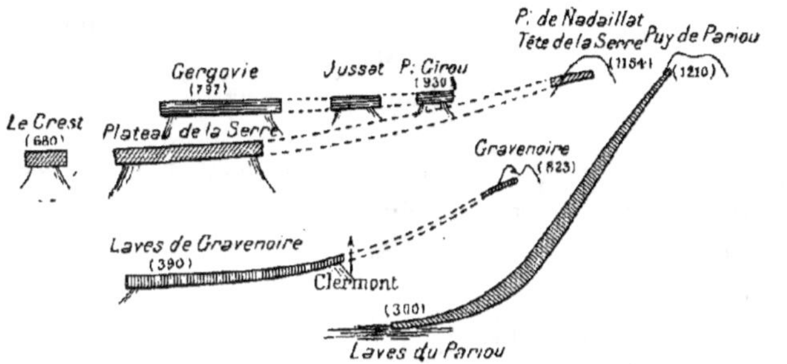

Fig. 3. — Résumé de l'histoire de la dénudation du sol par érosion pluviaire, qui nous procure la preuve irrécusable du creusement des vallées par la succession des pluies grâce à l'intervention d'une série bien des fois séculaire d'éruptions volcaniques dont chacune fixe une région de la surface du sol au moment même où elle s'est produite. La superposition des crises volcaniques aux résultats de l'usure continue du sol par la chute de la pluie permet de mesurer l'intensité de celle-ci malgré sa tranquillité apparente. L'observation de ces faits, vérifiables par tout le monde, nous a été prouvée par l'illustre géologue anglais Poulett-Scrope ; mais on me permettra de constater que j'ai été le premier à en faire ressortir les conséquences irrécusables qui en découlent quant à l'erreur commise par Cuvier dans son interprétation cataclysmienne du creusement des vallées. Les chiffres représentent les altitudes au-dessus de la mer.

de concert avec l'envahissement accidentel de portions de cette vallée et de ses vallons tributaires par des laves qu'émettaient, dans leurs paroxysmes éruptifs, les volcans des hauteurs voisines. Est-il admissible seulement d'avoir recours à des conjectures vagues et hypothétiques, alors que nous ne pouvons concevoir aucune *force érosive, graduelle et progressive,* autre que celles qui sont encore en travail partout où les pluies, les gelées, les torrents et la décomposition atmosphérique agissent sur la surface du globe ? Nous devons donc rapporter à ces agents les effets en question, effets dont personne ne peut les déclarer incapables, si on leur accorde un temps indéfini. »

La figure 3, reproduite d'après Poulett-Scrope, montre que les intervalles qui séparent nos quatre coulées ont été interrompus à beaucoup de reprises par des produits analogues, de sorte qu'on peut dire que la région d'Auvergne a conservé les restes inscrits dans son sol. d'une part par la pluie, qui peut être considérée comme une *action continue,* et d'autre part par l'éruption volcanique, *phénomène intermittent.* Et tandis que dans la vallée de la Seine (fig. 4), nous n'apercevons pas de procédé pour débiter le phénomène continu en tronçons bien distincts, au contraire, en Auvergne, nous y pouvons faire des étapes bien distinctes.

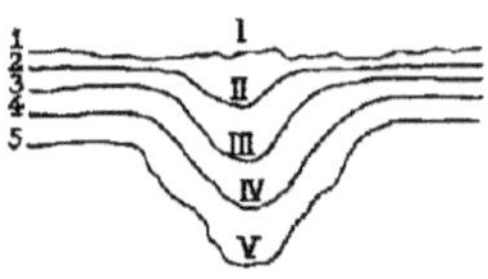

Fig. 4. — Progrès de l'érosion pluviaire des vallées ordinaires : 1. Surface initiale du sol où la plus grande altérabilité a déterminé un concours de ruissellements qui ont ébauché le petit ravinement II qui deviendra une ligne de vallée (ou *ima vallis*). — 2. Surface postérieure à la précédente où le sol a perdu l'épaisseur correspondant à la distance verticale des deux profils I et II ; coupe de la ligne de vallée qui correspond à une érosion plus intense, due à la pente plus accusée du sol. — III. État plus avancé du phénomène : l'érosion, quoique générale, s'accentue sur les régions inclinées et augmente à chaque instant les pentes des flancs de la vallée qui s'accusent de la même façon pour les époques IV et V, qui ont succédé à l'époque III.

Déjà nous avons dit que les érosions parisienne et auvergnate sont contemporaines l'une de l'autre. Il reste à ajouter que la dernière représente une soustraction pluviaire de terrain bien supérieure à l'autre. Pour le premier cas, il s'agit d'un sillon qui, en moyenne, ne représente pas plus d'une dizaine de kilomètres de large et de 150 mètres de profondeur, tandis que le Plateau Central a perdu 600 mètres d'épaisseur sur toute sa surface par le fait exclusif de la pluie. En effet, comme nous l'avons vu dans l'introduction, la masse de pluie et de neige tombée en Auvergne est presque le triple de celle que reçoit la région parisienne. Mais nous reviendrons sur cette passionnante question à propos du creusement des vallées ordinaires.

Poulett-Scrope, qui écrivait si peu de temps après Cuvier, n'a pas tiré de ses lumineuses observations les conséquences générales que j'ai été le premier, et jusqu'à présent le seul, à signaler quant à l'allure du phénomène pluviaire. J'ai le droit de considérer comme une découverte qui m'appartient cette application d'une si grande importance pour la Géologie générale des faits précédents à l'histoire de la vallée de la Seine, l'auteur anglais s'étant borné à des développements sur la région d'Auvergne et sur la vallée de la Loire.

Chose curieuse : non seulement, dans les traités les plus récents, on a fait le silence sur l'analogie dont il s'agit, mais encore, et ce qui est bien plus fort, on s'est abstenu quant aux résultats eux-mêmes de Poulett-Scrope, comme si l'on y voyait une radicale et décisive objection à la théorie torrentielle du creusement des vallées et, d'une façon plus générale, du modelé du sol. Il semble que certains savants tiennent précieusement à conserver leurs erreurs.

Les volcans du Caucase nous ont fourni des arguments analogues à ceux que nous ont procurés les volcans d'Auvergne, avec lesquels ils ont tant de rapport.

Il passe à Mléty, sur le versant sud de la grande ride montagneuse, une belle rivière appelée l'Aragwa, qui, un peu plus loin, se jette dans la Koura pour traverser avec elle la ville de Tiflis. Dans la coupe de l'escarpement de la rive gauche de la rivière, nous avons vu d'abord sur 6 mètres environ de puissance, une accumulation de graviers et de galets à faciès diluvien : puis, au-dessus, une coulée volcanique de 4 mètres d'épaisseur, formée d'une andésite largement cristalline.

Si l'on cherche à comprendre comment les masses constitutives de cette coupe de Mléty ont pu prendre les situations relatives qu'elles nous présentent aujourd'hui, on arrive sans peine à y retrouver les témoignages de deux régimes très différents qui ont régné sur le même point : d'abord, un régime fluviatile d'où datent les galets, puis un régime volcanique auquel se rapporte la coulée. Mais on conclut en même temps de remarquables changements dans le profil de la surface du sol.

En effet, les galets et les graviers ont été nécessairement charriés sur une ligne de thalwegs, et le point qui maintenant est en saillie sur le niveau du pays était, au contraire, à cette époque, encadré par des reliefs qui dirigeaient les cours d'eau. La lave volcanique s'écoulant des hauteurs a de même été sollicitée par la déclivité du terrain et est venue s'étendre dans le lit fluvial dont elle a recouvert les pierrailles.

Mais, depuis lors, et sans qu'il y ait eu de changement dans l'économie de la région, les choses ont pris un tout autre caractère et l'ancien thalweg est devenu une crête entre deux dépressions où circulent les eaux et où circuleraient les laves, si les foyers volcaniques en amenaient quelque jour à la surface. C'est que le puissant revêtement d'andésite s'est constitué à l'état de protecteur du terrain qu'il recouvrait, contre les entreprises continues des agents de dénudation. Ceux-ci ont d'abord abaissé progressivement le relief des deux lignes de faîte bordant le cours fluvio-volcanique à droite et à gauche et il y a eu un moment où, pour chaque point de ce cours, la dépression n'existait plus. Puis, peu à peu le sens du relief relatif a changé et le thalweg s'abaissant très peu, à cause de sa résistance, il a fait petit à petit saillie sur le pays d'alentour.

On voit combien est erronée l'opinion qui montre comment, par le jeu des forces en action dans un cours d'eau, la forme du sol marche vers un « profil d'équilibre » qui sera définitif. On voit qu'il suffit d'un incident comme l'arrivée d'une coulée de lave pour que toute cette évolution soit compromise par la substitution de points résistants aux points les plus faciles à attaquer aux débuts. Et d'une manière plus générale, on voit comment la conception d'un état définitif est antiphilosophique et contraire à toute l'économie de la Nature.

Les cavernes considérées comme appendices des vallées. — D'autres détails de la surface terrestre, et bien différents des volcans, viennent contredire la théorie diluvienne du creusement des vallées. La caverne d'Arcy-sur-Cure, dans le département de l'Yonne, est bien éloquente pour proclamer que les cavernes sont de simples appendices des vallées (fig. 5).

Cette caverne se présente sur la rive gauche de la Cure, sous la forme d'un étroit souterrain composé d'une succession de salles réunies par des étranglements. L'ensemble est perpendiculaire à la rivière, et, chose qui paraît étrange, situé à un niveau notablement supérieur. On reconnaît bien vite que cette inégalité en verticale résulte de ce que le sol exposé à l'air et à la pluie, s'abaisse chaque jour, tandis que le boyau souterrain, tout en s'érodant très lentement, reste beaucoup plus inerte. Et, comme si la Nature avait eu à cœur notre édification complète, il suffit de remonter la rive gauche de la Cure d'une centaine de mètres, pour rencontrer, sans aucun doute possible, une seconde édition de la grotte d'Arcy, mais cette fois à l'état de fabrication actuelle.

Au niveau précis de la surface de l'eau, un gouffre béant engloutit une dérivation, qui entraîne les galets avec une telle violence qu'il n'y a pas à songer à pénétrer dans le pertuis. Ce gouffre, orienté perpendiculairement à la Cure, c'est-à-dire dans la direction générale de la caverne de laquelle nous sortons, est un raccourci pour de l'eau, qui évite ainsi le détour parcouru par la masse principale de la rivière. Il n'y a aucune imprudence à prophétiser que, dans un laps de temps suffisant, le niveau général du pays ayant cédé à l'érosion pluviaire, l'entrée de la saignée actuelle sera accessible à l'observateur et s'offrira aux entreprises des tou-

Fig. 5. — Schéma destiné à faire comprendre, par l'exemple de la caverne d'Arcy-sur-Cure, le rôle que dans le cours des rivières ordinaires peuvent jouer des fuites souterraines d'une partie de leurs eaux pour nous éclairer sur le mécanisme du creusement des vallées par le ruissellement des eaux de pluie. G représente un gouffre situé exactement au niveau du cours d'eau et dont le mécanisme est révélé par la visite de la grotte C où l'on peut maintenant circuler, mais qui résulte d'un temps où la vallée, étant pourvue de tout le terrain qu'elle a perdu depuis, soutenait la rivière à un niveau auquel elle ne peut plus atteindre même par les plus grandes eaux. Nous reviendrons, à propos de l'histoire des cavernes, sur ce sujet qu'il importait cependant de mentionner dès ce moment.

ristes, pendant que, très possiblement, notre grotte béante aura été plus ou moins comblée par la multiplication des stalactites et des stalagmites.

Et à ce propos, rappelons que les stalactites pendent du plafond en cônes solidement soudés à celui-ci par leur base et que les stalagmites s'élèvent du sol, la pointe en haut. La forme de ces accidents est variable, et fréquemment, après un temps plus ou moins long, la stalagmite et la stalactite se rencontrent et se soudent solidement l'une à l'autre, de façon à produire des colonnades.

Dans la caverne que nous considérons, il n'y a qu'un modeste filet d'eau qui serpente sur un fond bien trop large pour lui, décrivant des méandres qui se permettent de divaguer comme ceux des cours d'eau superficiels. Dans l'accomplissement de ce travail, il se réalise une érosion des berges concaves de ce minuscule ruisselet, complémentaire de la sédimentation des berges convexes, de sorte que les stalagmites ne trouvent une localité favorable à leur croissance que dans les berges convexes, respectées par l'eau courante. Toutefois, le déplacement de ces méandres ramène la région active et rapide de l'eau dans les points d'où elle avait été repoussée et l'eau qui la baigne maintenant procède au déchaussement du pied de la stalagmite.

Il arrive que la soudure des deux portions de colonne, dont l'une vient du plafond pendant que l'autre s'élève du sol, soit assez solide pour que la stalagmite reste suspendue à sa sœur stalactitique, même après un déchaussement total. Dès lors, l'érosion continuant sous cette construction, la distance verticale de la base pourvue de galets incrustés dans l'onyx va constamment en augmentant, et il arrive un moment où un homme peut passer debout, comme sous le « pilier de Saint-Jacques ([1]) ».

La circulation de l'eau dans les cavernes étant identique à celle des rivières à ciel ouvert, il est légitime que nous appliquions cette donnée à leur histoire. Si nous ne voyons pas directement la vallée ordinaire se creuser au cours des temps, sous l'influence de l'*eau sauvage* ou de ruissellements, c'est que les niveaux successifs du fond de la vallée n'ont laissé aucune trace de leur état passé.

C'est une raison de plus pour appuyer cette assertion que les vallées, et spécialement les gorges de torrents, ne sont que des cavernes à ciel ouvert. Il manque surtout au parallélisme, des appareils enregistreurs et nous avons bien des fois éprouvé le regret que des dispositions suffisamment anciennes des choses ne soient pas venues à notre secours, autrement dit qu'il n'y ait pas, dans ce chapitre, quelque correspondant des documents que les Romains nous ont involontairement, mais si fructueusement procurés, par l'étude des travaux de plus d'une eau souterraine, par exemple quant à la génération d'espèces minérales filoniennes ([2]).

([1]) Voir *Nos Terrains*, par Stanislas Meunier. Un vol. in-4°, Paris, 1898.
([2]) *Les Gîtes minéraux*. Un vol. in-8°, Paris, 1919.

L'état de choses si bien visible à Arcy peut se manifester avec plus d'évidence encore (fig. 6) dans la grotte de Betharam, près de Lourdes (Basses-Pyrénées), en un point situé à 200 mètres sous terre, où des groupes de stalactites et de stalagmites se sont soudées entre elles, au-dessus du ruisseau actuel. Des stalagmites suspendues y ont si bien accepté leur nouvelle condition, qu'au-dessous d'elles sont en pleine végétation des bouquets de stalactites, qui, comme au *Temple des Serpents*, pendent du plafond, en attendant qu'encore une fois, le cours d'eau se déplace pour abandonner le sous-sol exactement sous-jacent, où s'établiront des stalagmites qui continueront le travail souterrain.

Fig. 6. — Le *nid des serpents*, dans la caverne de Betharam, auprès de Lourdes (Basses-Pyrénées), accident remarquable par la netteté de la preuve qu'il fournit de la réalité du creusement non torrentiel et au contraire très progressif des vallées ordinaires et en même temps de l'uniformité de mécanisme employé par la nature dans les travaux d'érosion produits par les ruissellements aqueux. On y voit un volumineux paquet de stalactites pendues au plafond, mais qui ont retenu au-dessous d'elles la masse de stalagmites qui s'y étaient soudées quand les ruisseaux se livraient aux méandres qui, dans les vallées à ciel ouvert, expliquent les terrasses marginales qui correspondent à des retours successifs de la rivière dans des points qui se sont dégagés du lit fluviaire durant l'intervalle de ces retours des divagations du courant d'eau.

Ce phénomène de la production de stalactites sous des stalagmites par suite de l'érosion du sol doit être tout à fait général dans les cavernes en voie de remplissage. Ainsi, on en aperçoit des indices évidents dans la grotte de la Cave (Lot), où des quantités de petites stalactites d'origine récente sont des appendices à des dépôts stalagmitiques incontestables.

Cheminées des Fées. — D'autres faits encore peuvent être cités à l'appui de l'érosion pluviaire, agent du creusement des vallées. Tels sont les pilastres de terre qualifiés de *Cheminées*

des Fées, en Haute-Savoie, à Saint-Gervais, où on les rencontre
en remontant le lit desséché du Nant Fernex.

Ce sont de gigantesques pyramides de terre et de blocs amon-
celés, dépassant parfois une hauteur de 3o mètres, et que couronne une grosse dalle de pierre, perchée sur ce haut piédestal,
et qui font un effet bizarre au milieu de la verdure sombre des
sapins. Plus impressionnantes encore sont celles qu'à Vallauria
(Hautes-Alpes), on appelle les *colonnes coiffées* ou les *Demoiselles*.
On en trouve de similaires à Molines-en-Queyras (Hautes-Alpes),
dans la vallée des Saints, à Coudes (Puy-de-Dôme), dans le val
d'Hérens, en Suisse, à Ritton, près de Bautzen, au Rio Grande,
etc., etc.

Nous avons reproduit expérimentalement ces intéressants
accidents de l'érosion pluviaire : reproduction en miniature,
mais exacte à tous égards, d'autant que dans la nature, on en
rencontre de fort petits.

On commence par composer un mélange de sable fin avec de
petites pierrailles et des éclats plus gros de roches, puis on
l'accumule en tas dans une très large cuvette plate en porcelaine, que l'on incline convenablement. Sur le tas, on fait alors
tomber une pluie factice en mettant en communication un robinet
de fontaine avec une pomme d'arrosoir.

Les particules mélangées éprouvent alors des effets différents,
d'après leur taille, leur forme et leur poids. Les grains légers
sont emportés les premiers ; les éclats rocheux plats se disposent
bientôt d'eux-mêmes horizontalement, et, à partir de ce moment,
ils jouent le rôle de parapluie pour les matériaux qu'ils recouvrent.
Ils se constituent très rapidement à l'état de chapiteaux de petits
pilastres, ayant avec les Cheminées des Fées, et comme le montre
la figure, les analogies les plus complètes.

Ajoutons qu'en mélangeant d'une certaine quantité de plâtre
en poudre la matière caillouteuse sur laquelle on opère, on
obtient des spécimens qui se conservent facilement, comme ceux
que l'on peut voir dans la collection de Géologie expérimentale
exposée au Muséum.

En examinant les produits de l'expérience, on leur reconnaît
un sérieux intérêt quant à l'idée qu'il convient de se faire du
mécanisme de la dénudation subaérienne, et spécialement de

l'histoire du creusement des vallées. A ce dernier point de vue
surtout, il convient de constater que les Cheminées des Fées ne
peuvent résulter que de pluies peu écartées de la verticale,
puisque ces pyramides friables ne sauraient subsister que là où
les eaux de ruissellement ne sont pas trop abondantes. Un
courant transversal un peu fort les désagrégerait et les détruirait :

Fig. 7. — Imitation expérimentale des *Cheminées des fées*, résultant de la chute de la pluie
sur un relief de terrain hétérogène, comprenant des sables facilement entraînables par l'eau
d'infiltration mélangés à des fragments de roches relativement volumineux et pesants qui
protègent de la chute aqueuse les régions qu'ils recouvrent et leur conservent ainsi leur relief
primitif pendant que tout s'affaisse autour d'eux. — Pratiquement, les substances dont il
s'agit étant disposées en une accumulation conique, on fait tomber sur cet ensemble le contenu d'un arrosoir muni de sa *pomme*. Si l'on a eu soin d'introduire dans le mélange employé une petite quantité de plâtre à mouler, la prise de celui-ci assure après dessiccation
la facile conservation du produit obtenu.

leur présence sur les flancs des vallons dans les pays de montagnes que nous venons de citer, sur le Zuni-Plateau du Nouveau-
Mexique, ailleurs encore, montre avec évidence que les vallées
ne sont pas l'œuvre de cours d'eau torrentiels.

Les Cheminées des Fées, de Saint-Gervais, les Demoiselles
de Vallauria, les colonnes à chapiteau du Nouveau-Mexique
sont, au contraire, le produit d'une ciselure très délicate de la
surface du sol, par des eaux incapables du transport horizontal
de masses un peu considérables, et il faut remarquer à cet
égard l'utilité de l'expérimentation, qui apparaît tout spécialement par la précision jetée sur les conditions du phénomène.

En effet, tout ce qui concerne la surface du terrain désagré-
geable est désormais défini, et en même temps tout ce qui a
trait à la forme la plus favorable du sol. Si la surface du sol est

horizontale ou presque horizontale, l'effet est nul, à cause du séjour de l'eau au pied des pilastres de terre ; et, à l'inverse, sur un terrain trop incliné, les pyramides ne peuvent persister, à cause de la trop grande vitesse des filets d'eau sauvage. Un terme moyen est favorable, et la pente naturelle d'éboulement des matériaux meubles, de 35° à 40°,. paraît la meilleure. Il résulte de là aussi la notion d'une période dans le creusement des vallées, où la production des piliers de terre peut se déclarer, et que, par conséquent, elle caractérise. C'est pour cela que, dans la plupart des cas, on ne constitue pas des Cheminées des Fées par l'arrosage d'un sol hétérogène. Si les blocs contenus ne sont point plats, si la pluie se fait obliquement ou si le sol n'a pas la cohésion nécessaire, les blocs sont déchaussés et ils descendent verticalement pendant que les particules fines sont emportées par les eaux de ruissellement.

Lorsque l'on a suivi, pas à pas, les résultats de cette sorte de lavage vertical, on en voit jaillir l'explication d'une foule de phénomènes qui ont été souvent mal compris, et par exemple, celle de la présence de certains blocs rocheux, parfois très volumineux, sur un terrain qui contraste avec eux à tous les points de vue. Un exemple remarquable en a été procuré, il y a une vingtaine d'années par la découverte à Paris, dans le diluvium de la rue Lacépède, de gros blocs de grès, faciles à identifier avec la pierre à paver exploitée à Orsay et à Fontainebleau et qui dépend des formations oligocènes. L'étude des lieux, éclairée par les notions précédentes, démontre que ces blocs, devant les progrès de la dénudation pluviaire, ont dû descendre verticalement de 75 mètres environ, correspondant à l'ablation lente de toute la formation des sables supérieurs, puis de celle des marnes du terrain du gypse, du travertin de Saint-Ouen et d'une partie des sables de Beauchamp. C'est encore un bel exemple de la compatibilité d'une dénudation très active avec la persistance apparente de la surface du sol, qui ne cesse pas un seul instant d'être recouvert de végétation.

Décalcification et rubéfaction pluviaires. — La pluie réalise un ensemble très complexe de travaux, dont les deux termes les plus facilement discernables sont la décalcification et la rubéfaction et auxquels s'ajoutent d'innombrables actions parallèles, comme l'hydratation et la nitrification. Rien ne saurait nous pénétrer plus éloquemment de la prodigieuse complexité chimique de l'eau qui tombe du ciel.

Il arrive fréquemment que l'ensemble de ces travaux affecte des caractères si imprévus qu'on s'y est trompé bien souvent, et c'est le cas déjà cité de ce calcaire bien uniforme, blanc et compacte, qui a engendré à sa surface et par l'activité des intempéries une terre végétale presque exclusivement argileuse, grise, noire, rouge et plastique qui forme le sol d'une notable partie de la Provence. Il a fallu du temps pour reconnaître qu'il s'agit là d'une simple *décalcification* (fig. 8) dont l'agent effectif n'est autre que l'eau de pluie, lentement infiltrée et mettant en œuvre l'action de deux gaz qu'elle tient en dissolution : l'anhydride carbonique auquel est imputable la disparition de toute trace de carbonate de calcium, et l'oxygène en dissolution dans le liquide atmosphérique, qui a peroxydé le fer engagé dans l'argile mise en liberté.

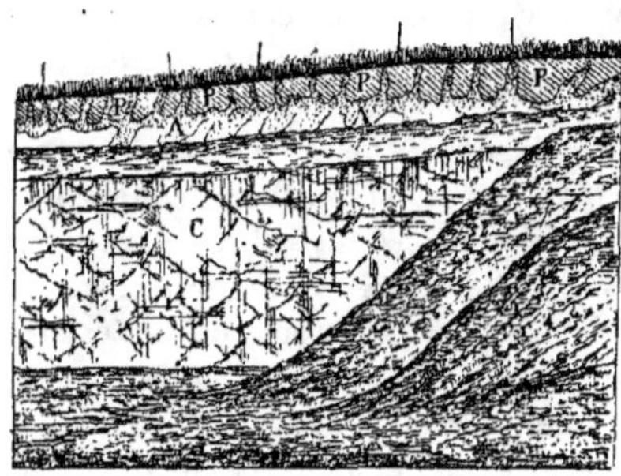

Fig. 8. — Erosion et décalcification pluviaires de la surface du sol arable d'un plateau de Picardie. — C, craie sénonienne. A, argile à silex, résidu de la dissolution de tout le calcaire renfermé dans la craie. P, zone épidermique bariolée par rubéfaction.

A la décalcification s'est associée la rubéfaction, comme dans une infinité d'autres conditions dont l'interprétation a été beaucoup plus difficile et plus laborieuse qu'on ne se le serait imaginé. C'est ainsi que la connaissance de ces réactions a fait disparaître la vieille doctrine de l'extension nettement superposée de deux diluviums, dont le premier est gris et fossilifère, tandis que le second, étendu sur l'autre comme un manteau, est rouge et argilo-siliceux, — et qu'elles ont réduit à néant l'opinion qu'un premier lœss calcaire a été recouvert d'un loess gras, propre à la fabrication des briques, des tuiles et des poteries. On a retrouvé

le calcaire qui lui manque dans les marnolithes de production
récente, dont le lœss argileux est si richement pourvu et que
les paysans d'Alsace, plus avisés que les savants de profession,
ont depuis si longtemps qualifiés de *lœss kindchen* ou « enfants
du lœss ».

Il y a dans ces faits le témoignage d'un phénomène intense, qui trouve d'ailleurs sa contre-partie, car la Nature ne
se lasse pas de mettre sous nos yeux des cycles fermés de réactions continues : en effet, dès que, par suite de recouvrements
réalisés par des dépôts plus récents, une assise rubéfiée est
portée à une distance convenable de la surface, cette assise
devient la proie de tentatives réductrices, et celles-ci trouvent
leurs auxiliaires les plus puissants dans des infiltrations chargées
de matières facilement oxydables et, avant tout, de matériaux
organiques. A ce titre, une mention de ces faits entre comme
partie essentielle dans notre sujet, car elle est apte à intervenir,
d'une manière efficace et parfois rapide, dans la construction
même du sol arable.

Tout d'abord, si les matières réductrices sont suffisamment
abondantes, la réaction peut se faire presque à la surface subaérienne du sol, et dans ce genre, nulle localité n'est plus favorable à l'effet en question que le pavé des villes, gorgé de résidus
combustibles.

Sous le pavé de bois de Paris, on retrouve toujours le béton
sous-jacent parvenu, au bout de peu de mois, à une couleur
intensément bleue, comparable à la nuance de la turquoise ou,
plus prosaïquement, de la « bouillie bordelaise ». Si, séduit par
la beauté de cette masse, on prélève sur elle quelque spécimen
pour le conserver, on reconnaît, au bout de quelques heures
seulement, que la teinte bleue a fait place à une nuance d'un gris
jaunâtre, plus ou moins analogue à celle du béton initial. Les
corps chargés de fer *au minimum* et, pour une bonne part, de
protosulfure de ce métal, se sont brûlés et contiennent maintenant de l'ocre, en quantité variable d'un cas à l'autre.

Si les matières réductrices sont d'une nature convenable et
surtout si elles peuvent se remplacer continûment, elles parvien-
nent à réaliser des réductions encore bien plus caractérisées. Les
coupes pratiquées dans certaines argiles ferrugineuses, parfois

très rouges, constituant la surface même du sol, font voir que
chacune des racines vivant dans la masse ou qui viennent d'y
mourir est enveloppée, comme par une gaine cylindrique,
d'une zone d'argile parfaitement décolorée. En certains cas, l'effet obtenu est tout à fait remarquable et l'on peut citer à cet
égard, comme très caractéristiques, les fronts de taille des carrières où, autour de Paris, on exploite les meulières dites « de la Beauce ».

Ces pierres dures sont emballées dans une argile très ferrugineuse, sur laquelle croît d'habitude une abondante végétation : l'effet décolorant des racines y est tel que la paroi des excavations est véritablement

Fig. 9. — Décoloration des argiles ocreuses qui enveloppent des
racines vivantes : M, argile ocreuse en partie décolorée et contenant des meulières de la Beauce. — G, table de grès subordonnée aux sables dits de Fontainebleau, exploitée pour la fabrication des pavés.

bariolée de bandes blanchâtres se recoupant les unes les autres,
comme les racines elles-mêmes. Nul doute que dans un avenir
peu éloigné, tout le fer aura été extrait par l'activité pluviaire
collaborant avec l'activité végétale ; nul doute que bien des argiles blanchâtres ne soient que des produits de décoloration
d'argiles ocreuses.

Pendant la réalisation des phénomènes, on peut avoir à subir
de véritables inconvénients de l'instabilité momentanée du fer et
c'est ce que, pour ma part, j'ai eu l'occasion d'observer d'une
manière très nette à Épernon (Eure-et-Loir). Dans une habitation située au pied d'une colline du sable dit de Fontainebleau,
toute couverte de taillis très verdoyants, une source débitait un
volume notable d'une eau très limpide et de composition favorable au blanchissage du linge, comme à la cuisson des légumes.
Malheureusement, peu d'heures après sa sortie du sol et son

séjour dans le réservoir où l'on prétendait la conserver, elle se remplissait de très petits flocons ocreux qui s'incrustaient dans l'émail des poteries ou à la surface du zinc et du fer-blanc, de façon à détériorer et à mettre hors d'usage tous les objets de ménage qu'elle mouillait. Au propriétaire qui voulut bien me . demander mon avis, quant à la cause de ce phénomène tout à fait imprévu pour lui, je me bornai à résumer les conclusions d'un mémoire que Berzélius a consacré à l'histoire et à la découverte des acides crénique et apocrénique (dont le nom est dérivé de κρηνη, qui signifie source). L'illustre chimiste suédois a reconnu qu'au contact de ces acides, l'oxyde de fer, qui colore le sol en rouge et que les minéralogistes désignent sous l'appellation de limonite, passe à l'état de sels, c'est-à-dire de crénate ou d'apocrénate de fer. L'auteur, par cette découverte qui a des conséquences intéressantes à des égards divers, a révélé aux amateurs d'histoire naturelle un cycle très net de transformations ayant pour résultat la concentration d'une des substances les plus précieuses pour l'homme, l'oxyde de fer, sous l'état de minerai · très lucrativement exploitable, alors qu'il est avant la réaction, sous forme de *simples traces*, bon tout au plus à teindre en rouille un certain nombre de rochers.

S'il suffit du contact de l'air pour décomposer le crénate et l'apocrénate, de façon à abandonner les flocons ocreux d'Epernon, au contraire, le séjour ou la circulation sous le sol permet à la solution métallique de parcourir des distances considérables et de se réunir en grande quantité là où se rencontre une circonstance de nature à décomposer les sels, comme il arrivait dans les récipients ménagers de l'habitation d'Eure-et-Loir.

C'est spécialement ce qui a lieu là où l'eau ferrugineuse émerge du sol sous forme de fontaine, ou dans le sol des prairies, ou même dans des lacs convenablement aérés. Alors, des amas de minerai se constituent et rendent de grands services en certains pays où des mines primitives n'existent pas. De là, le minerai des prairies ou des lacs, comme il y en a en Finlande, où l'exploitation néo-métallurgique prend une allure qui n'est point banale : les mineurs sont des bateliers, et ils ont fait de leurs pioches des pelles à longs manches. De loin, ils ont l'air d'écoper leur bateau ou de pêcher quelque proie peu active et qui se laisse prendre sans fuir.

Comme on le voit, c'est la pluie qui met tout ce mécanisme en branle, en fournissant l'eau véhiculante, mais c'est la substance végétale qui, sous l'influence bien probable de microbes, fournit les éléments des acides organiques, dont les sels ferrugineux se transforment en minerai au simple contact de l'air.

Collaboration de la pluie à la formation de la terre arable[1]. — Il est nécessaire, au point de vue où nous sommes placés ici, de reconnaître que parmi les agents collaborateurs de la terre végétale, la pluie joue un rôle de première importance.

La terre cultivable, ou arable, comme on dit en souvenir du nom latin de la charrue, *aratrum,* est l'épiderme de la terre. Comme notre propre épiderme, elle est en voie de renouvellement incessant, et ce qui doit nous frapper surtout, c'est sa persistance indéfinie. Depuis des siècles, le même champ est en culture ininterrompue, et la terre est toujours la même ; elle n'a pas sensiblement changé d'épaisseur, et l'on y prend tous les ans des monceaux de récolte, en échange des provisions d'engrais et d'amendements qu'on lui fournit.

Même dans les pays sans culture, le vent, la neige, les plantes sauvages et les animaux qui la saupoudrent de leurs déjections, en réparent les pertes. Et la pluie, par le brassage qu'elle y réalise et par la circulation qu'elle inflige à tout ce qui y est renfermé de soluble, même au niveau du sous-sol, comme au sein de pierrailles, lui fournit sans relâche une contribution décisive.

Grâce à la pluie, qui est l'agent vital par excellence de tout cet ensemble, la terre est un *laboratoire* toujours en action, où se réalisent les transformations de matières les plus imprévues et les transformations de forces les plus variées, grâce à l'existence de microbes, chargés de fonctions chimiques complémentaires les unes des autres. Grâce à la pluie, la terre a mérité ce que Marcellin Berthelot en a dit : la terre est quelque chose de vivant.

La grande complexité de composition de la terre arable a rendu

---

[1] Stanislas Meunier, *De quoi est formée la terre arable.* Une brochure de la collection des petits manuels des syndicats agricoles de la Maison Rustique.

difficile pendant longtemps de concevoir comment elle s'est formée et comment elle s'entretient. On est parvenu à reconnaître qu'en définitive le fait se rattache à l'allure de la géologie de terre ferme, qui est presque l'opposé de la géologie de bassins aqueux, tels que la mer.

Dans la mer se sont donné rendez-vous des mécanismes dont le but est de réaliser des *triages* d'une précision singulière, qui déterminent le dépôt de chaque particule entraînée, d'après sa forme, sa densité, son poids, c'est-à-dire en somme d'après sa nature, et à des places déterminées.

Au contraire, à la surface de la terre ferme, les ruissellements et les chutes de pluie alternant avec les moments de dessiccation et d'effritement des matériaux, assurent des triturations et des brassages contribuant tout de suite à cette complexité qui nous frappait tout à l'heure.

Personne n'ignore que dans les pays accidentés, l'usure du sol par les agents atmos

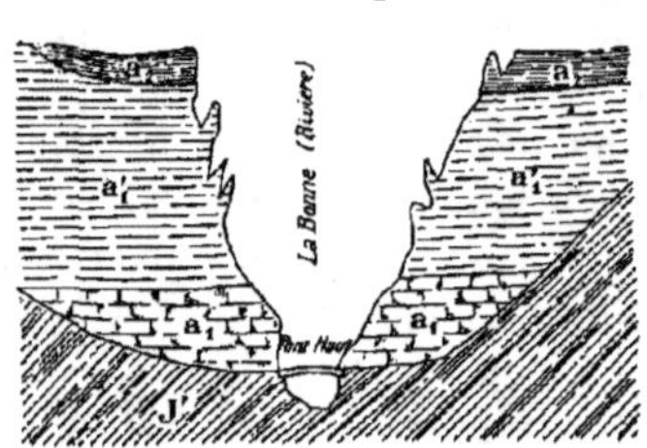

Fig. 10. — Eboulis de la Bonne (Isère), d'après Charles Lory. a_2 limon récent; — a'_1 banc d'éboulis à galets striés; a_1 alluvions anciennes; J', lias dans l'épaisseur duquel des pluies de l'époque tertiaire supérieure avaient entaillé, par le procédé auquel nous assistons tous les jours, une vallée qui depuis lors, et en conséquence du déplacement continu des cours d'eau, s'est comblée en majeure partie, puis qui a été creusée de nouveau par la soustraction partielle des matériaux de comblement.

sphériques détermine constamment des éboulements le long des pentes (fig. 10). Au pied des montagnes et des collines, on retrouve toute la collection des roches constituant les escarpements. Dans les pays horizontaux, l'érosion par la pluie et par ses collaborateurs atmosphériques a ordinairement pour résultat, ainsi que nous y avons déjà fait allusion, d'entraîner et de dissoudre une partie, et ordinairement la plus grande, des masses rocheuses et de laisser sur place une nappe de résidus, ce qui a donné créance à l'étrange opinion que les cailloux se créent par l'action de la pluie dans l'épaisseur de la terre arable, de façon à remplacer les pierrailles enlevées l'année précédente.

C'est en conséquence des deux formes principales d'accumulation de matériaux aptes à prendre part à l'élaboration de la terre arable que l'on a souvent distingué deux catégories de sols, les uns résultant du *transport*, les autres s'étant formés sur *place*.

Beaucoup de faits conduiraient à admettre que la terre végétale est, du moins pour la plus grande partie, le résultat de la désagrégation du sous-sol par la pluie. Il faut se garder cependant d'accorder à cette opinion une portée exagérée, et il suffit de rapprocher la carte géologique d'une région considérée de la carte agrologique de la même localité, c'est-à-dire de la carte représentant les diverses variétés de sols arables juxtaposés, pour reconnaître que les différences de l'une à l'autre sont beaucoup plus considérables qu'on ne pourrait le croire.

Les coupes verticales traversant la terre végétale et son sous-sol se groupent en deux types principaux :

1° Celui où il y a passage très graduel, parfois insensible, de l'une des deux formations à l'autre, comme on le voit si fréquemment aux environs de Paris, spécialement dans les régions de calcaire et où la partie supérieure du calcaire exploité se fendille, se crevasse, se pulvérise peu à peu à mesure qu'on s'élève, de façon qu'on passe des bancs continus de pierre à bâtir, à des lits débités en fragments, puis à un gravois calcaire et enfin à un sable, qui devient peu à peu tout à fait ténu.

2° Celui où contraste profondément le sol arable avec le sous-sol, qui n'a plus l'air d'avoir un seul trait commun avec lui, comme cela se voit à la surface du granit de Bretagne ou d'Auvergne ou à la surface du calcaire jurassique de bien des points de la Provence, où une argile rouge très compacte est immédiatement superposée à du marbre blanc.

Le premier cas semble mettre sous nos yeux le procédé typique de production de la terre végétale, par l'altération et la décomposition des roches en place : mais on ne tarde pas à s'apercevoir que l'origine du sol arable est beaucoup plus complexe.

Quand un calcaire est exposé aux réactions de l'intempérisme, l'eau de pluie qui le mouille véhicule et renouvelle à sa surface, dans ses pores et dans ses cavités, des substances dissoutes et des poussières extrêmement variées. Les réactions chimiques sont associées à chaque instant à des influences mécaniques, transports, mélanges, séparations, frictions et chocs. Les effets sont innombrables et prodigieusement différents d'un cas à l'autre.

A la place principale parmi les agents de transformation d'une roche, comme le calcaire grossier, en la substance merveilleuse qu'est la terre végétale se trouve incontestablement la pluie et il y a grand intérêt pour nos études à en préciser les traits essentiels.

J'ai eu une occasion exceptionnellement favorable de m'éclairer à cet égard, à une époque où je me préparais à collaborer pour ce travail avec un homme illustre avec qui j'ai entretenu des relations très précieuses pour l'élargissement de mes idées agronomiques, et qui voulait m'associer à la création d'une carte de la terre végétale en France, considérée surtout dans ses rapports avec le sous-sol. Je veux parler de Georges Ville à qui sont dues la première démonstration de la fixation directe de l'azote de l'air par les plantes et la doctrine des engrais chimiques.

Nous avons, lui et moi, analysé un grand nombre d'échantillons et nous avons tenté de déterminer les liens de leur composition avec la nature des formations géologiques sous-jacentes. Mais il faut convenir que les résultats ainsi obtenus n'eurent rien de net, et que si certaines relations ressortaient avec évidence dans des cas bien définis, les exceptions étaient si nombreuses. qu'il fallut abandonner la règle.

Il est bien facile de trouver la raison de ce mécompte. Elle se rattache aux circonstances les plus intéressantes de la Géologie tout entière.

L'examen microscopique des résidus de dissolution dans les acides, de la plupart des terres végétales, suffit pour y déceler la présence de grains minéraux parfaitement étrangers au sous-sol et parfois si caractéristiques qu'il devient facile de retrouver leur origine dans les masses sédimentaires où l'on n'avait pas vu d'abord les sources de cette alimentation minérale.

Par exemple, si dans certains et nombreux points de la Picardie, on compare la composition du sol superficiel (ou *bief*) et celle du terrain sous-jacent (ou craie), on ne trouve de l'un à l'autre aucun rapport ; au contraire, il est visible qu'une grande partie (peut-être la plus grande) des éléments des biefs coïncide avec des substances qu'on obtient comme résidus à la suite de la dissolution de divers échantillons de calcaires tertiaires dont sont formées les collines émergeant dans la plaine à des distances plus ou moins considérables.

Ces sables, et les matières qui les accompagnent, se trahissent comme les témoins de l'ancienne extension, dans le point où ils se rencontrent, des couches mêmes qui persistent dans les collines et qui ont disparu au cours du creusement des vallées ou, plus généralement, de la production du modelé du terrain. Ces sables sont simplement descendus verticalement, au fur et à mesure de la suppression intempérique très graduelle des éléments solubles auxquels ils étaient tout d'abord associés : ce sont comme des témoins de couches entières qui n'existent plus et qui n'ont aucune raison d'avoir un rapport de composition quelconque avec les assises situées plus bas, comme sont celles de la craie.

Il y a déjà ici de quoi dérouter complètement les efforts du genre de ceux dont je viens de parler, et d'autant plus que le sol meuble superposé à une formation donnée peut résulter, non pas seulement de la décalcification de celle-ci (par exemple, l'argile à silex), non pas seulement de la suppression d'une couche relativement superficielle (bief), mentionnée tout à l'heure, mais de plusieurs strates d'abord très correctement superposées et dont chacune s'est réduite à ses résidus insolubles dans l'eau de la pluie infiltrée dans le sol.

L'ensemble de ceux-ci peut être fort complexe, ce qui ne l'empêche pas d'être souvent lui-même pourvu d'une structure générale très régulière, et c'est aussi ce que j'ai eu l'occasion de signaler et d'étudier dans une partie du département de l'Oise (¹).

Il est indispensable d'ajouter que la complication minéralogique du sol cultivable est dans bien des cas beaucoup plus considérable encore, quoique dérivant toujours de mécanismes immédiatement rattachables à la pluie. En en faisant avec un soin suffisant l'analyse minéralogique, c'est-à-dire en séparant, par l'emploi de tous les procédés de l'analyse immédiate, les

---

(¹) Voir dans le *Compte Rendu du Congrès international de Géologie*, VIIIe session, t. I, p. 617 (Paris, 1900) un Mémoire intitulé : *Étude stratigraphique expérimentale sur la dénudation souterraine*, par Stanislas Meunier.

variétés de grains associés, on trouve fréquemment dans la substance intrinsèque du sol arable, des éléments minéraux qui lui sont parvenus, non plus par la contribution verticale de tout à l'heure, mais par le transport latéral et plus ou moins horizontal de matériaux originaires de localités très diverses.

Dans les montagnes, on assiste continuellement à l'activité des charrois de ce genre, réalisés par l'eau de ruissellement de la pluie. Nous y reviendrons, et il suffit pour le moment de remarquer que les cônes de déjection boueuse, qui résultent fréquemment de ces ruissellements, fournissent pour l'ordinaire à l'analyse minéralogique, des grains pierreux provenant très ordinairement de distances très considérables, de nature très diverses et ne présentant le plus souvent aucun rapport originaire avec le substratum de la terre végétale dont, tôt ou tard, ils constituent les particules composantes.

Il ne faut donc pas, comme on est tenté quelquefois de le faire, conclure des faits précédents que la terre arable est toujours formée exclusivement ou partiellement de débris du sous-sol. Même quand elle repose sur des matériaux en lits superposés, qui forment entre elle et la formation géologique intacte qui lui est sous-jacente, des intermédiaires insensibles à la simple vue, elle résulte parfois d'assises qui étaient dans le passé superposées au sous-sol encore subsistant et que l'érosion pluviaire a fait totalement disparaître, pour n'en laisser que des résidus, insolubles d'ailleurs, très régulièrement accumulés par un procédé que nous décrivons ailleurs sous le nom de *sédimentation souterraine*.

En outre, à ces substances, les unes éboulées, les autres dégagées de leur gangue originelle, se mélangent bien souvent des matériaux apportés de plus ou moins loin par les eaux de ruissellement.

Il ne faudrait pas croire non plus d'une manière trop absolue que la cause de désagrégation des roches appelées à prendre part dans la formation du sol cultivable est toujours directement le choc des gouttes de pluie. Souvent elle est pour une part l'activité biologique de petits êtres ordinairement microscopiques, *végétaux* comme les lichens ou les algues dites diatomées, et l'innombrable série des plantes de toutes tailles, qui travaillent soit avec leurs crampons, soit avec leurs racines ; ou *animaux,* comme des infusoires très variés et jusqu'à des escargots, qui rongent des masses de marbre et les traversent de perforations si nombreuses qu'ils réduisent à l'état d'éponges des collines entières.

Dans tous les cas, ces organismes divers viennent ajouter à la collection des débris accumulés par les agents inorganiques, et grâce à l'intervention de la pluie, la substance même de leur corps. Celle-ci après leur mort comme pendant leur vie (sous forme d'exhalaisons et d'excrétions) constitue la première origine de la matière humique.

C'est ainsi que, sans insister davantage, nous avons dans ce qui précède, un témoignage, digne de la plus haute attention, de la nécessité absolue de l'intervention de la pluie dans la production et dans la persistance de la terre végétale sous toutes ses formes.

Action chimique de la pluie. — La pluie a une action chimique qui seconde souvent son action mécanique. Il y a des roches solubles dans l'eau pure, comme le sel gemme qui affleure à Salies-de-Béarn, et comme le gypse mis à découvert à Romainville et dans bien d'autres localités des environs de Paris (fig. 11).

Mais il est des masses qui, résistant à l'eau pure, sont attaquées par d'autres réactifs.

Dans le nombre de ces derniers figure, d'une façon tout à fait prépondérante, l'acide carbonique, si normalement dissous dans l'eau de pluie et dans l'eau de lavage du sol arable. Des expériences directes font voir que beaucoup de minéraux sont solubles en tout ou en partie dans l'acide carbonique : le type est le calcaire; mais des composés divers doivent figurer à côté de lui et, par exemple, des silicates de la nature des feldspaths.

Ainsi, j'ai abandonné dans une solution aqueuse d'acide carbonique, semblable, sauf pour la pression bien moindre, à de l'eau de Seltz, la poussière d'un grand nombre de silicates, et j'ai constaté qu'à froid, au bout de temps d'ailleurs fort variables, selon les cas, le liquide se charge de bases diverses, et spécialement de soude et de chaux. C'est là un des phénomènes les plus importants de la physiologie du globe, et Ebelmen y a rattaché la cause de la production des argiles aux dépens des roches feldspathiques (¹), la cause, par conséquent, de l'attaque si fréquente des graviers et celle de leur recouvrement par les détritus connus sous le nom d'*arènes*.

Il faut ici rappeler les véritables expériences accidentelles qui prennent naissance sur les façades des monuments construits en matériaux feldspathiques, et d'où l'on peut conclure, d'une façon plus ou moins approchée, la rapidité de l'attaque. C'est un fait sur lequel A.-C. Becquerel a appelé l'attention, à propos de la cathédrale de Limoges, construite en blocs de granit dont on sait exactement la provenance et le temps d'exposition aux entreprises de l'intempérisme (²).

Fig. 11. — Erosion pluviaire de la surface d'un banc de gypse de la plâtrière du Pin en Seine-et-Marne. Chaque dépression s'est transformée en *marmite* et chaque fissure en *large fente*, qui représentent la dissolution dans l'eau d'une masse volumineuse de la roche.

L'épaisseur de la pellicule attaquée après cinquante ans variant suivant les points de 7 à 9 millimètres, l'auteur a tenté de convertir ce résultat en une donnée applicable à l'histoire des substances kaoliniques qui accompagnent la roche intacte dans sa carrière d'origine. Une simple règle de trois l'a conduit à supposer que la masse visible de $1^m,62$ d'épaisseur représente une période d'attaque de 7500 ans de durée. Cette conclusion a soulevé beaucoup d'objections, et spécialement de la part de d'Archiac. Nous savons d'ailleurs que le kaolin propre-

(¹) Ebelmen, *Annales des Mines*, 4ᵉ série, t. VII, p. 1845. — *Comptes rendus de l'Académie des sciences*, 1845, t. XX, p. 1415.

(²) *Bulletin de la Société des Sciences naturelles*, du 20 décembre 1833 à janvier 1835, n° 1, p. 4.

ment dit dérive d'une tout autre origine et provient d'une activité chimique émanant des profondeurs de la Terre [1].

Quand les roches calcaires renferment des minéraux non
attaquables par la pluie, la dénudation pluviaire a pour effet de
les dégager et même parfois de les libérer complètement de leur
gangue. Dans bien des pays, des moellons de craie à silex
montrent en saillies, après quelques années, les rognons qu'ils
contenaient et on en a comme exemple les murs du Chœur de
Beauvais, où une espèce d'expérience accidentelle vient reproduire le fait si remarquable des calcaires grenatifères du pic
d'Eridlitz, dans les Pyrénées, et de maints autres lieux.

L'expérience rationnelle imite aussi ces conditions : l'attaque,
par un acide très étendu, d'une surface calcaire cristallifère ou
arénifère amène la saillie progressive des minéraux insolubles
qui y sont inclus. Ces grains, peu à peu se détachent et font
au pied du bloc calcaire, un sable tout pareil à celui que la
dénudation pluviaire détermine dans une série de localités et
dont on peut ne pas reconnaître tout de suite l'origine, à cause
du contraste de sa composition avec celle des roches d'où il
dérive.

Il est intéressant, au point de vue de la théorie des phénomènes, de constater que la forme générale de ravinement de la
surface du sol par la pluie, peut être la même, qu'elle soit
d'origine mécanique ou d'origine chimique. A cet égard, on
pourrait confondre l'un avec l'autre, le relief d'une chaîne de
montagnes comme les Pyrénées, dont la sculpture provient avant
tout de l'écroulement des roches sous des influences mécaniques,
et le relief, parfois de dimensions minuscules, de certains
fragments rocheux arrachés aux matériaux des pointes ou des
aiguilles ciselées chimiquement par la pluie. Je citerai à cet
égard un échantillon de calcaire magnésien ou dolomitique que
j'ai recueilli moi-même au sommet de la Sulzfluhe, dans les
Alpes du Vorarlberg (Autriche), à 2 900 mètres d'altitude.

Cette roche, défavorable à toute végétation, constitue un sol
absolument stérile, sur lequel aucune poussière, c'est-à-dire
aucun burin propre à une sculpture, ne reste adhérente. Les

(1) Stanislas Meunier, *La Géologie expérimentale*. Un vol. in-8°, Paris, 1904.

lits successifs, traversés de fissures entrecroisées, sont donc dans les conditions les meilleures pour subir l'action directe de la pluie et manifester, par les érosions subies, les directions de solubilité les plus faciles.

Or, bien que la roche soit parfaitement homogène, on voit que l'usure météorique est loin d'être la même dans tous les points. Il y a des régions profondément excavées et d'autres au voisinage, qui font une saillie très forte. J'ai analysé des éclats provenant de ces deux conditions et j'y ai trouvé la même teneur en magnésie, la même densité, en général une identité parfaite.

Un examen plus attentif montre que l'inégale corrosion provient avant tout des inégalités de forme de la surface du sol. Les eaux de pluie, dirigées par les déclivités, vont s'accumuler en certains points, qui subissent une usure proportionnée et, quand l'action est commencée, toutes les conditions se réunissent pour la continuer et pour l'exagérer progressivement.

Bien plus, et c'est ici que l'échantillon représenté prend toute sa valeur, des blocs polyédriques à surface très régulière sont le théâtre, en plus petit, de phénomènes comparables, c'est-à-dire que nulle surface plane ne subit la corrosion pluviale sans perdre sa planimétrie. Il suffit d'une inégalité insensible dans ses différents points, pour que l'érosion y soit sensiblement plus forte qu'ailleurs et l'inégalité commencée s'accentue peu à peu, pour devenir bientôt très manifeste.

Le bloc choisi, c'est le produit de l'érosion du sommet trièdre d'un affleurement prismatique et l'on voit comment les trois arêtes, rectilignes au début, sont devenues de vraies petites chaînes de pics successifs, à droite et à gauche desquels se détachent, avec une forme générale pennée, de petites vallées parallèles entre elles et séparées les unes des autres par des crêtes très sensibles.

L'analogie des formes de ce tout petit ensemble avec le relief de bien des massifs montagneux est de nature à montrer que, sans nier l'influence, évidente et gigantesque, des cassures profondes du sol dans l'orientation des vallées, on est pourtant conduit à reconnaître que, dans une foule de cas, les vallées pennées ont pu se constituer, avec l'allure que nous leur con-

naissons, des deux côtés d'une arête tectiforme, même si celle-ci
n'avait, en aucune façon, été interrompue par des cassures
transversales.

Bien certainement, ces cassures transversales ou perpendiculaires à la longueur des chaînes, ne se retrouvent pas dans
toutes les vallées des Alpes, et j'ai réalisé des séries d'expériences
qui m'ont montré qu'une crête calcaire sur laquelle tombe une

Fig. 12. — Les Glandelles (Seine-et-Marne). Rochers de grès de Fontainebleau superposés à
un niveau de poudingues siliceux. Résultat de la dénudation pluviaire qui accumule des
amas de roches qu'on a crues, à première vue, témoigner d'un régime torrentiel et dont
la production continue par la chute de la pluie actuelle.

pluie d'eau acidulée, se comporte comme les arêtes de dolomie
de la Sulzfluhe et prend le profil denticulé d'une ligne de faîte
dans un pays de montagnes.

Nous avons étudié, comme provenant de Bagnerre, des
échantillons de sel rouge qui ont rigoureusement, et pour
le même motif pluviaire, la forme que nous venons de décrire.

Weckelsdorf, en Bohême, est une véritable ville de rochers de
l'aspect le plus fantastique, avec un rempart naturel dont la
hauteur varie de 5o à 84 mètres. Une « cathédrale » avec sa nef,
y résulte d'une crevasse longue de 4o mètres et large au plus de

2 mètres, avec ses murailles, parfaitement droites, qui s'élèvent jusqu'à 70 mètres.

L'artisan de cette merveille naturelle est la pluie, dont, il est vrai, le travail a été facilité par les fissures naturelles de ce grès que les Allemands appellent *quader sandstein* (grès à carreaux). Les eaux ont élargi les fissures, mais en les laissant rectilignes et n'ont produit leurs grands effets que par de la profondeur.

Les célèbres rochers d'Adersbach qui, peu éloignés de Weckelsdorf, mais perdus au milieu de forêts et de marécages, ont été longtemps inaccessibles aux touristes, ont été également sculptés par les eaux pluviales de la façon la plus grandiose.

C'est aussi l'érosion atmosphérique, la pluie, qui a donné aux Dolomites du Tyrol méridional leur beauté architecturale.

Ces montagnes, dont le noyau est un immense récif madréporique, comme l'attestent leurs coraux et les autres fossiles qui se nourrissent de ceux-ci, furent recouvertes par des sédiments marins qui, pendant longtemps, protégèrent la roche massive. Mais rien ne résiste à la pluie et la couverture protectrice fut emportée, puis le récif découpé en pyramides, en aiguilles qui font l'admiration du voyageur.

Éboulements. — La mer est une grande démolisseuse de falaises ; mais ce n'est pas à elle qu'il faut imputer l'éboulement considérable qui se produisit en septembre 1905 dans les escarpements de craie qui bordent la côte du Tréport au Havre, à Saint-Pierre-en-Port, et qui menaça les phares de la Hève, les premiers dans lesquels on eut, en France, installé la lumière électrique.

D'abord, on entendit un craquement effroyable, puis le bruit d'un effondrement. Une brèche de 150 mètres sur une largeur de 20 à 40 mètres s'était faite en face du sémaphore. Une heure après, un second éboulement se produisit, dans le prolongement sud du premier. 600.000 mètres cubes de terre furent entraînés dans ces glissements, sous lesquels furent pris plusieurs habitants.

Cette catastrophe avait eu dans la même région de nombreux précédents. G. Lenier, qui a si bien étudié l'*Estuaire de la*

Seine(¹), nous en conte plusieurs et donne l'explication du phénomène.

Le vendredi 14 juin 1860, toute la partie connue sous le nom
de Basses Falaises, glissa lentement vers la mer, en refoulant
devant elle le sable et le galet, qui se trouvèrent soulevés en
quelques endroits, de 4 à 5 mètres au-dessus du niveau de la
mer. Le lendemain, de grandes fissures, qui avaient été remar-
quées sur le haut de la falaise, s'élargirent, et bientôt plus de
40.000 mètres cubes de roches roulèrent comme une avalanche
au bord de la mer. Des blocs continuèrent à tomber pendant
deux jours. « Le troisième jour, nous pûmes explorer cette masse
de débris ; elle couvrait une surface de 30.000 mètres carrés et
ne pouvait être évaluée à moins de 50.000 mètres cubes. Un
phénomène très curieux fut observé par toutes les personnes qui
assistaient au premier glissement de la falaise. De toutes les fissures qui se produisaient dans le terrain en travail s'échappaient
des lueurs phosphorescentes, qui furent comparées à la clarté
qui se produit à la mer lorsque des myriades de noctiluques
viennent illuminer les flots. La présence de ces lueurs peut s'expliquer par le dégagement de chaleur que devait produire le
frottement de masses aussi considérables les unes contre les
autres. Cette chaleur pouvait être augmentée encore par l'oxyda-
tion des *pyrites blanches* en décomposition, qui se trouvaient en
grande quantité dans le terrain éboulé. »

Lenier assista à La Hève, en 1866, à un autre éboulement.
Le 30 juin, les Basses Falaises, en mouvement depuis près de
deux mois, commencèrent à descendre vers la mer, en glissant
sur les assises argileuses du kimméridge (jurassique supérieur).
Le même jour, des fentes se produisirent sur le plateau, au-
dessus des terrains en mouvement.

« Le lendemain, ces fentes s'étaient beaucoup élargies, et, à
dix heures du matin, une partie considérable de la falaise s'ébou-
lait avec un bruit sourd et en produisant un nuage de poussière
crayeuse. En tombant sur les talus d'éboulements préexistants,
cette masse en accéléra la marche, et toutes les Basses Falaises,
sur une étendue de plus de 500 mètres, depuis le nord-ouest des

(¹) Deux vol. grand in-8°, avec un atlas, Le Hàvre, 1885.

parcs jusque sous les signaux, furent ébranlées et suivirent le
mouvement en avant, glissant sur les argiles kimméridgiennes
vers la mer.

La surface d'éboulement des terrains en mouvement, en
1860, était d'environ 8 hectares, et la masse des rochers calcaires, des sables et des terres qui participèrent au mouvement,
fut alors estimée à un million de mètres cubes. Sur la plage, en
face de l'éboulement, le cordon littoral avait été refoulé et formait un petit promontoire, avançant d'une quarantaine de mètres
dans la mer. Du sommet de la falaise, du poste du Sémaphore,
on pouvait mesurer la partie tombée du plateau : c'était une
brèche de 200 mètres de long sur une largeur moyenne de 12
à 15 mètres, soit plus de 2 000 mètres superficiels de terre de
rapport, supprimés, perdus pour tous et pour toujours.

Le fossé du fort de La Hève n'était plus qu'à 15 mètres de la
falaise. C'était une masse de plus de 2 millions de mètres cubes,
craie avec bancs de silex, craie glauconieuse, argile noirâtre du
gault, sables ferrugineux micacés, qui avait glissé, s'avançant à
plus de 100 mètres en mer, en avant du cordon littoral.

« L'ancienne plage de galets a été refoulée ; elle forme
aujourd'hui un énorme bourrelet de 5 à 6 mètres de hauteur.
Là se trouvent accumulés, soulevés par une poussée d'une
puissance incalculable, toutes les roches, tous les galets qui
formaient l'ancienne plage. »

Et l'observateur de ces gigantesques phénomènes s'intéresse à
leurs petites victimes : aux mollusques bouleversés avec les
rochers auxquels ils étaient attachés : à des poulpes, par
exemple, occupés à pondre. « Tout le monde souterrain croit à
un immense cataclysme ; le sol remue, tremble, se fend, marche.
Les insectes, les mollusques, enfoncés dans la terre pour résister
aux froids de l'hiver, sont troublés dans leur sommeil léthargique. Aux premières secousses, au premier ébranlement du
sol, les lapins quittent leurs terriers et vont s'établir ailleurs.
Les oiseaux, les freux (corneilles de falaise), se réunissent en
bandes, voltigent en criant plaintivement, comme s'ils pleuraient les corniches de silex, les pics sur l'abîme suspendus où
leurs ancêtres avaient placé leurs nids et d'où, pour la première
fois, ils ont vu la mer, l'horizon et le ciel. »

Lenier constate qu'en 49 ans les éboulements ont emporté au sud de la Hève 46 mètres du plateau, en moyenne environ 1 mètre par an, « s'il ést permis de donner un chiffre moyen pour des effets aussi accidentels et irréguliers ».

Et déjà, en 1789, Lamblardie évaluait la destruction du cap à une toise· par an, en se fondant sur la tradition historique, d'après laquelle la côte s'étendait 700 ans auparavant jusqu'au banc de l'Éclat, à 700 toises du rivage actuel.

Nous avons vu que cette démolition continue, et continuera.

En effet, « le cap de La Hève est élevé de 100 mètres à 115 mètres au-dessus du niveau de la mer ; il est formé à la base par des argiles kimméridgiennes, qui s'élèvent jusqu'à 7 mètres au-dessus du niveau de la mer et forment une terrasse avancée de 100 à 150 mètres. A la surface de ces argiles se trouve une petite nappe aquifère, et au-dessus une assise sableuse plus ou moins ferrugineuse, épaisse de 15 à 20 mètres ; enfin, au-dessus des sables, les couches du gault qui contiennent aussi un lit aquifère, puis les glauconies, les craies jaunes blanchâtres à silex, et enfin les argiles de décalcification ; l'ensemble de ces assises présente une épaisseur de 90 à 100 mètres.

« Les eaux pluviales s'infiltrent et traversent lentement toute la masse crayeuse ; celle-ci les tient en réserve et alimente les rivières d'Harfleur, de Montivilliers et tous les petits cours d'eau des environs du Havre, ainsi que les sources et tous les puits qui traversent la craie. Ces eaux s'échappent des sables verts à la surface d'un banc argileux du gault. Mais ce banc, peu épais, quelquefois sableux ou calcareux, laisse passer une certaine quantité d'eau qui, traversant les sables ferrugineux, forme la petite nappe inférieure, laquelle s'écoule au-dessus des argiles kimméridgiennes et entraîne continuellement des parties de sable. A la longue, il se forme des cavités ; les sables, moins compactes, deviennent très friables et, à un moment donné, ils cèdent sous le poids de la falaise de craie qu'ils supportent. C'est alors que celle-ci, déjà divisée en grandes masses par des fissures parallèles à la côte, s'éboule et vient recouvrir de masses rocheuses tout le terrain du kimméridge, et s'étendre quelquefois jusqu'à une assez grande distance sur le rivage occupé par la mer, en refoulant la plage de galets. »

Il faut ajouter que, sans l'érosion de la mer, « les éboulements supérieurs cesseraient, quand les terres auraient pris une pente naturelle favorable à l'écoulement des eaux, et on peut remarquer que les points où de petits vallons découpent la falaise sont moins attaqués que les autres, sans doute parce que les eaux trouvent dans ces vallons un écoulement facile. »

Les falaises s'éboulent au sud de l'estuaire de la Seine, comme au cap de la Hève ; les chutes de terrain étaient même assez fréquentes, près d'Honfleur, à la côte de Grâce. « La captation des eaux souterraines et les travaux nombreux qui ont été faits, tant à la base de la côte que dans le talus d'éboulement, semblent avoir arrêté depuis quelques années les mouvements de terrain. »

Les glissements sont fréquents entre Villers-sur-Mer et Beuzeval. « Chaque averse de pluie qui tombe sur le plateau forme bientôt des ruisseaux qui grossissent rapidement et arrivent ainsi au sommet de la falaise argileuse. Ils se précipitent en torrents boueux jusque dans la mer, qui se trouve ainsi chargée de vases et de sables, que le flot transporte depuis des siècles dans la baie, où ils se sont déposés à l'abri des cordons littoraux dans la plaine de Leure, au Havre et sur la côte du Sud, entre Villerville et Honfleur. »

Il y a bien d'autres exemples de ce genre d'accidents. L'un des plus célèbres est celui du Rossberg (mont des Chevaux), survenu en 1806. Cette montagne, située au nord du Righi, au centre de l'espace péninsulaire formé par les lacs de Zug, d'Egeri et de Lowerz, consiste en couches d'un conglomérat compacte, reposant sur les lits d'argile que délayent les eaux d'infiltration.

A une époque inconnue, l'éboulement d'un contrefort avait déjà écrasé le village de Rotten.

En 1806, la catastrophe fut plus terrible encore. La saison qui venait de s'écouler avait été très pluvieuse, et les strates d'argile s'étaient graduellement changées en une masse boueuse : à la fin, les roches supérieures, venant à manquer d'appui, commencèrent à glisser sur les pentes en soulevant les terres devant elles. Soudain, la débâcle eut lieu. En un moment, l'énorme masse, avec ses forêts, ses prairies, ses hameaux, ses habitants s'abattit dans la plaine ; les flammes produites par le frottement des roches entrechoquées s'élancèrent en gerbes de la montagne entr'ouverte ; l'eau des couches profondes, tout à coup transformée en vapeur, fit explosion et des quantités de pierres et de boue furent lancées, comme par la bouche d'un volcan. Les charmantes campagnes de Goldau (la vallée d'Or) et quatre villages qu'habitaient près de mille personnes, disparurent sous l'entassement des débris.

Le lac de Lowerz fut comblé en partie et la vague furieuse que l'éboulement lança contre les rivages, balaya toutes les maisons. Des oiseaux avaient été tués en l'air. La partie de la montagne qui s'était écroulée n'avait pas moins de 4 kilomètres de long sur 320 mètres de largeur moyenne et 32 mètres d'épaisseur. C'est une masse de plus de 40 millions de mètres cubes.

Ce fut une catastrophe analogue que celle du Grand Sable, à Salazie, dans l'île de la Réunion. En novembre 1875, une partie du Gros Morne, montagne volcanique de 3.000 mètres de haut, s'écroula sur un malheureux village qui fut anéanti avec ses habitants, sauf deux. Une superficie de 160 hectares se trouva recouverte par des millions de mètres cubes de rochers et de terres amoncelées. On crut d'abord à un phénomène sismique, une convulsion intense de l'écorce terrestre. Mais les profondeurs souterraines n'avaient point bougé : la pluie seule avait causé le désastre. Écoutons M. Vélain([1]).

« En traversant au mois de janvier 1875 la chaîne des Salazes, c'est-à-dire le massif où s'est produit l'éboulement, pour passer du cirque de Cilaos dans celui de Salazie, j'avais été bloqué à Marlat par un ouragan et j'avais été frappé des dégâts immenses que pouvaient causer en un instant les pluies torrentielles qui fondent sur ces remparts. J'avais vu là d'énormes failles dans lesquelles les eaux s'engouffraient et disparaissaient pour former, à de certaines hauteurs, dans ces murailles à pic, de *véritables éruptions boueuses*. Il devenait évident que les érosions se multipliant, certains massifs s'abattraient, provoquant des éboulements considérables : aussi, à la nouvelle de l'accident, n'ai-je pas hésité un instant à l'attribuer uniquement à un éboulement dû aux causes originaires de la vallée où il s'était produit. »

([1]) *La Nature*, du 22 avril 1876.

Épanchements boueux. — Sous l'influence de la chute de la pluie et du ruissellement des eaux sauvages, des matériaux très variés vont s'accumuler en des points spéciaux et y constituent des roches nouvelles dont le mode de sédimentation est particu-lièrement intéressant.

Dans la nuit du 12 juillet 1892, une avalanche \de boue se précipitait dans la vallée de Bionassay et dans celle du Bon-Nant, détruisant les bains de Saint-Gervais et une partie du village du Fayet, en faisant 150 victimes humaines. Ayant eu l'occasion de passer sur le lieu du désastre quelques jours après qu'il s'était produit, je pus constater de nombreuses particularités de cette forme de la sédimentation.

Cette avalanche donna lieu, au débouché de la gorge, très inclinée à son arrivée par le travers, à peu près horizontal, de la vallée de l'Arve, à un cône de déjection très surbaissé, sur le dos duquel se signalaient des blocs de différentes tailles.

En descendant la pente de ce delta boueux, on le voyait cap-turer de place en place des blocs gisant sur le sol, pour les transporter à des distances surprenantes. Nous avons vu des meules de moulin, prises dans un cellier, où elles étaient en réserve, emportées par la porte ouverte jusqu'à un kilomètre de distance (¹).

La catastrophe était due à l'écroulement d'une partie du petit glacier de Tête-Rousse ; mais la pluie seule donne fréquemment lieu aux épanchements boueux. Et j'eus l'occasion d'observer le phénomène dans une région du Vorarlberg dans la vallée de l'Ill, un peu au-dessus de Schruns, et qui en petit, mais dans des conditions extrêmement favorables, m'a fourni une reproduction exacte du phénomène de Saint-Gervais.

Dans le point dont il s'agit, à Gamprecht, sur le flanc S.-O. du Hoch-Joch, un petit ruisseau descend sans méandres très sensi-bles, et suivant la ligne de plus grande pente, dans une rainure qu'il a creusée et qui n'a pas plus de 3 mètres de largeur au fond. La pente est de 60° en moyenne et l'eau, qui y circule très rapidement, n'y existe que d'une manière intermittente. Après les pluies, c'est une espèce de gouttière d'assèchement des prai-

(¹) *Les Glaciers et les Montagnes*, par Stanislas Meunier, Paris, 1920.

ries supérieures. A certains moments, l'eau est remplacée par la
« boue » qui, au pied de la grande pente, rencontre un terrain
incliné à 30°. Alors, la boue, ainsi vomie, s'étale en un delta
surbaissé, dont le sol, remarquablement fertile, est cultivé par
des maraîchers.

Lors de mon passage, une coulée de boue venait de recouvrir
toutes les cultures sur 60 centimètres d'épaisseur. La boue avait
contourné les maisons d'habitation de façon à en condamner
les portes d'entrée, qu'il fallut dégager par un travail de terras-
sement.

L'étude du delta de Gamprecht m'a inspiré l'idée d'expériences
qui, poursuivies au laboratoire de Géologie du Muséum pendant
plus de deux ans, paraissent de nature à donner aux épanchements boueux une signification géologique toute particulière.

Il y a lieu de distinguer dans le cours d'un torrent boueux
deux régions différentes : 1° une zone supérieure, à forte pente,
où la boue se constitue et où elle acquiert une force vive considérable ; 2° une partie inférieure, à pente beaucoup plus douce,
où la boue s'arrête sous forme d'un delta boueux. Cette
seconde région est spécialement intéressante à notre point de vue
actuel.

L'appareil expérimental consiste en une table de 66 centimètres de large et de 4 mètres de longueur, dont l'inclinaison,
variable à volonté, est indiquée par un éclimètre. A la partie
supérieure est articulée, par une charnière, une caisse carrée de
18 centimètres de côté et qu'on peut faire basculer à l'aide d'une
corde passant sur une poulie, de façon à en déverser sur la table
le contenu, consistant en 35 kilogrammes de boue.

Une modification a consisté à surmonter la table d'une glissière de 2 mètres de long, beaucoup plus inclinée et à la partie
supérieure de laquelle est une boîte à poste fixe et dont le fond
peut s'ouvrir brusquement. La boue, qui descend d'abord le
long de la glissière, vient, comme précédemment, s'étaler sur la
table en un delta.

La boue dont on s'est servi a été obtenue en mélangeant avec
de l'eau une variété ocreuse de sable de Fontainebleau connue
dans Paris sous le nom de *sablon*. Avec 300 centimètres cubes
d'eau par kilogramme de sable sec, on obtient une boue bien

coulante, qui cependant porte, sans les engloutir, des fragments de calcaire et de granit.

La table étant inclinée à 20° sur l'horizon, on constate que la boue s'y étale de façon à constituer une vraie coulée, dont la forme est tout à fait comparable à celle des nappes de lave vomies par les volcans. Pendant le déversement, elle s'épanche d'abord latéralement, à droite et à gauche, de façon à occuper 40 centimètres en largeur. Elle progresse en même temps dans le sens de la pente en une traînée limitée en avant par un bourrelet semicirculaire et s'arrête après avoir recouvert $1^m,50$ à $1^m,80$ de largeur. Cette traînée reste toujours adhérente à la boue appliquée contre la paroi du réservoir, ce qui montre que sa progression est due avant tout à la pression des parties supérieures.

Le mécanisme de l'écoulement mérite d'être précisé. Dans une coupe verticale passant par l'axe de symétrie de l'écoulement, on trouve que la vitesse maxima est à la surface. Mais il existe à l'avant une zone frontale où, à cause de la forme du bourrelet limite, les parties superficielles descendent vers le sol et viennent se jeter à la traverse des courants horizontaux plus profonds. Il en résulte que le bourrelet est aplati et comme écrasé par le torrent qui s'avance sur lui.

La matière de fond, celle qui est en contact avec la table, augmentée, à la tête de la coulée, par les éléments de la surface, ne glisse pas du tout. Elle se constitue en une sorte de matelas, bien plus étalé vers l'amont que le torrent lui-même et reste sous la forme de larges *plèvres* à droite et à gauche du flot qui descend. La boue glisse donc sur de la boue qui, dès le commencement de l'écoulement, a comblé les inégalités du sol. C'est ce que montre bien la coupe transversale du torrent, où les bourrelets constituent les plèvres entre lesquelles coule le torrent.

Ainsi, la boue qui coule et sur laquelle pourrait être superposée une masse quelconque de roche, ne tend pas à raviner le sous-sol. Au contraire, elle en comble les dépressions et y constitue un couloir.

L'influence de la charge supérieure et de la pente sur l'écoulement et sur la forme du delta épanché a été déterminée par diverses compacités de pâtes. La vitesse d'écoulement a, dans tous les cas, une influence directe sur la largeur des plèvres.

En plaçant des obstacles devant la matière coulante, on a produit des intumescences, des divisions du courant en plusieurs bras et des confluences de plusieurs courants en un seul. J'ai relevé une série de diagrammes, en plans et en coupes, de ces différentes conditions.

C'est d'une manière spéciale qu'a été étudiée au cours de ce travail la puissance de transport des épanchements boueux. Des blocs de roches variées ont été charriés, sans aucun frottement, sur plus de 1 mètre de longueur. Certains d'entre eux ont été rejetés, soit sur le front, soit sur les bords de la coulée, de façon à imiter la disposition des moraines glaciaires.

Quand un bloc, préalablement placé en avant du réservoir, reçoit le choc du courant, il est ordinairement roulé et recouvert de boue. Cependant, nombre de dispositions permettent à celle-ci de le prendre par dessous et de le soulever, pour l'emporter à la faveur d'une espèce de jaillissement hydrostatique. C'est la répétition du fait que j'ai vu à Saint-Gervais : les meules de moulin prises dans un cellier par le torrent boueux et empor·tées à plusieurs centaines de mètres.

Parmi les applications de ces recherches, on signalera le transport de blocs rocheux à des distances souvent très grandes et dans des conditions qui feraient supposer l'intervention glaciaire. Il suffit que la pluie fasse disparaître plus tard la boue, pour que les roches charriées se présentent avec l'allure des blocs erratiques proprement dits. La boue entraîne d'ailleurs des pierres non seulement à sa surface, mais encore dans toute son épaisseur ([1]).

([1]) Stanislas Meunier, *La Géologie expérimentale*. Un vol. in-8°, Paris, 1904.

CHAPITRE II

LES EAUX COURANTES

Production des cours d'eau par la conjugaison des ruissellements. — Le débit de chaque cours d'eau dépend de l'approvisionnement qu'il reçoit sous la forme de pluie, abstraction faite

de la portion aqueuse qui se volatilise pendant la chute et de
celle qui pénètre dans le sous-sol pour alimenter la circulation
souterraine, dont on verra plus loin l'importance.

En continuant la méthode que nous avons adoptée pour étudier
le fait du ruissellement pur et simple, c'est-à-dire en observant
directement l'évolution des cours d'eau, comme nous avons
étudié l'évolution des canalicules de ruissellement, nous éclair-
cirons le problème dans toutes ses parties. Pour fixer les idées,
supposons que l'on remonte la Seine jusqu'à Marcilly, point où
elle reçoit l'Aube ; qu'on remonte celle-ci jusqu'à Boulage où
elle reçoit la Superbe ; puis celle-là jusqu'à Pleurs, où elle reçoit
la Maurienne ; on arrive en fin de compte, en remontant ce dernier cours d'eau, au-dessus de Lémoine, à un faible ravinement
sur le flanc du coteau. Celui-ci est parfaitement sec la plupart du
temps et cependant, lorsqu'il pleut, il s'y fait une miniature de
ruisselet, dont le « lit » est même signalé au regard par un petit
ruban de tous petits cailloux, parfaitement lavés.

La vue est éminemment instructive d'un gros ruisseau ou
d'une petite rivière, circulant dans un pays peu accidenté. On y
reconnaît une forme générale qui n'est rectiligne que d'une façon
exceptionnelle. Elle contraste franchement avec l'allure que nous
donnons pour l'ordinaire aux cours d'eaux artificiels ou aux
perfectionnements que nous apportons aux cours d'eau naturels
et que nous qualifions de *canalisation*. C'est qu'alors, nous cher-
chons avant tout la brièveté des trajets et par conséquent la suppression de ces méandres gracieux, mais qui, au point de vue
pratique, gaspillent du temps et de la place. Or, il se trouve
que l'examen attentif de ces méandres est décisif, quant à l'établissement de la véritable théorie des cours d'eau.

On a depuis longtemps inventé des appareils rhéométriques
qui, comme leur nom l'indique, sont destinés à nous renseigner
sur la vitesse de déplacement de l'eau courante. Le premier
résultat qu'ils nous fournissent, c'est qu'une rivière, de quelque
catégorie qu'elle soit, est bien loin de progresser tout d'une
pièce, avec la même vitesse dans toutes ses parties. C'est une
notion que l'on peut prévoir, rien qu'à la manière dont se comportent des corps flottants abandonnés à la surface de l'eau.

En portant l'appareil dans une série de points d'une rive à

l'autre et en choisissant une portion qui ne soit pas très loin d'être rectiligne, on constate tout d'abord que c'est l'eau du milieu de la largeur qui se meut le plus vite. À droite et à gauche de ce courant médian, la valeur de la vitesse va régulièrement en diminuant vers une rive comme vers l'autre. On sait qu'une bûche abandonnée au milieu d'une rivière est progressivement rejetée sur l'un ou l'autre rivage.

Si on exécute cette série de mesures, non plus dans une portion sensiblement droite, mais au contraire dans un tournant, on voit toujours la ligne de vitesse maximum se rapprocher du bord le plus éloigné du centre de courbure, si bien qu'il n'y a plus besoin d'appareil de mesure pour constater que ce bord est dégradé par l'eau qui court rapidement à son contact et qu'au contraire, la berge opposée est baignée par de l'eau presque dormante, au fond de laquelle se déposent des vases et où viennent s'échouer des corps flottants.

Sans qu'il y paraisse, c'est dans cette remarque que gît le secret de l'efficacité géologique des cours d'eau.

On peut porter sur une carte géographique représentant une rivière sinueuse, comme la Seine à Paris, la Marne près de Charenton, le Rhône en Savoie, la vitesse maximum donnée par le rhéomètre, et l'on obtient une ligne sinueuse, qui rejoint tous les points où la grande vitesse vient toucher le rivage et dont les éléments plus ou moins rectilignes, encadrent les régions d'eau dormante. Cette ligne représente d'une manière très exacte, la situation relative des localités où le cours d'eau mange la terre ferme, c'est-à-dire, dans lesquelles il se déplace à la conquête du sol, et en même temps, celles où ce même cours d'eau s'éloigne des points qu'il baignait précédemment : c'est en somme un déplacement en masse de la rivière, qui se signale comme animée d'un mouvement pour ainsi dire transversal à son cours et qui, si l'eau était supprimée, donnerait certainement, par le détail des accidents fluviaires qu'il comporte, l'idée de l'ancienne existence d'une rivière beaucoup plus large qu'elle n'a jamais été. C'est pour cela que, sur une zone dont la largeur dépend des accidents du pays, on trouve sous la terre végétale, des sables, des graviers et des galets tout pareils pour la composition et pour la distribution relative de leurs différentes variétés, à ce qu'on trouve dans le lit lui-même de la rivière, dans le moment des basses eaux.

En suivant le phénomène de plus près, on s'aperçoit que l'accentuation de courbure de chaque méandre se modifie au cours même de ses « divagations », de telle sorte que des portions de fleuve, qui, à un certain moment, coulaient dans la région médiane de la vallée (ce que l'on a qualifié du nom allemand de *thalweg* et que, sans doute, il serait plus élégant d'appeler, avec Virgile, *imum vallis*), viennent maintenant baigner le pied des coteaux encaissants, De proche en proche, tous les points de la vallée sont successivement et indéfiniment mis en possession des caractères distinctifs des dépôts d'eaux profondes, c'est-à-dire rapides, et d'eaux très minces, c'est-à-dire très lentes : les coupes en témoignent bien éloquemment dans ces exploitations qu'on appelle *grévières*, et où, par exemple, les chemins de fer vont chercher les matériaux de leurs voies et de leurs talus, c'est-à-dire le *balast*.

Le diluvium. — Malgré le grand nombre de publications dont il a été l'objet, il semble que le diluvium n'a pas encore été étudié, dans sa structure intime, avec tout le soin qu'il mérite. Quand on s'applique, sans parti pris, à la recherche de quelque loi présidant à l'agencement des sables, des graviers et des galets diluviens, on est fort surpris d'un résultat diamétralement opposé à celui que ferait prévoir l'épithète de torrentiels, qui leur a été si souvent appliqué. On trouve que le diluvium est pourvu d'une structure dont la délicatesse est extrême et dans laquelle la situation des particules est déterminée strictement par des conditions dynamiques définies en chaque point.

Tout d'abord, et pour éliminer des particularités qui s'expliqueront d'elles-mêmes tout à l'heure, il convient d'examiner spécialement la portion moyenne du diluvium. Elle est formée d'espèces de lentilles ou d'amandes, sableuses ou caillouteuses, de dimensions très variables et de forme plus ou moins aplatie, et qui sont enchevêtrées les unes dans les autres d'une façon parfois fort compliquée. Dans chacune de ces lentilles, les éléments sableux ou caillouteux sont disposés en lits parfaitement réguliers plus ou moins obliques, parfois presque hori-

zontaux et toujours nettement parallèles entre eux. L'orientation
en est aussi variable que le prolongement et semble tout à fait
indépendante de la direction et de la pente de la vallée; ils se
distinguent les uns des autres par de faibles variations dans la

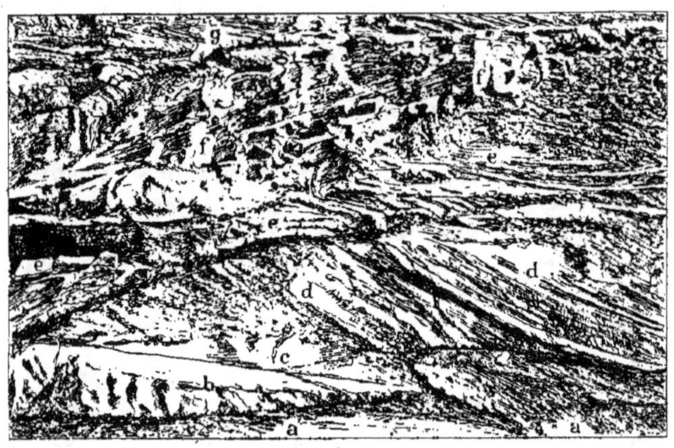

Fig. 13. — Structure générale du terrain de remaniement, résultant de la *divagation* des
méandres de la Marne à Créteil (Seine) du terrain sableux et graveleux que charrient nos
rivières sur la *ligne de vallée* (ou *ima vallis*) et que l'on désigne sous le nom vulgaire de
diluvium. — *a-a*, substratum calcaire formé de calcaire grossier, resté en place et recouvert
des dépôts successifs du courant d'eau. — *b*, zone de galets relativement gros et lourds,
associés souvent à des ossements volumineux provenant des animaux quaternaires (éléphant,
mammouth, rhinocéros, etc.). — *c* à *f*, zone constituée par de petits lits obliques constituant des amas amygdaloïdes superposés. — *g*, niveau limoneux.

grosseur de leurs grains, et, à cet égard, ils sont immédiatement
comparables aux lits constitutifs des dunes de sable.

Mais si la structure de chaque lentille est aisée à expliquer, il
semble en être autrement de l'enchevêtrement qu'elles présentent
les unes vis-à-vis des autres, et Belgrand, par exemple, l'a
attribué au *tourbillonnement* des eaux diluviennes ([1]). En réalité,
la comparaison avec la sédimentation fluviaire actuelle démontre
que cette structure entrelacée représente une série de remanie-
ments successifs, prodigieusement délicats, opérés sur une même
verticale en conséquence des variations dans la vitesse de l'eau,

([1]) *La Seine*, t. I, p. 178. Deux volumes in-4° et un atlas, 1869.

dues elles-mêmes aux fluctuations de son volume, et surtout au déplacement horizontal des méandres. Par suite de ce déplacement, un point donné se comporte comme s'il occupait successivement des positions diverses dans le lit du cours d'eau, et il peut conserver des témoignages de ces conditions successives, dans des lambeaux de sédiments et dans des traces d'érosions superposées : c'est précisément ce qui a lieu.

Par exemple, ce point, supposé d'abord dans une anse convexe, siège d'un alluvionnement actif, pourra être plus tard situé au milieu de la rivière, et soumis alors à une dénudation qui lui reprendra tantôt la totalité, tantôt une partie des dépôts précédemment accumulés.

Le résultat, dans le dernier cas, sera une entaille, dont la forme gracieusement incurvée indique déjà qu'elle dérive d'une action fort délicate : on trouvera parfois, à sa surface, des matériaux trop pesants où trop volumineux pour que le courant dénudateur en ait eu raison. Le déplacement horizontal des méandres continuant, le point considéré se trouvera de nouveau, avec le temps, dans la condition favorable à la sédimentation ; il se garnira de petits lits inclinés, dont la grosseur de grains et l'orientation seront rigoureusement réglées par la vitesse et la direction des courants, et ces vicissitudes locales, en se reproduisant un nombre suffisant de fois, amèneront nécessairement dans le dépôt la structure amydaloïde, si bizarre à première vue dans le diluvium. On voit que les « tourbillons » de Belgrand, loin de pouvoir la procurer, la compromettraient fort et la feraient bien vite disparaître, et la conséquence logique est la radicale et irrémédiable condamnation de la théorie torrentielle.

Pour ce qui est des blocs et des galets relativement gros, associés à la masse du diluvium franc, il n'y a aucun doute qu'ils aient été apportés soit par des glaces flottantes, soit par des radeaux formés, par exemple, d'arbres arrachés aux berges avec leurs racines. Leur présence conduit à comprendre comment, par les lavages successifs dont nous avons parlé, il doit nécessairement se faire, dans le fond du dépôt, la zone macrolithique et sans structure bien précise que Belgrand regarde comme le type de ses *graviers de fond* : c'est le terme de l'évolution normale du diluvium franc.

Enfin, l'histoire des régions supérieures du diluvium est de même éclairée d'une façon complète par l'observation des phénomènes actuels : elles résultent du mécanisme, toujours à l'œuvre, chaque fois que le fleuve inonde les terres basses qui l'avoisinent, et le terrain formé résulte pour une bonne part d'un véritable colmatage. Toutefois, les sables et même les galets dont il est pourvu tiennent à la collaboration des glaces, et il suffit d'avoir visité la plaine d'Alfort au moment de certaines inondations d'hiver, pour y avoir pu apprécier l'efficacité, au moment du dégel, des plaques de glace paresseusement charriées dans tous les sens, comme agents d'éparpillement des sables et des pierrailles dont elles sont chargées. Il va sans dire qu'une fois constitué, le terrain de colmatage pourra, par remaniement, passer à l'état de diluvium franc.

En somme, l'histoire du diluvium de la Seine nous apparaît avec une simplicité et une continuité qui contrastent singulièrement avec la première conclusion d'observations trop hâtives. Là où tout d'abord on ne voyait que des témoignages de courants monstrueux par leur volume et par leur vitesse, il n'y a que la preuve de la longue persistance du régime encore en vigueur sous nos yeux. A notre sens, l'analyse intime du diluvium suffit à elle seule, et sans le concours d'aucune autre considération, pour faire repousser toutes les hypothèses diluviennes successivement présentées, même avec les modifications par lesquelles, depuis Belgrand, on a essayé tant de fois de les amender (voir Marcellin Boule, *L'Anthropologie*, de novembre 1903).

L'examen un peu attentif des flancs d'une vallée comme celle de la Seine montre deux caractères bien opposés aussi à l'hypothèse torrentielle.

Là où la structure du sol est bien visible, on admire sur les pentes la délicatesse de la dissection éprouvée par le sol sous l'influence de la pluie. Il suffit que deux couches superposées n'aient pas la même cohésion, la même friabilité ou la même solubilité, pour que de légères inégalités dans la pente signalent leurs différences. Il en résulte ces corniches qui sont si fréquentes dans le profil des vallées.

Si dans quelques points on peut voir des traces de glissements un peu volumineux, c'est toujours dans le sens perpendiculaire à la direction de la vallée, dans celle des éboulements qui doivent nécessairement se produire de temps à autre. C'est ce que nous avons étudié nous-même (¹), au Kremlin, près Villejuif (Seine), à 3 ou 400 mètres des fortifications, dans une carrière de diluvium, où sables et graviers quaternaires étaient superposés au calcaire grossier et qui maintenant a disparu.

Dans sa partie moyenne, ce diluvium renfermait des blocs rocheux très variés et de dimensions très inégales : ce sont des meulières, des grès, des poudingues semblables à ceux qui sont associés aux sables supérieurs aux environs d'Étampes et même des fragments arrondis de granulite, de porphyre et d'autres roches cristallines tout à fait pareilles à celles qui font l'ossature du Morvan.

Un bloc monstre de grès de Fontainebleau, dans lequel on a scié un gros fragment pour la collection du Muséum, présente plusieurs particularités intéressantes. C'était une grande table de 50 centimètres d'épaisseur et dont le contour était limité par sept pans. Partout, la surface polie, presque émaillée, comme en ont les roches longtemps soumises à la friction du sable charrié par l'eau ou même par le vent. Les diamètres principaux de la table gréseuse étaient de $2^m,10$ et de $1^m,75$. Les sept côtés mesuraient de $0^m,84$ à $1^m,10$. Le côté de $1^m,10$ était d'origine artificielle, contrairement à tous les autres et résultait de fractures faites au marteau, dans l'espoir de débiter tout le bloc en pavés. On dut y renoncer, à cause de l'extrême cohésion de la roche.

En examinant la surface supérieure du prisme surbaissé, on y remarque des rayures évidemment fort anciennes, disposées par groupes, en faisceaux et ressemblant à première vue, d'une façon tout à fait frappante, aux stries caractéristiques des blocs glaciaires. En certaines régions, ces délinéaments sont si serrés qu'on en compte jusqu'à une vingtaine sur une largeur de 30 centimètres. Leur longueur est très variable, depuis quelques millimètres jusqu'à 16 centimètres.

Un caractère tout à fait remarquable, c'est que les stries les plus longues commencent par une partie un peu élargie, une

____

(¹) *La Nature,* 2e volume de 1904, p. 7 (avec fig.)

sorte de cupule mesurant jusqu'à 6 millimètres de diamètre, et se continuent avec une largeur progressivement moindre jusqu'à ce qu'elles deviennent invisibles.

Il y a sur la dalle au moins trois directions principales de stries disposées en faisceaux distincts, faisant avec un même bord, pris comme ligne de comparaison, des angles de 40°, de 60° et de 90°. Et toutes les stries parallèles constituant un même faisceau sont dirigées de la même façon, c'est-à-dire que leurs cupules sont toutes à une même extrémité et leurs pointes à l'autre ; ce qui paraît témoigner éloquemment d'une uniformité complète dans les frictions d'où elles résultent.

Comme on voit, la plupart de ces caractères coïncident avec ceux des blocs glaciaires striés : il n'y a pas jusqu'à l'état spécial de la patine dans les stries qui ne semble constituer une ressemblance. Aussi aurait-on pu tout d'abord considérer le bloc gréseux du Kremlin comme attestant l'existence passée auprès de Paris de glaciers comparables à ceux des hautes régions des Alpes et des Pyrénées.

Ce n'était d'ailleurs pas la première fois que des roches striées étaient signalées auprès de Paris. M. Julien, professeur de géologie à la Faculté des Sciences de Clermont-Ferrand, signalait en 1870 à la surface du banc de grès de Fontainebleau, qui forme la surface du plateau entre les petites rivières d'Essonne et d'École, un limon dans lequel abondent les galets striés, « ressemblant à s'y méprendre aux cailloux d'une moraine profonde ».

Collomb avait étudié à cet égard la colline de La Padole, en Seine-et-Marne, dont la surface, sensiblement horizontale, est un grès exploité pour le pavage. Ce grès est sillonné de nombreuses stries sensiblement parallèles et rectilignes, parfois très rapprochées, parfois à quelques centimètres les unes des autres et dont la longueur varie de 50 à 60 centimètres. Sur certains points, elles se croisent légèrement sous un angle très aigu ; elles suivent les ondulations de la surface exactement comme les stries qu'on observe sur les roches qui ont été recouvertes par les glaciers. Lorsque le grès est couvert par le calcaire lacustre de Beauce, les stries ne se poursuivent pas sous ce revêtement.

A 3 kilomètres au nord de La Padole, près du village de Champcueil, il y a une autre butte de grès également de Fontaineblcau, faisant suite au même massif ; sur le sommet très aplati, Collomb signalait un régime de stries en tout pareilles aux précédentes. Le grès y forme un petit plateau dénudé presque horizontal, ondulé comme celui de La Padole. Sur un point du côté sud, les tables de grès s'infléchissent brusquement ; on y remarque un couloir rétréci par le bas, une espèce de *Karren-felder* à forte pente ; les stries y sont fortement accentuées ; elles remontent le long des parois, comme on en voit au pied du . pavillon Dollfus, au glacier de l'Aar.

Collomb concluait sans hésiter que les glaciers seuls peuvent produire de semblables effets. Il aurait vu dans le bloc du Kremlin un bloc erratique complétant la collection des manifestations glaciaires aux environs de Paris.

Cependant, bien des objections furent faites tout de suite à cette manière de voir. Ainsi, M. de Mortillet, qui a recueilli au Pecq, près de Saint-Germain, des silex très nettement striés, a dit fort judicieusement : « Les glaciers, en glissant sur le sol, produisent par leur poids une trituration et un amalgame de tous les matériaux sous-jacents. C'est ce qu'on désigne sous le nom de *boue glaciaire*. Cette boue est caractérisée par le mélange d'éléments de toutes grosseurs qui se trouvent associés, sans aucune trace de stratification et sans aucun ordre. Les éléments, au contraire, sont bien lavés et groupés selon leur poids et leur grosseur. Le sable est séparé du gravier et le gravier des cailloux. Il y a toujours une stratification bien nette, bien marquée. Les cailloux striés se trouvent évidemment là, dans un dépôt de formation fluviatile. Les glaciers, pesant lourdement sur le sol et triturant les éléments sous-jacents, réduisent surtout les débris fossiles formés de phosphate et de carbonate de chaux ; aussi ne trouve-t-on pas de débris fossiles dans les formations glaciaires proprement dites, les formations dues aux véritables glaciers.

« Il en est tout autrement dans les dépôts quaternaires du bassin parisien. Ils contiennent en abondance des coquilles remaniées provenant de diverses assises tertiaires et très fréquemment aussi des ossements d'animaux de l'époque même du dépôt. Les *Elephas primigenius* sont communs et, parmi leurs débris, ceux de jeunes individus se trouvent proportionnellement très nom-

breux, ce qui est naturel dans les dépôts d'un grand cours d'eau
où les jeunes se noient plus facilement que les vieux, et ce qui
est inexplicable avec un glacier. A l'époque quaternaire, il y
avait donc dans la vallée de la Seine un grand cours d'eau et non
un glacier. Quant aux stries, elles ont dû se former par l'effet
des glaces flottantes. »

Cette dernière supposition n'est guère plus admissible que
celle du glacier dans la région parisienne.

Pour le bloc du Kremlin, il y a d'autres remarques à faire.
Belgrand, Collomb et les autres partisans de l'intervention glaciaire, avaient été obligés de la rattacher à une époque antérieure
à celle du diluvium. A La Padole, comme à Champceuil, la
direction des stries n'est pas en rapport avec celle du phénomène
qui a façonné le relief actuel du pays. Les rivières, les vallées,
les dénudations du plateau de la Brie sont, en moyenne, orientées vers le nord-ouest, tandis que les stries vont au nord-est,
dans une direction presque perpendiculaire. On en devait conclure que les vallées n'existaient pas encore lorsque ces stries se
sont produites, parce que les glaciers, quel que soit leur volume,
se moulent toujours sur les reliefs du sol. Ils cheminent comme
les rivières, en suivant le thalweg existant. Si les vallées de la
Seine, de l'Essonne, etc., eussent existé à cette époque, les
glaciers auraient naturellement pris la direction du nord-ouest.
Le relief aurait donc été différent de ce qu'il est aujourd'hui, ce
qui ferait remonter la date de ces prétendus glaciers jusque vers
la fin des temps pliocènes.

Sans insister sur l'incompatibilité de cette conclusion avec les
autres données de la climatologie quaternaire aux environs de
Paris, il faut noter que le bloc du Kremlin n'est pas en place,
mais noyé au contraire en pleine masse du diluvium. S'il était
strié depuis l'époque pliocène, il est bien sûr que les traces glaciaires auraient été effacées par le long passage à sa surface des
eaux et des sables dans lesquels il était enfoui.

On voit où nous en voulons venir : le gros bloc strié du Kremlin faisant, avons-nous dit, partie du revêtement caillouteux
étalé sur le flanc du coteau de Villejuif, descend, depuis bien
longtemps, par le fait seul de la dénudation consécutive au ruissellement et à l'infiltration des eaux sauvages, suivant une direc-

tion dont la verticalité est plus ou moins modifiée par la déclivité
du terrain. C'est un mouvement très lent, qui a pour résultat
de concentrer tous les résidus insolubles ou très cohérents des
couches désagrégées et dissoutes, dont l'épaisseur du sol était
naguère constituée avec un relief qu'on peut parfois évaluer.
Dans ce mouvement progressif, un bloc suffisamment gros
exerce sur les graviers placés au-dessous de lui une pression
considérable, et le moindre glissement doit dessiner à sa surface
la trace de ces corps durs qui sont plus ou moins enchâssés
dans les masses voisines. A de très faibles rotations du bloc
doivent correspondre des faisceaux spéciaux de ces stries. Il
semble que la forme indiquée plus haut, pour chacun de ces
petits sillons, soit caractéristique : la cupule placée à leur tête
correspondrait à la pression sensiblement verticale antérieure au
glissement ; et la diminution progressive de la strie correspondrait au broyage du petit burin qui, après quelques centimètres
de friction, doit être complètement porphyrisé. La surface striée
du bloc est certainement sa partie inférieure, actuellement en
haut, par suite de la bascule du rocher, lors de son éboulement.

Le second des caractères que nous avons annoncés est fourni
par la persistance sur le fond des vallées de roches éminemment
délayables et que le moindre effort horizontal, comme en développent les cours d'eau, aurait supprimées. Les inventeurs de la
théorie torrentielle ont insisté sur la fréquence auprès de Paris
de plaques rocheuses cohérentes et résistantes au sommet des
coteaux. Dans le département même de la Seine, on a cité avec
complaisance le plateau de Chevilly, par-dessus lequel a nécessairement existé une épaisse masse de roches friables et délayables,
comme les sables de Fontainebleau et les marnes du terrain
gypseux et qui aurait arrêté l'érosion des terrains qu'il recouvre.
Or, il suffit d'une promenade d'une heure, à Wissous, pour
constater que cette séparation est entièrement théorique. De
toutes parts, on voit que par-dessus la meulière de Brie subsistent de tous côtés des lambeaux de marnes à huîtres, que bien
des personnes étrangères à la géologie regardent comme de
simples décharges des ordures de Paris, renfermant d'innombrables valves d'huîtres consommées.

Le procédé dont nous défendons la réalité a été tellement

délicat qu'il nous montre de toutes parts des régions qui subissent
les effets de l'érosion pluviaire, sans que le tapis de gazon qui les
recouvre en soit le moins du monde altéré. C'est un cas que l'on
foule aux pieds à chaque instant en traversant les alpages du
canton de Vaud. Les ondulations si douces du sol sont le résultat de l'infiltration de la pluie au travers du tapis végétal et de

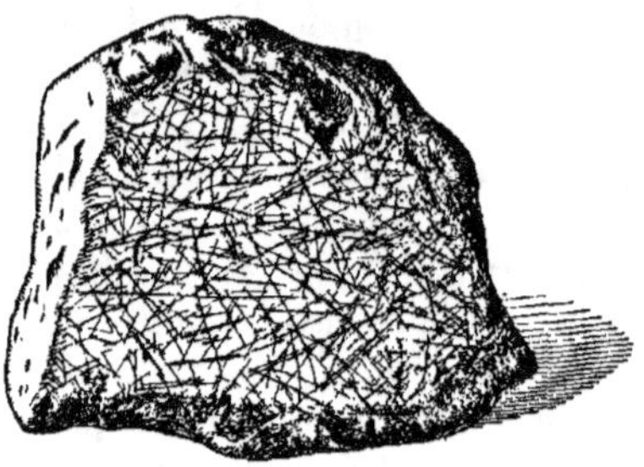

Fig. 14. — Galet calcaire, recueilli en pleine masse d'un placage boueux, sur le flanc de la
montagne des Pléiades, auprès de Blonay, dans le canton de Vaud (Suisse). On y remarque
une surface générale polie produite par le frottement dans le lit, maintenant desséché, d'un
ruissellement aqueux. Cette surface est couverte d'innombrables stries dues certainement au
tassement progressif du placage boueux peu à peu privé par la pénétration de la pluie d'une
partie du calcaire qu'il contenait d'abord. C'est au cours de cette soustraction interne que
le bloc s'est frotté contre les grains de quartz qui y existent innombrables et a conservé la
trace de cette énergique friction. On retrouve des faits de ce genre dans d'innombrables
localités que bien des géologues superficiels considèrent en conséquence comme glaciaires.

son activité dissolvante à l'égard du calcaire sous-jacent. Et c'est
une réponse bien décisive à faire aux auteurs qui, comme Elie de
Beaumont, concluaient le peu d'antiquité de certains monuments
qualifiés de druidiques, comme tant d'allées couvertes de la Bretagne, à cause de l'intégrité de la nappe d'herbes qui en recouvre
un si grand nombre.

Les terrasses marginales des rivières. — L'évolution de la
vallée consacre cependant ses progrès par une particularité tout
à fait intéressante concernant la différence d'amplitude du balancement de la rivière tout entière, dont chaque méandre, quand
il tend à revenir dans un point qu'il avait occupé précédemment,
ne peut plus y parvenir complètement et laisse, au-dessus du
niveau de ses eaux, comme un échantillon de ses graviers

précédents. L'ensemble de ces reliquats compose ce qu'on appelle les *terrasses marginales* des vallées.

Quant à la cause de cette incapacité à mouiller de nouveau des régions qui ont fait partie de son lit, le fleuve la doit tout entière à ce que, durant son absence, la pluie n'a pas cessé de travailler et que le niveau du sol de la vallée s'est abaissé partout. Remarquons en passant que l'explication serait impossible dans la théorie torrentielle, à moins de supposer une série de torrents successifs qui, comme nous l'avons déjà dit, auraient supprimé maints détails délicats des flancs de coteau qui persistent encore et avant tout les terrasses elles-mêmes.

Ces diverses remarques n'auraient pas tout leur caractère de généralité, si l'on ne faisait intervenir la distinction qu'il est nécessaire de faire entre les pays sensiblement plats, comme la région de la Seine, et les pays, plus ou moins fortement accidentés, comme le Jura, les Préalpes, etc.

C'est dans le premier cas que l'approfondissement successif de toute la vallée par la chute de la pluie détermine l'abandon sur chacune des rives des terrasses qui ont fait croire à la diminution progressive du volume du cours d'eau dans la suite des temps, hypothèse singulière, alors que l'extension continue de la surface du bassin hydrographique met sous les yeux, d'une façon incontestable, que chaque cours d'eau augmente peu à peu de volume. En effet, la quantité d'eau de pluie qui tombe sur son périmètre est en raison de sa surface et exige, pour que l'équilibre mobile soit maintenu, un déversoir de plus en plus actif.

Remarquons que cette erreur initiale est rigoureusement symétrique de celle qui se dresse à chaque chapitre des études d'observation et qu'elle a son analogue dans la méprise incessante produite par l'apparence première des caractères superficiels de la Géologie à ses débuts.

Il faut remarquer qu'aucun douté n'est plus permis à cet égard, car l'évolution de beaucoup de vallées a commencé avant les débuts de l'époque quaternaire et, pour la vallée de la Seine, par exemple, on est frappé de l'identité d'allure qui rattache, de la manière la plus indissoluble, la terrasse pliocène de Saint-Prest, auprès de Chartres, aux terrasses, de plus en plus basses, de tous les moments du quaternaire.

Des remarques de ce genre nous préparent à constater que le phénomène de l'évolution des vallées, loin de s'être manifesté exactement au même moment dans tous les pays, comme le suppose l'hypothèse torrentielle, est essentiellement continu, présente des incidents très variés d'une localité à l'autre, sans compter que, pour une vallée donnée, il y a toujours lieu de supposer la disparition de ses délinéaments les plus anciens, c'est-à-dire les plus élevés, sur lesquels l'érosion n'a jamais cessé de s'exercer.

Celle-ci nous étale sous les yeux l'usure des sommets de coteaux contemporaine de celle des flancs et du fond de la vallée, avec cette circonstance qu'elle est en retard sur celle-ci au point de vue de la quantité de matériaux arrachés au sol dans un temps donné, ce qui fait que, tout en subissant une diminution universelle de relief, les coteaux ont une tendance manifeste à acquérir de la hauteur, relativement à l'altitude du fond de la vallée.

Disons, pour terminer ce qui concerne ce détail, qu'il apporte une confirmation à l'étude générale des ruissellements qui nous occupait plus haut, notamment en ce qui concerne la localisation des débris rocheux de chaque bassin ou de chaque sous-bassin d'après la constitution de leurs sous-sols. L'absence de tout débris granitique dans le diluvium de la Haute-Seine, alors que leur abondance est si manifeste au-dessous du confluent de l'Yonne à Montereau, malgré l'insignifiance des reliefs séparatifs, pourrait-elle se comprendre avec l'intervention de courants un peu rapides?

Pour ce qui est des pays accidentés, une partie des caractères distinctifs des vallées qui les sillonnent provient d'une importance relative plus grande des réactions verticales que celle des réactions horizontales.

L'inclinaison du sol qui fait le fond des cours d'eau y détermine l'intervention d'une vitesse beaucoup plus grande et qui cause souvent le charroi de matériaux pierreux qui, s'ils sont suffisamment durs, burinent les roches sous-jacentes. Ces vallées constituent un passage vers les gorges de torrents sur lesquelles nous reviendrons plus loin.

Nous aurions des réserves du même genre à faire, quant à

l'existence le long de certains cours d'eau d'allure tranquille,
comme la Seine, de véritables falaises, dont la production est
étrangère à la chute de la pluie et qui résultent d'une dégradation
accomplie, à la courbure d'un méandre, où l'eau est animée
d'une force vive suffisante.

Dans l'histoire de l'érosion fluviaire, on est ordinairement
porté à considérer l'eau des rivières et des fleuves comme s'écoulant, passivement pour ainsi dire, sous l'influence de la pesanteur et comme si cette eau n'était pas animée en chaque point
d'une vitesse qui lui vient des particularités des régions supérieures de la nappe aqueuse. La conséquence, c'est qu'on se la
figure toujours empressée à gagner les points les plus bas, qu'elle
tendrait d'ailleurs à combler à l'aide de matériaux fournis par les
points hauts jusqu'à ce qu'elle ait donné à son lit le fameux
profil d'équilibre que l'on sait. Mais il suffit d'ouvrir les yeux
pour voir que, dans une foule de cas, l'allure de la rivière ne
répond pas à cette description ; il semble parfois qu'elle éprouve
comme une attraction de la part de certains points hauts jusqu'à
ce qu'elle en ait eu raison et qu'elle se soit frayé un chemin au
travers de leur masse.

Parmi les innombrables exemples qu'on pourrait citer, je
choisirai celui de la Seine aux environs d'Elbeuf, parce qu'on
est là aussi loin que possible de toute région torrentielle. On y
voit le fleuve attaquant sans relâche le pied de hautes falaises
qui bordent sa rive gauche.

L'érosion se poursuit sans cesse et des points très hauts du
pays et qu'on aurait pu croire à l'abri de l'érosion fluviaire, ont
déjà disparu, tandis que d'autres sont destinés à disparaître plus
ou moins prochainement. Il y a ici diminution et suppression
possible du haut relief miné par la base, et par conséquent,
substitution du lit du fleuve à une ligne de partage des eaux. Ce
phénomène, si éminemment favorable à des incidents comparables
à ceux qui accompagnent la capture des rivières, est évidemment
incompatible avec la théorie du profil d'équilibre. Tout concourt
à démontrer que dans les régions soumises au régime sub-
aérien, l'érosion n'a pas de terme : l'usure du sol se continue
en changeant le siège de son maximum, et amène d'elle-même,
et comme conséquence du nivellement qu'elle tend à produire,

la constitution de nouveaux reliefs, destinés à disparaître à leur tour.

D'ailleurs, il s'agit là d'un cas exceptionnel, qui ne touche en rien à la réalité des catégories que nous avons énumérées. Il en est ainsi dans toutes les parties de l'histoire naturelle, où les transitions abondent entre des types nettement définis.

Le niveau d'eau. — Relativement à leur allure à l'égard de la pluie, les roches qui constituent un bassin hydrographique, celui de la Seine, par exemple, se rapportent à deux catégories principales. Les unes sont pratiquement étanches et l'eau ruisselle à leur surface sans les pénétrer; les autres sont perméables, c'est-à-dire pénétrables à la pluie qui s'y infiltre plus ou moins rapidement.

L'association de ces deux catégories de sols est un caractère de la région parisienne, dont elle explique les détails géographiques les plus importants, entre autres l'inégale distribution des cours d'eau et leurs diverses allures dans les régions des deux catégories. Sur les sols imperméables, comme dans le Morvan ou dans ce qu'on appelle la Champagne humide, les rivières sont peu importantes, mais très nombreuses, tandis qu'en Brie et en Vexin, elles sont volumineuses, mais écartées les unes des autres. Le contraste sur la carte géographique saute aux yeux.

Si le pays imperméable est peu incliné, la pluie reste stagnante à sa surface, à l'état de boue; mais dès que l'inclinaison est sensible, l'eau ruisselle avec une vitesse accélérée et détermine des ravinements de plus en plus accusés. Selon les cas, elle va immédiatement se concentrer vers l'*imum vallis*, ou bien elle rencontre des zones perméables qui l'absorbent en tout ou en partie.

Le pays est-il perméable, les choses sont plus compliquées, et leur examen nous procure des données intéressantes. Pour les comprendre, il faut se rappeler que ces terrains perméables n'ont pas une épaisseur indéfinie et qu'ils reposent toujours sur une assise étanche, située plus ou moins bas. Aussi, la pluie infiltrée tend-elle à descendre, soit par les pores des roches, soit par les fissures qui les traversent, et elle vient s'arrêter sur le support infranchissable, pour y constituer une nappe souterraine ou *niveau d'eau*.

Un bon exemple de cette disposition générale peut être fourni par le plateau de Briey (Meurthe-et-Moselle), où le calcaire perméable du terrain dit oolithique repose sur les argiles étanches du lias. Les habitants, d'ailleurs assez rares de ce plateau, sont contraints parfois de creuser des puits de très grande profondeur, pour aller chercher le niveau aqueux.

Dans quelques pays, les accidents de la surface du sol permettent de pénétrer vraiment dans l'anatomie de ces régions hydrologiques, dont la notion va nous être si utile par la suite, et, à cet égard, je ne connais pas de localité plus frappante que le pied du cap Blanc-Nez, un peu à l'Ouest de Calais. La muraille à pic, entaillée par la mer, a mis à jour, à portée de nos yeux, la ligne horizontale du contact d'une roche perméable, la craie blanche (sénonien), avec une roche étanche, la craie marneuse (turonien), à laquelle elle est superposée. Cette dernière arrête les infiltrations de la craie blanche et supporte un niveau d'eau. Et c'est pourquoi l'excursionniste, qui, à marée basse, foule les galets sous le cap, voit, vers le milieu de sa hauteur, d'innombrables écoulements aqueux tous alignés sur le même plan, qui alimentent une espèce de rideau liquide tendu le long de la falaise.

Nous pourrions, en retournant dans le pays de Briey, revoir les mêmes circonstances, mais sous une autre forme, pour la nappe aqueuse alimentant les puits mentionnés tout à l'heure. En effet, le grand plateau privé d'eau est entaillé de vallées parfois assez profondes pour parvenir plus bas que l'horizon aquifère.

Descend-on les pentes de ces vallées, on est fort surpris d'y rencontrer des villages, comme Liverdun, perchés à flanc de coteau, sous les escarpements calcaires de l'oolithe et à plus de 60 mètres au-dessus du fond étanche de la vallée. Ils jalonnent les sources soutenues par le lias et signalent en même temps le niveau de tout à l'heure.

Le fait que, dans ce cas, le niveau n'apparaît pas sous la forme d'un écoulement en nappe continue, mais à l'état de sources distinctes, est lui-même intéressant pour notre sujet, car il tient à la reproduction souterraine des conditions qui signa-

laient précédemment le travail superficiel de la pluie. Il est dû à
ce que l'eau d'infiltration, en arrivant sur le substratum étanche,
y circule en petits filets qui, modifiant peu à peu la forme du
contact, y tracent un réseau de petits sillons s'anastomosant de
façon à venir déboucher au dehors, sur le flanc du coteau, à peu
près comme les fleuves débouchent dans la mer. Nous n'avons
qu'à y gagner, l'eau s'accumulant en des points qui prennent,
dès lors, une valeur économique et industrielle spéciale.

Il va de soi que le niveau souterrain du sol perméable est,
pour ainsi dire, en compte courant avec l'extérieur, recevant
les contributions pluviaires et dépensant les ruissellements
sourciers. L'économie du phénomène complet comprend d'in-
finies particularités.

Un niveau d'eau étant établi comme nous venons de le définir,
on peut concevoir le sol perméable comme étant composé normalement de trois régions superposées : tout au fond, la roche
gorgée d'eau, c'est-à-dire dont les interstices, les pores ou les
fissures sont noyés ; plus haut, une roche dont l'humidité va
en diminuant, à mesure qu'on s'élève dans sa masse ; enfin, à
la surface, une épaisseur plus ou moins notable, humidifiée par
le contact de l'atmosphère et des eaux qu'elle fournit.

L'état hygrométrique de cette partie superficielle varie dans
de larges limites, d'un moment à l'autre : par le temps humide,
elle s'imprègne en appelant à elle l'eau qui la mouille par en
haut ; en temps de sécheresse, elle se dessèche par évaporation
et par rappel de bas en haut du liquide infiltré.

Ce balancement est accentué encore par les incidents de la
végétation poussant sur la roche considérée, et nous reviendrons
tout à l'heure sur ce point d'importance maîtresse.

Supposons maintenant qu'il vienne à pleuvoir : une partie
de l'eau tombée entre dans la terre et constitue une sorte de
niveau, différant surtout du niveau inférieur en ce qu'il n'est
pas soutenu. Aussi, nous le figurons-nous nécessairement comme
descendant progressivement en gardant sa forme de strate
mouillée, du moins si le terrain est bien homogène, comme
serait une couche épaisse de sable. Descendant ainsi, ce tribut
des nuages peut constituer dans l'épaisseur de la masse poreuse

une zone distincte. Peu à peu, elle ira alimenter le niveau de fond, mais elle pourra, en certains cas, être arrêtée dans sa descente par une grande sécheresse des régions hautes, qui la feront remonter par capillarité. D'autres fois, elle sera suivie, à distance plus ou moins grande, par le produit d'une autre averse, et, dans la plupart des cas, on peut s'imaginer l'hygrométrie de la roche perméable comme étant très variable, suivant les niveaux.

Pour qu'il n'y ait pas de doute dans l'esprit des lecteurs sur cet état actif de la profondeur et son alimentation en eau de pluie, nous citerons les effets constatés dans certains pays perméables, dont la surface très accidentée est verticalement peu distante du sous-sol étanche.

La condition est réalisée au maximum dans la Champagne pouilleuse, construite géologiquement comme le cap Blanc-Nez. On y est encore sur la craie blanche reposant sur la craie marneuse, et celle-ci y supporte naturellement un niveau d'eau. Or, suivant l'intensité et la durée des pluies, ce niveau acquiert une certaine épaisseur, et il arrive que sa limite supérieure vient affleurer le fond de ces sillons constitués alors en marais tourbeux assez fréquents et assez étendus (2 173 hectares), pour avoir contribué aux difficultés de la dérivation de la Vanne.

En résumé, le terrain perméable nous apparaît comme un réservoir d'eau : c'est la pluie qui l'entretient, conformément à l'opinion déjà exprimée si nettement en 1580 par Bernard Palissy, dans ses *Discours admirables de la nature des Eaux et Fonteines, tant naturelles qu'artificielles*, etc. (¹).

« Quand, dit-il (p. 34), i'ay eu, bien long temps et de près, considéré la cause des sources des fonteines naturelles et le lieu de là où elles pouvoyent sortir, en fin i'ay conneu directement qu'elles ne procédoyent et n'estoyent engendrées sinon des pluyes.... Voilà qui m'a meu d'entreprendre de faire des recueils des pluyes, à l'imitation et le plus près approchans de la nature qu'il me sera possible, et en ensuyvant le formulaire du souuerain fonteinier, ie me tiens tout asseuré que ie pourray faire

(¹) Un vol. in-18, chez Martin le Jeune, à l'enseigne du Serpent, devant le Collège de Cambray.

des fonteines desquelles l'eau sera autant bonne, pure et nette que de celles qui sont naturelles. »

Palissy continue (page 37): « Et s'il estoit ainsi que tu dis, suyvant l'opinion des philosophes, que les sources des fonteines vinssent de la mer, il faudroit necessairement que les eaux fussent salées, comme celles de la mer, et qui plus est, il faudroit que la mer fust plus haute que non pas les plus hautes montaignes, ce qui n'est pas. » Et page 42 : « Pareillement les eaux des pluyes qui tombent en hyver, remontent en esté pour retourner encores en hyver et les eaux et la reverbération du soleil et la siccité des vents, frappans contre terre, fai eslever grande quantité d'eau; laquelle estant rassemblée en l'aër et formée en nuées, sont parties d'un costé et d'autres comme héraux envoyez de Dieu. Et les vents, poussant lesdittes vapeurs, les eaux retombent par toutes les parties de la terre, et quand il plait à Dieu que ces nuées (qui ne sont autres qu'un amas d'eau) se viennent à dissoudre, lesdittes vapeurs sont converties en pluyes qui tombent sur la terre. »

« Venons, dit-il encore (page 49), à la cause pourquoy il y a aussi bien des sources ès pays plats et campagnes, comme ès montaignes. Tu dois entendre que si toute la terre estoit sableuze, déliée ou spongieuse, comme les terres labourables, l'on ne trouuerait iamais sources ni fonteines en quelque lieu que ce fust. Car les eaux des pluyes qui tomberoient sur lesdittes terres s'en iroyent tousiours en bas iusques au centre, et ne se pourroyent iamais arrêter pour faire puits ny fonteines. La cause donc pourquoy les eaux se trouuent tant ès sources qu'ès puits, n'est autre qu'elles ont trouué un fond de pierre ou de terre argileuse, laquelle peut tenir l'eau autant bien comme la pierre... Tu me pourras mettre en avant que tu as ueu plusieurs sources sortant des terres sableuzes, uoir dedans les sables mesmes : à quoi y ie répons, comme dessus, qu'il y a dessous quelque fond de pierre, et que si la source monte plus haut que les sables, elle uient aussi de plus haut. »

Niveaux d'eau adjacents aux rivières. — Il est d'expérience commune que le sol d'une vallée, comme celles de la Seine, de la Marne, de l'Aube, etc., est propre à la construction des puits.

L'ancien Paris se désaltérait surtout à l'aide des milliers de puits, dont le sol de ses parties basses était criblé. Il importe beaucoup de préciser les rapports de la rivière avec cette nappe.

On la qualifie souvent de *nappe adjacente aux rivières,* mais l'expression est mauvaise, en donnant l'idée, fausse, comme nous le savons, qu'elle est alimentée par la rivière, alors que c'est elle qui se déverse dans celle-ci. Il y a toutefois à distinguer entre les moments, et la chose est d'autant plus intéressante qu'elle a de très directs contre-coups au point de vue de l'hygiène.

Très souvent une population s'émeut parce que des substances malsaines ont été répandues dans les rivières : elle en conclut que la nappe des puits risque fort d'être contaminée. Cela, en effet, arrive quelquefois et spécialement quand le point considéré reçoit les produits d'une crue partielle affectant la région d'amont. Il peut alors se déclarer des refoulements de la nappe et, par conséquent, se réaliser le transport dans les puits des matériaux en dissolution dans le lit. Dans certaines circonstances, on constate un mouvement de balancement dans les deux sens : la nappe allant parfois se déverser dans la rivière et la rivière pouvant à d'autres moments refouler la nappe.

Ce dernier cas est toutefois le plus rare : en général, conformément à nos résultats précédents, c'est l'autre qui se réalise. La lumière a été faite sur ce sujet, de la manière la plus complète, par une expérience de Belgrand à Port-à-l'Anglais, tout près de Paris.

Il y ouvrit un puits de 9 mètres de profondeur, à 97 mètres de distance de la Seine, et constata que le niveau s'y établit à $0^m,50$ en *contre-haut* du plan d'eau du fleuve. Au moyen d'épuisements par pompe et machine à vapeur, il descendit le niveau dans le puits à 1 mètre en *contre-bas* et l'y maintint pendant dix-sept jours consécutifs. Des échantillons d'eau prélevés en même temps dans le puits et dans la Seine montrèrent que l'eau de Seine étant à la température de $7°,50$, et son degré hydrotimétrique mesurant $19°,58$, la température de l'eau du puits était à $12°$ et son hydrotimétric à $45°,33$. Belgrand en conclut que « le puits ne recevait pas une goutte d'eau de la Seine. »

Rien n'est plus intéressant que le conflit véritable qui, dans certaines occasions, s'établit entre l'eau de la nappe et celle de la rivière et, tout spécialement, lors des inondations. Il va parfois jusqu'à masquer la signification véritable des phénomènes.

« Souvent, dit Daubrée (¹), le volume du Rhin augmente beaucoup, parce qu'il y a des fontes de neige ou des pluies dans la partie moyenne du fleuve.

« Dans cette partie moyenne, le niveau de la nappe d'eau souterraine s'élève néanmoins, d'abord près de la rivière, puis l'élévation du niveau gagne de proche en proche : *ce qui ne peut résulter que de ce que le fleuve, en s'élevant, s'infiltre latéralement dans le gravier voisin.* »

Eh bien ! cette explication ne paraît pas si évidente, car il suffit que l'eau gonflée du fleuve oppose un obstacle à l'écoulement de la nappe latérale, pour que celle-ci subisse elle-même une crue consécutive à la première. La preuve en est dans le rôle de régulateur que Daubrée lui-même attribue à cette nappe en cas de sécheresse, alors qu'elle se déverse bien évidemment dans le cours d'eau et relève son niveau. C'est simplement qu'alors son action n'est plus masquée par la rivière, réduite à des dimensions plus modestes.

Il se passe en somme, dans les graviers qui bordent les rivières, les mêmes actions qu'on observe à l'égard de la nappe d'eau douce, que renferment fréquemment les dunes et qui s'écoule dans la mer. Malgré les alternances des marées, qui peuvent être comparées à des inondations périodiques, l'eau salée ne pénètre pas dans les dunes. Elle est constamment repoussée par l'afflux d'eau douce qui se dirige vers la mer.

Le phénomène arrive au maximum par la tempête. Arago raconte celle du 19 novembre 1824 qui, soufflant dans la direction du cours de la Néva, « empêcha, d'une part, l'eau du fleuve de s'écouler, et, de l'autre, éleva tellement le niveau de la Baltique sur toute sa côte orientale qu'il en résulta d'épouvantables inondations.

« A Cronstadt, ce changement de niveau entre 10 heures du matin et 3 heures de l'après-midi, fut de $3^m,70$; une grande portion des remparts fut détruite. A Pétersbourg, l'eau s'éleva à

(¹) *Description géologique du Bas-Rhin,* p. 345.

la hauteur de 1^m,60 dans les rues les plus reculées. Un quartier, peuplé avant l'événement par plus de quarante mille personnes, devint un vaste désert. Quelques relations particulières portent à huit ou dix mille le nombre des individus dont cette catastrophe a occasionné la mort. D'après le rapport du Ministère de l'Intérieur, il ne se serait noyé *que* cinq cents personnes. »

Dans la berge des rivières, il y a rencontre d'eau limoneuse contenue dans le lit et d'eau filtrée contenue dans le sable. Pas plus que le sel des dunes, le limon, même très fin, ne pénètre dans le sable ; il enduit le gravier dans l'eau courante, mais il ne vient jamais salir la nappe souterraine.

D'ailleurs, tout le monde a constaté que l'eau de la nappe s'écoule parallèlement à la rivière, quoique avec une vitesse bien moindre, causée par l'étroitesse des pertuis qui lui livrent passage. Tout cela revient à dire, nous le répétons, que la rivière est comme un élément linéaire de la nappe qui tapisse toute la vallée : son élément linéaire le plus rapide, et où la rapidité de l'eau ne permettant pas la persistance des limons, les matériaux lourds (sables et graviers) sont concentrés.

Nous emprunterons encore à Daubrée la mention d'un fait qui montre nettement l'écoulement de la nappe vers la rivière ; une infiltration d'eau chaude à partir d'un puits où affluait de l'eau provenant d'une machine à vapeur, permit de reconnaître à Haguenau un courant souterrain partant de la filature et qu'on a suivi, à l'aide du thermomètre, dans une direction oblique vers le bord de la Modder.

Les inondations des torrents. — Il ne peut maintenant subsister aucun doute sur l'allure générale de la circulation de la nappe. La signification de celle-ci va résulter, de la manière la plus complète, du résumé qu'il convient de faire du mécanisme des crues.

Il est bien vraisemblable qu'elles ne résultent pas exactement des mêmes réactions dans tous les cas ; les diverses catégories de circonstances énumérées plus haut, peuvent intervenir de façons très diverses. Par exemple, il est certains cours d'eau pour lesquels l'inondation fréquente, et même désastreuse, est un caractère essentiel et normal : on les qualifie de *torrents* et ils se rencontrent dans les pays fortement accidentés, dont le sol est étanche ou peu perméable.

Leur lit est ordinairement à sec, rempli de grosses roches arrondies, associées, sans aucun classement, avec des galets de toutes les tailles, des graviers et des sables de tous calibres et même avec des limons accumulés çà et là. Tout à coup, à la suite d'une pluie d'orage ou d'un adoucissement très notable de la température, ils se précipitent des sommets avec un bruit de tonnerre, brisant, sur leur passage, les arbres et les constructions, et viennent étaler à leur embouchure un vrai delta très large et très surbaissé de matériaux charriés. Ces cours d'eau sont un détail obligé de la physiologie de la montagne et, malgré les catastrophes dont ils sont prodigues, leurs points d'épanchement sont habités bien souvent par des cultivateurs, attirés par l'extraordinaire fertilité de leur sol.

Parmi les explications proposées des crues subites des torrents et de la violence de leur allure, il en est de bien ingénieuses et qui frappent par leur caractère imprévu. Du nombre est certainement celle qui a été émise, il y a une quarantaine d'années, comme conséquence de ses travaux de physique moléculaire, par M. Van der Mensbrugghe, professeur à l'Université de Louvain.

Tout le monde sait que la couche superficielle des liquides jouit de propriétés très différentes de celles des portions internes. Une tension spéciale y règne, qui se manifeste avec son maximum dans les lames dont les bulles de savon nous offrent le spectacle le plus répandu.

Selon le physicien belge, chaque fois qu'une masse liquide change de forme de façon à diminuer de surface, une quantité correspondante d'énergie potentielle est transformée en énergie cinétique.

Par exemple, la disparition de 1 mètre carré de surface libre amène le développement d'une énergie cinétique capable de donner à une couche de 1/20000 de millimètre d'épaisseur, une vitesse de 54^m,20 par seconde. Si la couche d'eau considérée avait 1 millimètre seulement d'épaisseur, elle contiendrait 20000 tranches semblables à la précédente, capables d'effectuer ensemble par mètre carré, un travail total de 150 kilogrammètres.

Appliquant ces résultats du calcul à l'interprétation des faits naturels, l'auteur conclut que, lorsque plusieurs cours d'eau se déversent dans un seul et même bassin, il se perd un nombre extrêmement considérable de mètres carrés de surface libre, et à chaque annulation de 1 mètre carré de surface libre correspond une quantité notable d'énergie de mouvement. De là, naissance du régime torrentiel des cours d'eau. « Le torrent, dit-il, se précipite vers la vallée ; mais, dans cette course furieuse, les couches superficielles sont culbutées les unes au-dessus des autres et, chose étonnante, elles acquièrent plus de force à mesure qu'elles perdent leurs armes, c'est-à-dire leur énergie virtuelle. Rencontrent-elles un obstacle sur leur passage, aussitôt les couches se superposent avec une effrayante rapidité ; elles écument de fureur devant la barrière, et bien souvent elles finissent par emporter celle-ci dans l'abîme.

« La transformation de l'énergie virtuelle en énergie cinétique dans les grandes masses d'eau qui descendent subitement des montagnes ne serait-elle pas l'une des causes des ravages qu'elles exercent et qui semblent devenir d'autant plus désastreux qu'elles ont à vaincre plus d'obstacles durant leur trajet ? »

Après avoir décrit d'une manière si énergique les effets des torrents, M. Van der Mensbrugghe assure pouvoir en conjurer les périls. Il suffit, suivant lui, de disposer à demeure, dans le voisinage des sources et en amont des confluents, de grands sacs en toile goudronnée contenant de l'étoupe imprégnée de pétrole ou d'une autre matière huileuse : celle-ci s'étendant sur l'eau, la prive de sa surface libre, cause de tout le mal, et c'est, en définitive, une forme du *filage de l'huile*, si préconisé contre les dangers de la tempête en mer.

Les dispositions qui déterminent les vraies inondations cataclysmiques des torrents sont simplement atténuées dans le cas de certaines rivières qui, comme l'Yonne, dans une partie de son cours, se meuvent sur un fond imperméable. Il ne lui manque qu'une pente suffisamment forte pour avoir un régime nettement torrentiel ; mais si elle n'a pas la vitesse, elle a la rapidité de réplique vis-à-vis de la pluie. C'est pour cela que les crues de l'Yonne sont annoncées par les variations des petits cours d'eau torrentiels affluents de cette rivière, la Haute-Yonne à Clamecy, le Cousin à Avallon et l'Armançon à Aisy.

Les inondations des rivières en pays plats. — Mais quand il s'agit des cours d'eau des pays perméables, comme l'Aube ou la Marne, les choses se présentent tout autrement et l'on peut assister à des manières d'être extrêmement différentes en apparence, qu'une étude attentive vient toutefois éclaircir. On constate, en effet, que le plus ordinairement, et contrairement aux faits auxquels nous venons d'assister, les pluies, même très fortes, n'ont pas de contre-coup, au moins immédiat, quant au volume des rivières. On a même noté la persistance de la baisse pendant des périodes de pluie. Les faits résumés plus haut nous donnent directement la raison de vicissitudes de ce genre. En effet, par leur nature, les terrains perméables sont appelés à absorber non seulement l'eau sauvage qui tombe à leur surface sous forme de pluie, mais encore celle qui peut leur être amenée par le ruissellement des régions étanches situées en contre-haut. Nous avons vu ces contributions, même volumineuses, donner lieu à une zone mouillée qui, descendant lentement au travers du terrain, s'achemine vers le niveau d'eau sous-jacent avec lequel elle se conjugue plus ou moins vite. Les sources alimentées par ce niveau pourront subir, après un laps de temps parfois très long, un accroissement qui ne prendra point le caractère désastreux de l'inondation proprement dite.

Si les chutes d'eau se succèdent en assez grand nombre pour apporter à la nappe, même par petits paquets, des contributions suffisantes pour lui donner à la longue toute l'épaisseur de la couche perméable à laquelle elle est subordonnée, celle-ci se trouve « saturée » selon l'expression admise, et alors toutes les conditions précédentes sont absolument modifiées. A partir de ce moment, le terrain considéré change de caractère : de perméable qu'il était, il devient étanche par excès d'humidité. Ses pores ou ses fissures étant gorgées d'eau, il oppose à la pluie un obstacle aussi insurmontable que le ferait un lit continu de l'argile la plus serrée. Dès lors, tout ce qui tombera des nuages à sa surface y ruissellera et, pendant que le sol aura subi la transformation que l'on vient de dire, le régime de la rivière, de son côté, se métamorphosera et deviendra torrentiel.

Naturellement une fonte subite de neige sur ce terrain saturé d'eau déterminera exactement les mêmes effets que la pluie. Il est presque inutile d'ajouter que des travaux inconsidérés peuvent, en changeant l'état de la surface du sol, provoquer le déchaînement d'inondations qui n'avaient point lieu auparavant.

Sur les flancs des montagnes, le déboisement a, maintes fois, déterminé l'installation du régime torrentiel, en supprimant les obstacles matériels que les arbres opposaient à l'écoulement trop rapide des eaux. Le désastre est souvent d'autant plus grave qu'il se complique de l'entraînement de la terre végétale et de la mise à nu de rochers nécessairement stériles. Cette remarque, que tout le monde a pu faire, suffit pour montrer que l'on est allé un peu loin, — parce qu'on ne voyait qu'un côté d'une question qui est très complexe, — en affirmant que le déboisement ou le boisement des terrains imperméables n'a pas une grande importance, parce que, pendant le ruissellement, les végétaux n'ont pas le temps d'absorber l'eau qui tombe. On a oublié que, dans ce cas, ils agissent simplement comme le feraient des piquets enfoncés dans la terre végétale et la clouant pour ainsi dire au sous-sol.

La Haute-Seine, c'est-à-dire en amont de Méry-sur-Seine et de Mesgrigny, n'est pas navigable et coule dans une vallée très large et très plate. Les coteaux qui l'encadrent, à pentes très douces, sont formés de craie sénonienne recouverte de terre végétale. Le lit étant à 82 mètres au-dessus du niveau de la mer, ses reliefs mesurent de 125 à 130 mètres au-dessus du même repère. Les flancs sont constitués surtout par l'argile à silex, ce qui montre que le courant n'est jamais très rapide dans le sens de la vallée, ce qui ne l'empêche pas d'être par places, bien plus sensible dans le sens transversal. L'argile à silex est, au voisinage de la rivière, recouverte d'alluvions modernes et elle se prête au développement de tourbières parfois puissantes.

L'imprégnation du sol par l'eau d'origine pluviaire est telle qu'en un point quelconque de la vallée, un trou de quelques décimètres est immédiatement rempli d'eau. Il va sans dire que l'épaisseur de cette nappe à écoulement très lent varie comme les conditions météorologiques et spécialement avec l'intensité des pluies.

En résumé, les inondations peuvent affecter dans un pays plat deux formes principales :

1° Celle d'écoulement, dans le lit même, d'un excès d'eau provenant de l'amont ; il y a alors débordement latéral de l'eau du lit qui tend à rendre stagnante la nappe d'imprégnation descendant des coteaux et même à la refouler vers le pied des versants. Pour conjurer ce genre d'inondation, il faut faciliter autant que possible l'écoulement de la rivière vers l'aval.

2° Celle d'un gonflement venant d'un sous-sol local et dérivé des pluies tombées sur les lieux mêmes. Alors, on voit, de part et d'autre du lit, une enflure de la nappe souterraine et l'on ne voit plus rien qui ressemble au débordement de la rivière ; et, au contraire, une surface plus ou moins large de la vallée se recouvre d'une nappe liquide, s'élevant verticalement à travers le sol. Tous les trous préexistants se *mouillent* en même temps ; des canaux d'*irrigation* peuvent alors se transformer spontané- ment en rigoles de drainage.

Il va sans dire que dans une semblable région, il y a associa- tion en proportion variée des deux modes d'action qui précèdent. Il ne faut donc pas s'étonner du nombre des variantes possibles en chaque point, selon le caractère et l'accentuation relative des traits météorologiques, et s'attendre à des inégalités très consi- dérables d'un point à un autre.

Un complément intéressant de ces remarques concerne le mode de terminaison des inondations des rivières comparables à la Haute-Seine. Une fois que le sol inondé et très peu incliné est bien saturé par l'une ou par l'autre des conditions indiquées tout à l'heure, les eaux en excès peuvent disparaitre, soit par écoulement superficiel vers la rivière, soit par l'absorption dans le sol.

Le premier de ces procédés est le plus fréquent, pour la rai- son toute simple que les inondations par écoulement de l'amont vers l'aval étant en général de courte durée, la rivière reprend rapidement après le passage du flot son régime normal ; tandis que, quand on a affaire au gonflement de bas en haut de la nappe adjacente aux rives, par l'alimentation longitudinale provenant de la contribution des flancs et même des sommets des coteaux, il faut la pénétration d'un volume plus grand d'eau dans le lit de décharge et aussi que la vitesse de l'écoulement soit moins rapide, retardé qu'il sera par le passage de la rivière elle-même.

Il peut, au cours d'une même saison, se succéder dans le même lieu plusieurs crues de débordement, séparées par des intervalles de retour au volume normal, tandis qu'il est rare que l'inondation de gonflement ne dure pas beaucoup plus de temps qu'il n'en a fallu pour la déterminer.

Travail géologique des torrents. — Quant aux torrents, on peut reconnaître leurs crues les plus hautes à l'empreinte qu'ils laissent sur le sol, c'est-à-dire sur le fond de la gorge, qu'à l'inverse des rivières pour leurs vallées, ils ont creusée par le charroi de leurs galets.

Le fait est d'autant plus intéressant à signaler ici qu'il nous conduit à reconnaître avec quelle inexactitude a été interprété en général le rôle géologique des torrents.

Dans la plupart des traités classiques, les torrents sont présentés comme ayant rempli des fentes préexistantes du sol. C'est par suite de leur déversement qu'ils ont perdu successivement de leur volume et que la plupart d'entre eux sont pris entre des parois verticales pouvant atteindre des centaines de mètres de hauteur. C'est, comme on voit, exprimer une nouvelle fois, quoique par une voie presque opposée, que tous les courants d'eau actuels ne sont que des résidus de masses aqueuses beaucoup plus volumineuses.

Il suffit cependant d'observations dans les pays montagneux, pour reconnaître que la paroi verticale des gorges de torrents a conservé des vestiges de fonds provisoires. On y voit, avec une grande netteté, des restes de corniches qui, sur leur face supérieure, plus ou moins horizontale, montrent une roche polie, avec cavités de la catégorie des marmites de géants et conservation fréquente des galets ou meules, qui sont les artisans de ces excavations. Le polissage et l'affouillement des roches, aujourd'hui si au-dessus du fond de la gorge, n'ont pas pu être réalisés à des profondeurs diverses dans une masse d'eau courante et il faut bien arriver à cette conclusion, que nous avons déjà développée dans notre *Géologie générale* (¹) que l'on peut comparer le creusement des gorges de torrents à la section d'une pierre de taille par la scie. Une figure synthétique, en rapprochant des types plus ou moins avancés de ce travail, rend la supposition très claire et lui fournit une entière confirmation.

Fig. 15. — Evolution du travail de *sciage* des reliefs montagneux, par la continuité de l'érosion torrentielle. 1. Cas du Staubach où l'érosion est à peine commencée. 2. Cas du Mühlbach, notablement plus avancé. 3. Cas du Trient, dont la section a fini par parvenir au niveau même du pied de l'escarpement.

Si nous supposions les trois localités du Staubach, près d'Interlaken, du Mühlbach, qui descend du Brienzer Gratz, sur la rive droite du lac de Brienz et du Trient, près de Vernayaz, établies au voisinage l'une de l'autre, sur un même escarpement rocheux, nous serions frappés des liens intimes qui en font comme trois termes dans une même évolution (fig. 15). Avec la chute du Staubach, nous avons le commencement du phénomène : nous voyons un cours d'eau très rapide, charriant beaucoup de sables et de galets et devant lequel le sol manque tout à coup. Il déverse les matériaux qu'il charriait sous la forme d'un cône de déjection et son eau se pulvérise dans la traversée des 300 mètres d'air qui le séparent du fond de la vallée de la Lutschine. Déjà, on voit très nettement l'œuvre des pierrailles de toutes grosseurs charriées par l'eau torrentielle à la surface du sol calcaire. Celui-ci est scié littéralement et on ne peut s'empêcher de trouver dans la disposition de ces choses naturelles (le torrent, les pierrailles et la masse calcaire) une

(¹) 2ᵉ édition, p. 190, **Paris, 1909.**

identité avec la disposition des choses artificielles qui constituent un atelier de lapidaire (le fil de métal mou ou même de
fibre végétale sans plus de dureté que l'eau et le bloc de pierre
qui se coupe en deux sous l'influence du passage de l'émeri
entraîné par le fil). Sans compter que cet émeri vient se collec-
ter sous l'établi avec la poussière de là pierre travaillée en un
vrai cône de déjection, comme les pierrailles au pied de l'escarpement naturel.

A la cascade du Mühlbach, on voit l'outil d'usure qui a
pénétré la masse rocheuse sur plus d'un tiers de sa hauteur verticale. Le cône de débris est encore là et plus volumineux, mais
modifié dans sa forme par le choc de l'eau, qui, n'étant plus
pulvérisée, à cause de la hauteur moins grande, tombe sur lui
plus lourdement.

Enfin, dans les gorges du Trient, la section est complète, et le
cône de déjection a été balayé par l'eau courante, qui l'a emporté
dans le Rhône tout voisin, où il est mélangé aux autres sédiments. Les parois montrent avec une netteté complète les étapes
successives dans les progrès du sciage vertical. On y reconnaît
que toutes les parties de la roche n'ont pas opposé au travail les
mêmes résistances ; certaines places moins dures ont même une
esquisse de méandres, et alors il reste au-dessous ces traces de
corniche que nous mentionnions plus haut.

C'est au même ordre de phénomènes qu'il faut rattacher les
faits de régression des cascades et des chutes, depuis celles de
beaucoup de moulins qu'on est obligé de ramener au contact des
roues qu'elles actionnaient, jusqu'au gigantesque saut du Niagara (fig. 16), devant lequel persiste un long couloir qui a gardé
les traces de tous les déplacements de la cataracte vers l'amont.

Régression des torrents. — Si l'érosion fluviaire est éminemment transgressive dans son travail en surface, ce qui se traduit
par la descente progressive de ses méandres, au contraire, elle
est avant tout régressive dans tout son travail en profondeur.
C'est ainsi que la capture des rivières, dont on a fait tant de bruit,
est une condition inévitable du déplacement des cours d'eau,
réalisant une fonction érosive, si bien que nous la retrouverions
chez les glaciers comme chez les fleuves.

La régression des torrents joue un rôle de première importance dans la production des cols qui séparent les cimes montagneuses et on en retrouve toutes les étapes dans toutes les chaînes.

La forme la plus simple est réalisée, par exemple, dans le sillon ouvert sur le flanc de la montagne des Pléiades, aux Chevaleyres, au-dessus de Vevey. Malgré son allure intermittente et violente, le torrent qui suit ce sillon a conservé certains traits du régime fluviaire, et sa source subit les effets énergiques de la régression. Il en résulte la certitude d'une future division de la montagne, jusqu'ici unie, en deux sommets voisins, et il est légitime de se demander si les Pléiades elles-mêmes ne sont pas séparées de la même façon du Cubly, montagne toute proche, par le travail du torrent désigné sous le nom de baie de Clarens, qui coule entre les deux, sous le pont de Brent, pour se jeter dans le Léman.

On remarquera que l'allure générale du ravin des Chevaleyres est une reproduction à grande échelle de la circonstance qui nous a servi de point de départ dans l'étude des ruissellements de pluie, même les plus minuscules. Outre qu'il importe de bien faire ressortir l'unité de tous ces travaux d'érosion, nous recevons de ce rapprochement des lumières quant à des manifestations qui ont demandé un temps dépassant celui de toutes les observations possibles.

Malgré la différence qui nous a paru évidente entre les rivières à méandres et les torrents plus ou moins rectilignes, nous constatons l'importance, pour les uns comme pour les autres, des phénomènes de régression, et par conséquent des phénomènes de capture.

Tout d'abord, le fait de la capture chez les torrents est complètement passé inaperçu, alors qu'on était arrivé pour les rivières à la notion du rôle capital qu'elle remplit. Je crois l'avoir le premier signalée sur la rive droite du Rhône supérieur, sur les flancs du mont d'Arvel, comme pouvant se présenter à un très grand nombre d'exemplaires dans une même localité, c'est-à-dire comme procédant à une modification géologique d'une surface considérable.

Le mont d'Arvel, entre Villeneuve (Vaud) et Bex (Valais),

constitue comme une falaise le long du Rhône. Son flanc est sillonné d'un très grand nombre de ravins très étroits, de rainures plutôt, par où s'écoulent les filets d'eau ruisselant sur les montagnes et, à certains moments, les torrents de boue et les avalanches de pierres.

Or, on reconnaît bien vite dans l'espèce de réseau constitué par ces sillons, toutes sortes d'accidents qui coïncident avec ceux que présentent les vallées de ruisseaux de pays peu accidentés, mais avec le grand et double avantage d'un nombre bien plus considérable sur la même surface et d'une rapidité d'évolution incomparablement plus accentuée.

A chaque pas, on a des preuves tangibles de la régression de ces sillons, qui débutent toujours par le pied de l'escarpement et gagnent successivement des niveaux de plus en plus élevés. A chaque pas aussi, on assiste pour ainsi dire à la capture des parties hautes de certains sillons par les portions basses de certains autres qui sont plus rapides dans leur ascension, se mouvant sur une pente plus inclinée et débitant un plus grand volume d'eau.

Ces phénomènes sont si frappants et leur étude est si captivante que je me suis préoccupé de les reproduire par la méthode expérimentale. Je crois avoir obtenu l'imitation exacte de toutes les particularités en voie d'accomplissement sur les flancs du mont d'Arvel.

Dans une cuvette quadrangulaire en porcelaine, on verse du plâtre à mouler, gâché dans une certaine quantité d'eau. Quand la consistance est celle du fromage blanc, on redresse la cuvette sur l'un de ses côtés comme charnière, de façon à lui faire faire un angle de 40, 50, 60° avec l'horizon — plus ou moins suivant qu'on désire un résultat plus ou moins rapide ou plus ou moins accentué. Ces pentes sont celles des flancs de la vallée du Rhône.

On voit alors, sur le bord inférieur de la cuvette, se dessiner, à des distances peu différentes les unes des autres, de petits filets de dégorgement, et l'on voit ces filets s'allonger très vite par la partie supérieure, de façon à prendre bientôt l'apparence d'une arborescence.

Comme ils se compliquent successivement d'affluents nouveaux, c'est comme une arborisation au développement de laquelle on assiste et qui est des plus remarquables.

En d'innombrables points du réseau ainsi obtenu, il se fait des captures qui dépendent du débit inégal dans les différents ·

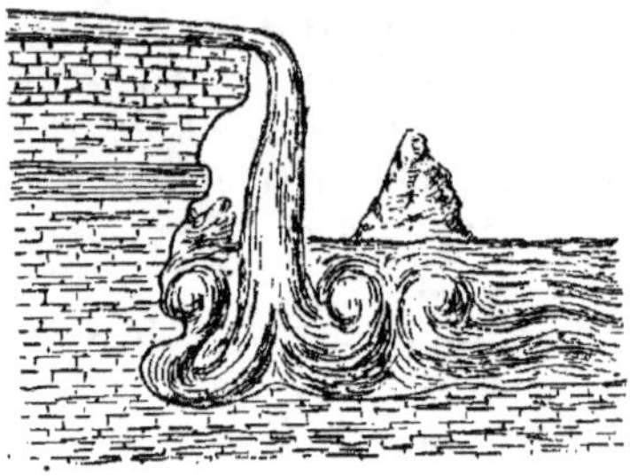

Fig. 16. — Coupe (selon le courant du fleuve) de la chute du Niagara pour montrer le tourbillonnement de l'eau et le travail de régression qui accompagne l'érosion du lit. (D'après M. G.-K. Gilbert : *Rate of recession of Niagara falls*. — Washington, 1907.)

canalicules. Une figure qu'on trouverait à la page 216 de la seconde édition de notre *Géologie générale.* (1 vol. in-8°, Paris, 1904) et qui reproduit l'expérience en question ressemble extrêmement à la photographie des flancs du mont d'Arvel, prise à une heure favorable.

Il va sans dire que la régression des chutes (Niagara, etc.), est exactement dans le même cas (fig. 16). .

CHAPITRE III

INFILTRATION DES EAUX DE PLUIE
DANS LE SOL

Sommaire. — *Cavernes.* — Circulation des eaux dans les assises rocheuses, qu'elles désagrègent inégalement. Étude des cavernes de Bellamar (île de Cuba). Les cavernes ont de tout temps inspiré la curiosité et l'admiration. Cavernes du Han, du Karst, et « cave » du Mammouth, aux États-Unis.

Les sols fissurés et les abîmes. — Les causses. Padirac. Les plateaux calcaires du Karst.

Rivières et lacs souterrains. — La Piuka a creusé les cavernes d'Adelsberg ; gouffres qui sillonnent son cours souterrain. Les crues du Holl-Loch. Le lac de Zirknitz. Les lacs souterrains de la Russie. L'eau souterraine de la vallée de Josaphat.

Reproduction expérimentale des puits naturels.

Les sources ordinaires. — Bernard Palissy et l'abbé Paramelle.

Les puits artésiens. — Pourquoi on peut les établir. Creusement du puits de Grenelle. Comparaison trop simpliste avec les vases communicants.

Les sources jaillissantes. — Source de la Bèze. Jet d'eau naturel de Chatagna.

Sources vauclusiennes. — Pétrarque et la Sorgue. Elle est alimentée par le mont Ventoux et la montagne de Lure. La fontaine de Nîmes. La source du Lison. La fontaine de Sirod. La source de l'Ain. La mare du Grand Soz. Source vauclusienne près de Beyrouth.

Les réapparitions de rivières. — L'Orbe. Les sources de la Loue. La source du Loiret. Les sources de la Touvre. L'Iton.

Les sources sous-marines. — Les sources du golfe de Cannes. La source de Port-Miou. La Trebinchitza. Grosse source d'eau douce au large de la mer des Indes.

Les sources thermales et minérales. — Leur énergie chimique. Leur distribution. Elles abondent dans les pays volcaniques. Les sources les plus chaudes. Tableau des températures des principales sources thermales de France. Influence des eaux chaudes sur la végétation : Évaux, Chaudes-Aigues. Les geysers : ceux d'Islande, des États-Unis, de la Nouvelle-Zélande. Les sources salées : salses du Caucase, de la Nouvelle-Zélande, de Sassuolo, en Italie. Eau salée des gisements de pétrole (bassin de Bakou). Gisement salin et potassique de Stassfurth. Sources de Balaruc, Kissingen, Reichenhall, Kreuznach, Wiesbaden, de la vallée de Touzla-Sou. Les eaux sulfureuses : Enghien, Allevard, Aix-en-Savoie, Barèges, Luchon, Saint-Sauveur, Aix-la-Chapelle, Piatigorsk. Les *Hot-Spring's*. Eaux sulfatées : Pullna, Sedlitz, Huniady-Janos, Epsom, Montmirail, Cransac. Efflorescences salines de la vallée du Kara-Kach. Eaux carbonatées et carboniquées : Royat, Mont-Dore, La Bourboule, Saint-Nectaire, Vichy, Bourbon-l'Archambault, Contrexéville, Vals, Nauheim, Carlsbad, Marienbad, Kislovodsk. Eaux ferrugineuses : Orezza, Bagnères-de-Bigorre, Spa. Soffionis ou soufflards ; lagonis de Toscane, mines d'acide borique. Le *Clear Lake* de Californie. Le lac de borax (Boultso), au Tibet. Eaux faiblement minéralisées : Plombières, Luxeuil, Néris, Gastein.

Les apports des eaux minérales. — Sources de Saint-Allyre ; ses dépôts énormes. Incrustations de

Saint-Nectaire. Rocher des Célestins. Pisolithes de Carlsbad, confettis de San-Philippo.
Travertins de Tivoli et de Toscane. Dépôts du Sprudel, de Hamman-Meskoutine, de Hammam-
Bou-Hadjar, de Pambouk-Kalessi. Dépôts siliceux des geysers. Sources siliceuses des
Açores.

Les galets striés. — Leur étude dans les Alpes vaudoises. Fausseté de l'opinion qui leur attribue
une origine glaciaire. Action de l'intempérisme sur les pentes des montagnes. Placages
boueux. Accumulation de débris au pied des montagnes. Infiltration pluviaire. Le sable
quartzeux des roches désagrégées raye les blocs calcaires. Sources incrustantes qui sortent
des placages boueux : soustraction énorme de substance au terrain et tassement de celui-ci.
Conditions de la striation par les glaciers, très différentes de celles réalisées dans les Préalpes.
Processus de la striation par dénudation, démontrée par la méthode expérimentale. Discus-
sion de l'ancienne hypothèse de la période glaciaire. Énergie de la dénudation aqueuse dans
les Préalpes vaudoises. Les Pléiades et le ravin des Chevaleyres. Conséquences à tirer de ces
observations.

Sédimentation souterraine. — Les *bone-beds.* Reproduction expérimentale de ce mode de formations.

Génération, par la pluie infiltrée, d'une espèce minérale spéciale, la zoésite. — Boue à globigérines.
Rognons siliceux empâtant des *Ananchytes.* La zoésite, variété de silice, dont le nom rappelle
le milieu vivant initial.

Cavernes. — A propos du creusement des vallées, nous avons
dû déjà faire intervenir les cavernes. Ce paragraphe achèvera
d'en faire connaître les traits essentiels.

Toutes ne sont pas dues à l'eau courante, comme le groupe
d'Arcis-sur-Cure que nous avons cité. Il en est qui résultent
d'éboulements de blocs rocheux irrégulièrement entassés les
uns sur les autres. On en trouve de ce genre dans les montagnes,
au bas des pentes, à la tête des glaciers, où elles sont comprises
dans les moraines. On en rencontre de *fossiles* dans les régions
les moins accidentées, et sur lesquelles nous reviendrons, en
temps et en place voulus.

Les eaux circulent de toutes parts dans l'épaisseur des assises
rocheuses : nous en avons la preuve dans les sources, qui ne
sont autre chose que l'embouchure superficielle de vraies rivières
souterraines. Or, de même que les rivières proprement dites
démolissent sans cesse leurs berges, de même, les cours d'eau
souterrains usent les parois des conduits dans lesquels ils coulent.
La désagrégation de ces parois est inégale, et c'est la cause des
étranglements qui réunissent par d'étroits couloirs des salles
successives. Celles-ci résultent aussi bien fréquemment des irrégularités des cassures souterraines que les eaux d'infiltration
polissent et adoucissent ; et elles sont souvent ornées de concrétions, qui sont les stalactites et les stalagmites.

On peut dire qu'il existe des cavernes dans tous les pays, là où les roches sont calcaires, ou plus généralement solubles et compactes, ou bien dans les localités qui ont été soumises à des puissantes actions mécaniques qui les ont réduites en blocs déplacés les uns sur les autres et séparés par des fissures favorables à la circulation liquide.

Parmi les cavernes les plus récemment signalées par des observations nouvelles, celles de Bellamar près de Matanzas, sur la côte septentrionale de l'île de Cuba, dont M. Paul Serre, alors consul de France à La Havane, nous a révélé l'existence, sont à mentionner.

En les explorant scientifiquement, ce qui n'avait pas encore été fait avant lui, cet habile observateur a enrichi à la fois la spéléologie et la chimie géologique, car elle apporte un complément de faits à l'histoire de la calcite.

D'après son récit, on descend dans les cavernes de Bellamar par un puits ouvert à la surface d'un plateau qui, à l'altitude de 5o mètres, s'étend à proximité de la mer. En 1862, un Chinois y découvrit tout un système de cavités souterraines qui débute par une très grande salle, d'où irradient, dans toutes les directions, des couloirs formant un véritable réseau s'étendant à des profondeurs qui varient, suivant les points, de 3o à 1oo mètres. On a ainsi reconnu l'entrée d'une centaine de ces passages ; le Chinois en a suivi durant vingt-quatre heures, sans en trouver la fin. La plupart sont encore vierges. De la visite qu'il fit, M. Paul Serre, qui, pour le dire en passant, est associé au Muséum de Paris, a rapporté d'intéressants échantillons.

Sa promenade fut fort pénible à cause du manque d'air, des ruissellements aqueux et de l'extrême étroitesse des pertuis ; il fallut souvent progresser à genoux et, à maintes reprises, s'insinuer dans des trous de seulement 4o centimètres de largeur. Ce sont là les misères bien connues des explorateurs. M. Serre gagna ainsi « différents salons qui se succèdent en chapelet et où les stalactites, parfois longues de plusieurs mètres, sont éblouissantes de blancheur ».

Les échantillons qui nous sont parvenus([1]) de ces stalactites diffèrent par leur structure de leurs analogues ordinaires : on

____

([1]) Stanislas Meunier, *Bulletin du Muséum*, 1910, t. XVI, p. 4o.

n'y voit point la structure rayonnée qui est si essentiellement
classique et, le plus souvent, ce sont des cylindres de calcite de
diamètre sensiblement uniforme d'un bout à l'autre, perforés
dans toute la longueur en forme de tubulure relativement très
large. Cette particularité se rencontre dans des stalactites de la
grotte de la Cuve (Lot), mais elles sont loin d'y être aussi pures
que celles provenant de Bellamar.

La surface de ces stalactites tubiformes envoyées par M. Serre
est remarquablement lisse, sans aucun pointement cristallin ;
elle a même une apparence grasse et vernissée toute particulière,
qu'il n'est peut-être pas très facile d'expliquer et qui se retrouve
chez divers échantillons non stalactiformes et très différents que
nous mentionnerons plus loin.

La substance des stalactites tubiformes est très uniformément
cristallisée, au point que leur cassure transversale se présente
parfois sous la forme d'un demi-rhomboèdre de clivage parfaitement régulier. Ni le contour cylindrique extérieur, ni la per-
foration également cylindrique n'apportent la moindre pertur-
bation à cette structure. Parfois, un seul clivage, aussi net qu'au
travers d'un spath d'Islande, traverse toute la stalactite ; parfois,
deux stalactites fines et cylindriques sont géminées, c'est-à-dire
soudées dans toute leur longueur et enveloppées ensemble de la
couche vernissée ; il arrive que, même dans ce cas, les plans de
clivage se continuent à travers tout l'ensemble, comme ils le
feraient dans la substance d'un cristal unique. D'autres fois, les
deux stalactites ainsi accouplées ne sont pas orientées de la
même façon et les plans de clivage, nets pour chacune, ne se
continuent pas de l'une à l'autre.

Certaines stalactites translucides et parfaitement clivables,
présentent des apophyses plus ou moins compliquées ; ce sont
des rameaux à peu près à angle droit avec la tige principale,
parfois courbes et diversement associés les uns avec les autres.

Les cavernes de Bellamar ont fourni des échantillons dont on
n'a pas trouvé les analogues dans d'autres cavernes : des cristaux
parfaitement définis, parfois volumineux et très variés d'apparence. Citons d'abord de gros rhomboèdres sans modifications,
associés les uns à côté des autres et devant sans doute constituer
des plaques plus ou moins larges. Viennent ensuite de longs

prismes hexagonaux à base large limitée par trois clivages rhomboédriques et s'amincissant progressivement jusqu'à l'autre extrémité, terminée ainsi en pyramide à trois faces. Nombre de cristaux, d'ailleurs volumineux, et dont la surface est un peu corrodée et peut-être incrustée, ont une allure générale qui rappelle la variété que Haüy appelait *imitative* et demanderaient une étude spéciale. C'est au voisinage de ces échantillons qu'il faut mentionner des individus polysynthétiques et des cristaux creux et disposés intérieurement en manière de *trémies* triangulaires qui contrastent avec leur contour hexagonal extérieur.

Il y a lieu de remarquer que la surface de ces diverses catégories de cristaux varie beaucoup d'un cas à l'autre. Souvent, elle est très lisse, mais rappelle celle des stalactites précédemment mentionnées, étant comme vernissée et jouissant d'un éclat gras ; d'autres fois, très fréquentes, les cristaux sont comme pralinés d'un enduit cristallin, du plus agréable effet. Certaines portions des grottes doivent avoir leurs parois revêtues de la même croûte neigeuse, car M. Serre en a rempli tout un carton.

Dans ces derniers temps, et grâce surtout à M. E. A. Martel, qui se consacra à l'exploration des gouffres souterrains et qui a fait dans cette voie, assez négligée avant lui, de si belles trouvailles, l'étude des cavernes est devenue pour quelques personnes une branche nouvelle des sciences naturelles, sous le nom de *Spéléologie*.

Cependant, il y a longtemps que les cavernes étaient célèbres par leur mystère et leur beauté.

Telles sont celles du Han, en Belgique(¹), dans la province de Namur, à peu de distance du duché de Luxembourg. C'est là, au pied d'une montagne, que se perd la Lesse, avec un grand fracas. Elle reparaît 200 mètres plus loin, de l'autre côté de la montagne, aussi calme qu'elle était frémissante avant sa disparition. Lorsque les eaux, à l'entrée, sont troublées par un orage, il faut un jour entier pour que leur transparence soit

(¹) Stanislas Meunier, *Excursions géologiques à travers la France*, p. 276. Un vol. in-8, Paris, 1882.

altérée à la sortie. La visite des grottes du Han est une des plus
intéressantes que puissent faire les amateurs de ce genre de
tourisme.

La renommée du Karst pour les souterrains que les eaux y ont
creusés est également universelle. « Plusieurs montagnes y sont
percées, dans tous les sens, de cavernes et d'allées, comme si la
masse rocheuse tout entière n'était qu'un amas de cellules. Sur
telle abrupte paroi, on aperçoit à diverses hauteurs, ici des portes
cintrées, là des ogives de formes bizarres où s'engouffraient
autrefois des ruisseaux ; ailleurs, on voit d'abondantes sources
bleues jaillir de grottes ou de rochers entassés à la base des collines et former des ruisseaux qui disparaissent plus loin dans les
fissures du sol, comme dans les trous d'un crible ; partout, sur
la surface des plateaux, nus ou couverts de forêts, s'ouvrent des
puits ou des entonnoirs communiquant avec les réservoirs sou-
terrains([1]). »

Nous y reviendrons plus loin, parce que ces cavernes sont en
pleine étude.

La Cave du Mammouth, aux États-Unis, dans l'état de
Kentucky, est, paraît-il, la plus vaste des cavernes connues. On
y compte 226 avenues, 11 lacs, 7 rivières, 8 cataractes,
32 puits. Les replis de ce labyrinthe forment une longueur de
240 kilomètres. Les eaux, noires, portent les noms significatifs
de Styx, de Cocyte, de mer Morte ; elles nourrissent des poissons aveugles. Quand il y a de grandes pluies, elles montent et
emplissent leurs couloirs, quelquefois jusqu'à la voûte. Elles
vont grossir *Green River*, dont le bassin contourne la montagne
qui renferme les grottes. Un gouffre immense, le *Maëlstrom*
défia les explorateurs durant bien longtemps.

On raconte même qu'un savant distingué, professeur au
Yale College, voulut un jour tenter l'effroyable descente et
qu'ayant à peine franchi quelques pieds de ces profondeurs, le
courage lui manqua. Il demanda à grands cris qu'on le ramenât
à la surface. C'était en 1859. Sa défection excita le zèle d'un
jeune homme de Louisbourg, qui déclara sa résolution de visiter
le Maëlstrom. Il s'attacha autour du corps une corde enroulée à

([1]) Elisée Reclus, *La Terre*, t. 1, p. 258. Deux vol. in-8, Paris, 1868.

un tourniquet que deux de ses amis se chargèrent de manœu-
vrer, selon des signaux convenus et, une lanterne à la main, il
affronta le gouffre d'où s'élevaient des bruits et des échos
impressionnants, quand on y lançait quelque projectile.

La première émotion qu'il éprouva fut d'entendre, sinon de
voir, l'éboulement de masses énormes de roches ; mais aucun de
ces accidents ne se produisit assez près de lui, pour qu'il en fût
inquiété. A une quarantaine de pieds de profondeur, il rencontra
une sorte de plate-forme, d'où rayonnaient quatre avenues percées dans les parois du rocher. Il continua et perçut bientôt le
formidable bruit d'une cataracte qui se précipitait dans l'abîme.
Sa lumière vacilla et faillit s'éteindre par le fait du déplacement
d'air que produisait la masse énorme d'eau dont il sentait
l'écume lui jaillir au visage. Enfin, à une distance de 200 pieds,
il toucha le fond du gouffre, la fin du Maëlstrom.

Quelque soin qu'il prît pour faire parvenir ses signaux à ses
amis restés en haut, il fut longtemps à leur faire comprendre
son désir de remonter. Ceux-ci, cela va sans dire, étaient dans
une mortelle inquiétude. Enfin, le signal fut compris et le jeune
homme commença son ascension de retour. A son arrivée à la
hauteur de la première plate-forme, il s'arrêta pour l'examiner
et détacha la corde du milieu de son corps, pour circuler plus à
l'aise, et en garda l'extrémité dans sa main. Malgré les précautions qu'il prenait à marcher, il fit un faux pas : la corde et la
lanterne lui échappèrent toutes deux en même temps. La lanterne heureusement ne s'éteignit pas ; mais la corde, abandonnée
à son propre poids, avait repris la direction verticale et flottait
au-dessus de l'abîme. La rattraper était une opération aussi
difficile que dangereuse.

Comme tous les explorateurs, celui-ci était homme de sang-
froid : il se coucha à plat ventre et rampa jusqu'aux limites
extrêmes de la plate-forme. Il s'accrocha alors des deux mains à
des anfractuosités du rocher et, avec son pied, il chercha à ramener la corde à lui.

Ce ne fut qu'après trois tentatives qu'il réussit. Il attacha la
corde et s'aventura dans l'avenue qui s'ouvrait à droite. Il n'y
rencontra que d'immenses arcades de rocs, un silence de mort.
A 200 mètres, l'avenue était fermée par une muraille infranchis-

sable. Il ne trouva rien de plus intéressant dans les trois autres galeries et donna à ses amis le signal définitif du retour.

Nos spéléologistes actuels ont connu des aventures tout aussi émouvantes et fait des explorations autrement difficiles. On n'en était en 1859 qu'à l'enfance de l'art. Maintenant, l'explorateur emporte un téléphone avec lequel il tient ceux restés sous le soleil, au courant des moindres incidents de sa pérégrination. Et nous allons citer un passage emprunté à M. Martel ([1]), qui nous donnera une idée des périls que l'on rencontre dans les abîmes et des moyens que l'on a de les conjurer :

« Un dernier coup d'œil, dit-il, à la sacoche prise en bandoulière, compagne inséparable et indispensable de toute expédition souterraine. Pour être complète, elle doit contenir : téléphone de rechange, trompette de téléphoniste, sifflet, corne-olifant (en cas de sinistre), une demi-douzaine de grosses bougies, plusieurs petits bouts de bougie, magnésium en ruban et pince pour éviter de se brûler les doigts, allumettes, briquet, petite pharmacie, flacon d'arnica, flacon de rhum, ronds de chocolat, marteau, couteaux, ficelle et plombs de sonde, décamètre, deux thermomètres, deux baromètres, cartes, carnet-boussole avec papier quadrillé pour la topographie, crayons, papier d'Arménie contre les émanations des bêtes mortes, etc... Les hommes descendront plus tard les autres bagages, s'il y a lieu. L'explorateur commande : « Lâchez ! ». La corde file entre les mains d'une demi-douzaine de gaillards solides et disciplinés, sous les ordres du contremaître chef des manœuvres. Un collaborateur s'installe à quelques mètres de l'orifice. Il se fait aider par un homme, qui dévide le câble et est chargé d'en régler le débit sur celui de la corde. L'explorateur, soutenu par son escarpolette et simultanément par l'échelle de corde le long de laquelle il descend, disparaît lentement. Il devient impossible de distinguer ses paroles, à cause de la résonnance du puits et de la profondeur.

« Approchez du téléphoniste ; vous entendrez sa conversation avec son interlocuteur, à la grande stupéfaction des curieux qui font le cercle.

([1]) *Les Abîmes*, grand in-4, Paris, 1894, p. 11 et suiv.

« Allo ! Allo ! — Qu'y a-t-il ? — Halte ! Je n'y vois plus clair,
j'allume ma bougie. — Compris. J'attends vos ordres. —
Lâchez. Le puits est large, tout va bien. Plus vite ! — Prenez
garde à l'acide carbonique. — Pas de danger : la bougie brûle
et je respire très bien. — A quelle profondeur êtes-vous ? — Je
suis au bout de la troisième échelle ; 60 mètres, je crois. —
Quelle est l'indication du baromètre ? — Je ne peux pas le consulter. Halte ! Faites donc attention : je reçois une grêle de
pierres sur la tête. — C'est le chien du propriétaire du trou (!)
qui se promène trop près du bord. Ici Médor ! — Mais chassez-le
donc. » — (Expulsion du chien). Cinq minutes de silence ; la
descente continue. « Allo ! Allo ! Halte ! Je viens d'éteindre ma
bougie. — Tâchez de ne pas brûler les cordes. — Impossible :
elles sont mouillées par l'eau de suintement. — Quelle température ? — 7 degrés et demi seulement. Pourtant je n'ai pas froid.
Lâchez doucement. J'arrive à une très mauvaise passe. La section se rétrécit, et l'échelle est en tire-bouchon. Je ne sais si le
bateau pourra passer. — Est-ce qu'on entend l'eau ? — Oui, un
léger bruit de torrent. Tenez bon. Je suis obligé de tirer ici tout
ce qu'il y a d'échelles au-dessous de moi, parce que tout est
embrouillé. » Dix minutes de silence. Une forte secousse : c'est
l'échelle que l'explorateur vient de rejeter dans le vide. « Ça
y est. Lâchez ! Je suis à 75 mètres. J'ai franchi le passage étroit.
Si notre sondage est exact, je n'ai plus que 25 mètres à parcourir. Je vais me reposer un instant sur l'échelon. — Est-ce
curieux ? — Je n'en sais rien ; c'est tout noir autour de moi.
J'allume du magnésium. Le puits est ici en forme de bouteille.
L'eau tombe de tous côtés. Je suis trempé. — Êtes-vous reposé ?
— Oui, en route !

... « Tout à coup la communication est rompue : le téléphone
transmet encore un bout de phrase nasillard et incompréhensible,
puis plus rien. On arrête la manœuvre, on procède à des appels
de trompe. On vérifie le poste téléphonique d'en haut. Les fils
sont bien en place. Qu'est-il arrivé en bas ? Le câble de cuivre
est-il cassé ? A-t-on filé la corde de l'explorateur plus vite que le
câble du téléphone, et arraché ainsi l'un à l'autre ? Serait-ce un
évanouissement, une chute, l'acide carbonique ? J'avoue que ces
quelques minutes d'anxiété sont très pénibles à vivre. Tandis

qu'un homme s'apprête à descendre, le téléphone cesse enfin
d'être muet : « Je suis au fond et solide. »

Mais ce n'est là qu'un premier puits. Le voyageur se détache
de la corde et examine le *pays* où personne avant lui n'a pénétré.
Une demi-heure s'écoule et le téléphoniste reçoit enfin des
nouvelles et des ordres. « Il y a une assez jolie grotte latérale,
bien garnie de stalactites. J'ai besoin d'un aide immédiatement
pour en faire le plan. Ce n'est pas la fin. Au bout de la grotte, à
cent mètres, j'ai sondé un deuxième puits; 17 mètres; la sonde
a plongé dans l'eau, il faut descendre ici plusieurs hommes, une
échelle de 20 mètres, un bateau et la photographie. »

Et l'auteur ajoute : « Souvent les avens sont formés de
plusieurs puits successifs en profondeur. Parvenus en bas du
premier, il faut répéter ces manœuvres pour expédier de nouveaux aides et engins. S'il y a une rivière, on descend les
bateaux dans leurs sacs, on procède à leur montage, et vogue
la galère à la recherche du sombre inconnu. Et bien des gouffres
nous ont demandé ainsi bien des jours de travail et des nuits
complètes sous terre, car les cordes s'entortillaient, les échelles
s'engageaient dans les fissures, les ordres téléphoniques étaient
mal compris. Et alors venaient les impatiences, les imprécations
provoquées par l'énervement inévitable en pareille occurrence;
tout cela donne une idée des innombrables et méticuleuses
précautions indispensables pour éviter, non seulement des
accidents, mais encore des catastrophes, car on jongle avec
l'existence dans le gouffre immense et vide, et la moindre mala-
dresse serait la mort. »

Les sols fissurés et les abîmes. — Les abîmes étudiés par
M. Martel ont principalement pour théâtre les Causses (fig. 17),
ceux des Cévennes, du Haut-Quercy, etc. Le Larzac, plateau
d'une altitude de 700 à 800 mètres, est couvert de pâturages aro-
matiques qui nourrissent de nombreux troupeaux. Aussi est-il
célèbre par l'industrie des fromages de Roquefort. Les caves y
sont dans des conditions de fraîcheur due à l'altitude et
augmentée encore par l'évaporation des eaux, qui suintent sur
les parois des fissures.

En effet, les calcaires fissurés de ces vastes espaces laissent passer les eaux pluviales, qui se collectent dans les profondeurs, ou gagnent les vallées de cours d'eau très abondants.

Le sol présente, en outre, ces trous énormes que l'on appelle des *Abîmes*, des *Avens* (fig. 17), dans la région des Causses, *Tindouls*, dans l'Aveyron, des *Goules*, dans l'Ardèche, *Boil-Toul*, dans l'Hérault, *Cloups* et *Igues*, dans le 'Quercy, *Scialets*, dans le Dauphiné, *Dolines*, en Istrie, *Katavothra*, en Grèce, etc. Ce sont des puits de toutes formes et de toutes dimensions, souvent très profonds, car on en connaît qui ont jusqu'à 300 mètres en verticale. On assiste parfois à l'ouverture d'un de ces gouffres. C'est ainsi que l'un des avens de Vaucluse s'est ouvert, il y a un demi-siècle, sous le choc d'une charrue.

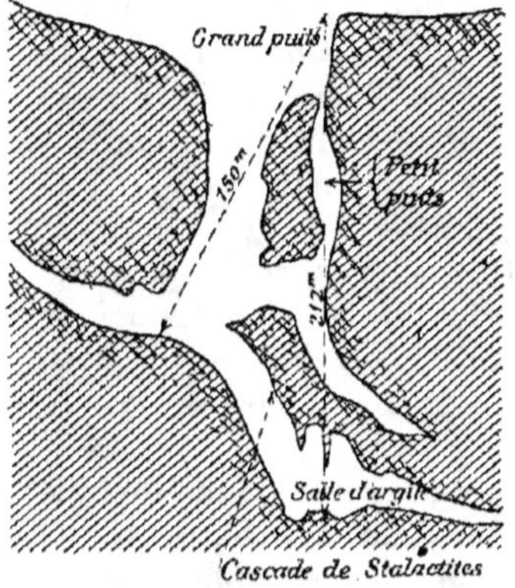

Fig. 17. — Puits naturel ou *aven*, ouvert par la pluie dans le calcaire de la région des Causses, à Rabanel, près de Gauges (Hérault), d'après M. Martel. — Coupe verticale.

Une des plus belles découvertes de M. Martel est celle de Padirac, dans le Causse de Gramat, à 11 kilomètres au nord-est de Rocamadour. Les amateurs de curiosités naturelles n'auront que dans son livre la saisissante impression que causent les merveilles de cette immense caverne, à moins qu'ils ne soient allés en personne la visiter, aménagée qu'elle est maintenant pour la commodité du touriste. Nous donnerons seulement ici un aperçu de l'abîme, qui est des plus typiques ([1]). M. Martel y est descendu le premier, en huit minutes, au moyen d'une échelle de cordes à 180 échelons, qui a tourné un peu sur elle-même, d'où quelques étourdissements pour l'explorateur.

Quand il a touché le fond, il lève la tête. « L'impression est fantastique : on se croirait au fond d'un télescope ayant pour objectif un morceau circulaire de ciel bleu ; la lumière verticale

____

([1]) *Les Abîmes*, p. 262 et suiv.

éclaire de reflets, que je n'ai encore perçus nulle part, les parois
du puits taillées en falaises ou en encorbellements, et formées
par des strates calcaires superposées; au bord du trou émergent
les têtes toutes petites de mes compagnons, couchés à plat ventre
pour me regarder...

... « Le fond est rempli par un amoncellement conique de
cailloux et de quartiers de roches, dus en partie à l'effondrement
d'une ancienne voûte de caverne; l'abîme ainsi ouvert a la
forme d'un entonnoir renversé. Le cône, épais de plus de 400
mètres, a obstrué le lit primitif d'un ruisseau souterrain qui
coule maintenant en dessous à travers les interstices des pierres,
et que l'on peut atteindre en deux points.

« En amont, en effet, est cette grande arcade, ou porte
naturelle, que l'on aperçoit très bien de la surface du sol, quoique
son pied soit à 72 mètres de profondeur, et qui, colossale de
près, n'a pas moins de 25 à 30 mètres de hauteur sur 10 de
largeur. »

Les compagnons de M. Martel le rejoignent. Ils mesurent le
fond du puits, triangulaire plutôt que rond, avec 65 mètres de
diamètre et 210 mètres de pourtour, une profondeur de
54 mètres au sommet du talus et maxima de 75 mètres.

« Descendons sous l'arcade. Un murmure en sort, venant de
bien bas. Il y a de l'eau. Voilà la rivière cherchée! Mais pourrons-
nous la suivre? Dans l'obscure galerie dont ce portail est l'entrée,
un amas d'argile glissante, fendillée et inclinée à 35°, semble
constituer la pente du talus de pierres. Nous y sommes incom-
modés par de nombreuses carcasses d'animaux en décomposition,
tombés ou jetés au gouffre. Quelle horrible odeur! »

Et voilà les explorateurs à la recherche de l'eau, s'enfonçant
toujours davantage « en pleine caverne ». Ils rencontrent un
ruisseau; ils en remontent le cours à plat ventre et à moitié
dans l'eau.

« Cette *galerie du Ruisseau* se recourbe en forme d'S; après
160 mètres de longueur seulement, sa voûte s'abaisse, et tout
se ferme au niveau d'une petite nappe d'eau où naît le courant.
Ainsi, nous avons enfin trouvé, sous terre, l'origine des fontaines qui naissent à l'air libre, la *source des sources*, formée
dans une vasque d'argile, par l'eau de pluie qui suinte des voûtes.

d'une caverne. C'est la solution du problème scientifique que nous nous sommes posé : *de la transformation de la pluie en sources dans l'intérieur des terrains calcaires.* »

Une autre belle exploration de M. Martel est l'Aven de Jean Nouveau, le plus profond, dit-il, comme verticalité absolue, sinon comme creux total. Le fond de cet abîme est à 163 mètres sous terre, à 667 mètres d'altitude et à 582 mètres au-dessus du plus bas niveau de la fontaine de Vaucluse. L'orifice n'a que 5 mètres de diamètre.

« Du pied de l'échelle une faible étoile semblait briller au sommet du puits : c'était le jour, un fragment de ciel discernable par l'étroit orifice, tant est vertical le bel abîme. Il n'y a point de stalactites qui étincellent, point d'eau qui chante, point de dôme géant aux voûtes invisibles, mais l'espace restreint, le sifflement des pierres que détachent les balancements de l'échelle, l'étrange et menue lueur qui filtre de si haut, les carcasses des êtres qui sont venus s'écraser contre ces parois, tout cela fait de Jean Nouveau la plus sinistre des oubliettes; l'impression est si forte, si poignante, que l'on n'est pas trop de deux pour la subir. »

Une région construite sur le même modèle que les Causses, mais avec des proportions bien plus considérables, c'est le Karst, auquel nous avons déjà fait allusion : cette partie de l'ancien Empire Autrichien, que l'on avait surnommée son Arabie Pétrée, le mot Karst, ayant d'ailleurs, à ce que certains disent, une origine celtique et signifiant Pays des Pierres. Elle comprend, entre Trieste et Laybach, l'Istrie septentrionale et la Carniole occidentale et se compose d'immenses plateaux calcaires d'âge crétacé. C'est le Karst proprement dit; mais les mêmes formations et les phénomènes auxquels elle donne lieu: gouffres, pertes et réapparitions de rivières, se continuent plus loin au sud. Ce pays, depuis plus de deux siècles, a été extrêmement étudié, visité, et les grottes d'Adelsberg comptent parmi les merveilles naturelles de l'Europe.

Le Karst morave, au nord-est de Brünn, occupe une région caverneuse, de plus de 100 kilomètres. Explorée dès longtemps, elle a été depuis 1899, étudiée dans la plupart de ses particularités, par le docteur Karl Absolon, qui a publié le résultat de ses recherches en langue tchèque, mais en en donnant un résumé allemand, dont *la Nature* (¹) a reproduit quelques illustrations et auquel M. A.-E. Martel donne les plus grands éloges.

Comme les précédentes, les cavernes de Moravie sont dues au travail de rivières souterraines. L'eau de plusieurs vallées, brusquement fermées par des escarpements, se perd dans des gouffres et reparaît à plusieurs kilomètres de distance par des résurgences, dont la principale donne naissance à la rivière Punkwa.

Le plus important des gouffres d'absorption est la Mazocha, qui mesure 138 mètres de profondeur, 281 mètres de longueur et 126 mètres de largeur à l'orifice. La grotte la plus vaste est celle de Sloup-Sosuvska, « gigantesque ensemble de galeries, ornées de belles concrétions, dômes, gouffres intérieurs et fragments de rivières souterraines de 5 kilomètres de développement total ».

Il y a deux grottes jumelles et parallèles, pratiquées dans les fissures naturelles du calcaire, chacune occupée par un cours d'eau. Tout un labyrinthe de galeries existe entre la Mazocha et la vallée de la Punkwa. A peine sortie de sa grotte, cette rivière se perd de nouveau sur une longueur de 100 mètres, continuant ainsi son œuvre de creusement souterrain, et élaborant un labyrinthe sans cesse approfondi dans une masse calcaire de 200 mètres d'épaisseur moyenne et de 20 kilomètres carrés. A Katharin-Höhle, à l'issue du DürrsThal (*vallée desséchée*) où l'on compte 64 grottes, il y a une salle magnifique, qui renferme une véritable forêt de stalagmites.

Rivières et lacs souterrains. — Parmi les nombreuses rivières souterraines du Karst, les plus importantes sont la Laibach et la Recca. Une des sources de la Laibach est la Piuka ou Poïk, qui a creusé les cavernes d'Adelsberg. Elle naît dans un bas-fond plat, à 549 mètres d'altitude et il lui faut franchir 24 kilomètres de méandres pour arriver à la haute porte de la grotte, à 511 mètres d'altitude. Là, elle s'enfonce dans une avenue tortueuse que l'on suit en bateau sur une longueur de près de 1 kilomètre. Son

(¹) N° du 20 décembre 1913.

ancien lit a donné lieu à une enfilade de salles et de couloirs dirigés vers le nord-est. C'est dans cette partie du labyrinthe d'Adelsberg que se trouve la salle du Calvaire aux innombrables stalactites, dont la longueur déployée des contours est de 2 355 mètres.

On peut suivre du dehors le cours souterrain de la Poïk, grâce aux gouffres immenses qui la sillonnent. L'un d'eux, profond de 65 mètres, le Poïk-Jama, situé à plus de 2 kilomètres au nord de l'entrée de la caverne, permet de descendre jusqu'au bord du torrent. Une fois là, on ne peut aller plus en aval au delà de 250 mètres, en amont au delà de 450 mètres. Il faut revenir par le gouffre. Après un parcours de 9 à 10 kilomètres, la rivière sort de la montagne par une arche cintrée, plus considérable qu'elle n'y était entrée, car elle a reçu un certain nombre d'affluents. On peut, à partir de sa sortie, remonter la Poïk sur une longueur de 3 200 mètres, de sorte que l'on connaît en tout environ 5 kilomètres de son cours, dans ces profondeurs.

La Recca commence au nord de Fiume, sur les confins de la Carniole, de la Croatie et de l'Istrie, et elle a, dit M. Martel, excavé les grottes peut-être les plus gigantesques qui existent. Elle se perd sous une haute arcade, servant de piédestal au village de San Canzian. Comme pour la Poïk, son cours torrentueux est indiqué par une série de gouffres. Deux d'entre eux, les dolines de San Canzian, séparées au sommet par une crête étroite, mesurent ensemble 400 mètres de diamètre.

La Recca est vraisemblablement l'affluent du Timavo, ce beau fleuve qui porte des navires de sa source à son embouchure.

Signalons, à cause de leurs crues terribles, les eaux souterraines du Holl-Loch (le *Trou d'Enfer*), qui ont leur source dans des calcaires fissurés (crétacé supérieur des lapiaz de Silbern-Alp, de Karren-Alp, etc.), dont les points de perte se comptent par milliers, avec des abîmes profonds de 4 à 500 mètres. M. Rahir([1]), qui a étudié ces grottes, presque aussi grandes que celles d'Adelsberg, puisque leurs galeries ont un développement de 9 kilomètres, a assisté à l'une de ces crues qui, après 21 heures

---

([1]) *Mémoires de la Société belge de Géologie*, mai 1905.

d'averses, dépassa 100 mètres de hauteur, fournissant ainsi au réseau des canaux inférieurs de la grotte, une mise en charge de 10 atmosphères. Ces crues peuvent se produire sept heures après les fortes chutes de pluies sur le plateau. Aussi quel travail d'usure ne peuvent manquer de produire de pareilles chasses! Il y a dans toute la caverne d'innombrables marmites de géants qui atteignent 4 et 5 mètres de diamètre. Et que dire à ce propos de géologues qui continuent à penser que la pluie toute seule avec son allure d'aujourd'hui n'a pas suffi au creusement d'un minuscule sillon comme la vallée de la Seine?

Au sud-est d'Adelsberg s'étend le fameux lac de Zirknitz ou de Jessero, dont l'étendue varie avec l'état des crues de 2 100 à 5 600 hectares et qui peut s'emplir en trois jours et se vider en deux semaines. C'est un émissaire de la Poïk. Arago (¹) en a donné une description exacte quant à la géographie, mais à laquelle il a joint la fantaisie du récit de Valvasor, qui visita le lac en 1687 et qui donna sur sa faune des détails qu'aucun naturaliste sérieux n'a pu retrouver. Voyons ce morceau, qui n'est nullement du style des spéléologues modernes :

« Vers le milieu de l'été, si la saison est sèche, le niveau du lac baisse rapidement, et en peu de semaines, il est complètement à sec. Alors, on aperçoit distinctement les ouvertures par lesquelles les eaux se sont retirées, ici verticalement, ailleurs dans une direction latérale, vers les cavernes dont se trouvent criblées les montagnes environnantes. Immédiatement après la retraite des eaux, toute l'étendue de terrain qu'elles couvraient est mise en culture, et au bout d'une couple de mois, les paysans fauchent du foin, là où, quelque temps auparavant, ils pêchaient des tanches et des brochets. Vers la fin de l'automne, après les pluies de cette saison, les eaux reviennent par les mêmes canaux naturels qui leur avaient ouvert un passage au moment de leur disparition. Il suffit même quelquefois d'une abondante pluie d'orage sur les montagnes dont Zirknitz est entouré, pour que le lac souterrain déborde et aille, pendant plusieurs heures, couvrir de ses eaux le terrain supérieur. On a remarqué par ces différentes ouvertures du sol, des différences singulières : les unes

(¹) *Notices scientifiques*, tome III, p. 291, Paris, 1856.

fournissent seulement de l'eau, d'autres donnent passage à de l'eau et à des poissons plus ou moins gros; il en est d'une troisième espèce par lesquelles il sort d'abord quelques canards du lac souterrain. Ces canards, au moment où le flux liquide les fait pour ainsi dire jaillir à la surface de la terre, nagent bien. Ils sont complètement aveugles et presque entièrement nus. La faculté de voir leur vient en peu de temps, mais ce n'est guère qu'au bout de deux ou trois semaines que leurs plumes, toutes noires excepté sur la tête, ont assez poussé pour qu'ils puissent s'envoler. Valvasor prit lui-même un grand nombre de ces canards et des anguilles (*Mustela fluviatilis*) ([1]) qui pesaient de 1 à 2 kilogrammes; des tanches de 3 à 4 kilogrammes; enfin des brochets de 10, de 15 et même de 20 kilogrammes. »

Ce sont autant de lacs de Zirknitz que ceux dont le regretté Yermoloff, ancien ministre de l'agriculture de S. M. Nicolas II, a donné une intéressante description ([2]). Ces lacs sont très nombreux et les plus curieux, au nombre de huit, sont dans les gouvernements d'Olonetz et d'Arkhangel, au midi et au nord-ouest du lac Onéga. Dans la ligne de partage des eaux du bassin de la Baltique et de celui de la Volga, qui est à une altitude de 128 à 170 mètres au-dessus du niveau du lac Onéga, les terrains calcaires sont très développés. Le Dolgozero, le Griaz-noe-Ozero et le Chimozero (*Ozero* veut dire *lac* en russe) communiquent entre eux par des cours d'eau, mais, comme le desséchement et le remplissage de ces lacs n'a pas lieu simulta-nément, le courant change parfois de direction.

Le Griaznoé-Ozero se déverse alors dans le Dolgozero, où l'eau finit par être engloutie par un abîme assez semblable à celui du Chimozero. Ce Chimozero est le déversoir, dans un bas-fond, de la petite rivière de Kondoma, qui découle du Griaznoe-Ozero ; après avoir traversé le Chimozero, et à une distance de 22 kilomètres, elle se termine par un gouffre, appelé la « Fosse Noire », dont la profondeur a été évaluée à 43 mètres.

([1]) C'est le nom employé par Arago ; il faut probablement lire *Murœna*, mais l'his-toire n'en reste pas moins apocryphe.
([2]) *La Nature*, du 30 novembre 1907.

« Dans ce gouffre, qui a la forme d'un entonnoir, l'eau tourne
en tourbillonnant de droite à gauche, dans la direction du mouvement apparent du soleil ; le centre de ce mouvement tour-
noyant ne se trouve pas au milieu du gouffre, mais plus près de
son bord sud-est, et c'est ici que l'on constate sa plus grande
profondeur. Le poisson du lac est entraîné en masse et les
paysans des alentours viennent y pêcher avec leurs filets, qui
seraient aspirés dans les profondeurs, si l'on n'avait soin de les
attacher à un pieu fixé sur le rivage. Le niveau de l'eau dans le
gouffre est très variable selon les saisons et correspond à sa
hauteur dans le lac. Les écarts atteignent 16 mètres et demi, et
l'étiage le plus élevé est généralement constaté au commencement de l'été, le plus bas généralement en automne ; au mois
de novembre, le lac se vide parfois entièrement, sauf le petit
ruisseau qui continue son cours et se déverse dans le gouffre,
formant des rapides et une cataracte finale, dont la hauteur
atteint 30 mètres. La nappe de l'eau que l'on aperçoit au fond du
gouffre est constamment variable : tantôt elle s'abaisse, tantôt
elle s'élève, — « l'abîme respire », disent les habitants du pays
— mais elle conserve toujours son mouvement rotatoire... ; une
série de petits abîmes, entre lesquels on aperçoit de l'eau,
s'étend entre le gouffre de la Fosse Noire et la rivière Megra,
l'un des affluents du lac Onéga.

On suppose que ces abîmes suivent le cours d'une rivière
souterraine. On prétend que des poissons pris dans le Chimozero et remis à l'eau avec des marques spéciales, ont été repêchés
plus tard dans l'Onéga et dans l'Oundozero.

Outre les petits abîmes dont nous venons de parler, il se
produit parfois des irruptions d'eau, des sources apparaissent,
des fontaines commencent à jaillir inopinément, au milieu de
terrains secs jusque-là. »

D'autres lacs ont des desséchements périodiques, complets
chez les uns, partiels chez les autres. Ainsi, dans le bassin de
Biélozero, le lac Koutchozero se dessèche partiellement tous les
trois ou quatre ans ; il lui arrive aussi de se vider entièrement
et alors on a pu percevoir entre les couches de calcaire qui en
forment le fond, deux orifices béants et une série de petites
ouvertures. Le lac Droujino, sur le territoire du gouvernement

voisin de Novgorod, présente aussi des intermittences. D'une
surface de 15 kilomètres carrés, il semble absolument isolé, car
il n'en découle aucun émissaire superficiel. Il se vide tous les
sept ans, parfois tous les trois ans, et quelquefois plusieurs
années de suite. Sa profondeur ne dépasse pas 2 mètres, mais
il a vers ses bords cinq trous ou abîmes dont la profondeur
varie de 9 à 32 mètres, et dont les parois sont presque verticales.

« L'engloutissement de l'eau, dit M. Yermoloff, est très
rapide, le lac se vide en 24 heures. Le poisson dont il abonde
est en partie entraîné dans les profondeurs du gouffre. On croit
que les eaux du Droujino vont alimenter le grand lac Bielo-
Ozèro. Ce lac, dont l'étendue est de 115 kilomètres carrés,
possède, à ce qu'il paraît, ses propres gouffres ou abîmes. L'eau
y tourbillonne perpétuellement en faisant tourner les bateaux
sur eux-mêmes et en entraînant les filets vers le fond avec une
telle violence qu'il est impossible de les en retirer. »

Le milieu du lac Gloukho-Ozero, dans le district de Boro-
vitchi baisse régulièrement pendant sept années consécutives et
reste sec à la fin de la septième, découvrant ses gouffres en
entonnoir. Puis l'eau réapparaît et monte durant sept ans.

Le lac de Zirknitz a des gouffres tantôt absorbants et tantôt
émissifs.

Le lac Siamgo, dans le district d'Onéga, a, sur son bord est,
un gouffre en forme d'entonnoir d'une superficie de près de
900 mètres. La disparition des eaux a lieu régulièrement tous
les quatre ans, vers le commencement du printemps, avant le
dégel. L'eau s'écoule par le gouffre, sous la glace qui la suit,
se rompt et se dépose au fond du lac. Le niveau du peu d'eau
qui reste monte et descend par deux fois dans les vingt-quatre
heures, comme le flux et le reflux de la mer. Ce phénomène n'a
pas reçu d'explication. Le lac Siamgo, qui est à plusieurs centaines de kilomètres de l'Océan, n'en peut subir l'influence. Il
ne reste vide que pendant deux ou trois jours, et l'eau remonte
par le gouffre qui l'a absorbée, plus vite qu'elle ne s'y était
engloutie.

Dans ce même gouvernement d'Olonetz, certaines rivières ont
des changements subits et périodiques dans leur direction. Il en

est qui se mettent à couler d'aval en amont. La rivière Chouya, qui prend naissance dans le lac Oushkozero change de direction au moins quinze fois l'an.

« Ce phénomène se laisse expliquer vu les propriétés caractéristiques du calcaire de la région. Il est en rapport évident avec les sources nombreuses qui se trouvent tant dans le lac Oushkozero, que dans la partie inférieure du cours de la Chouya, dont le débit varie périodiquement. Quand les sources situées au fond du lac tarissent ou que leur niveau faiblit, le niveau du lac descend et la rivière qui en découlait non seulement n'est plus alimentée par ce dernier, mais commence à lui ramener les eaux provenant des sources du long de son cours et surtout de sa partie inférieure. Plus ces sources deviennent actives, à mesure que celles du lac tarissent, plus l'apport de la rivière au lac est grand et quand celui-ci reprend son niveau, le premier ordre de choses se rétablit. »

Ces régions calcaires de la Russie sont parsemées d'accidents qui ont toujours pour cause l'érosion par les eaux. Des lacs disparaissent et ne réapparaissent pas, laissant leur fond crevassé à nu ; des terres s'effondrent, avec leurs arbres et leurs maisons ; des sources se déclarent spontanément, tandis que d'autres cessent d'être. Il y a des lacs, d'une forme toujours arrondie, qui résultent évidemment de l'effondrement du sol dans des cavités souterraines ; tels sont les « entonnoirs d'Oufa ».

Dans le gouvernement de Toula, il y a nombre de lacs, quelquefois très vastes, qui ne sont évidemment que des abîmes, remplis soit par l'émergence des eaux profondes, soit par la fonte des neiges et par les eaux de pluie. Leur profondeur est généralement si grande que les paysans les croient sans fond et en ont une peur superstitieuse.

Parmi les cours d'eau souterrains, il faut citer, à cause de l'illustration religieuse du lieu, ceux qui circulent sous la vallée de Josaphat, l'un des lieux les plus arides, les plus désolés qui soient sous la lumière du ciel d'Orient. Le sol est calcaire et tout percé de grottes, dont les plus nombreuses sont sépulcrales, c'est-à-dire artificielles. La vallée, qui est resserrée entre les hauteurs où s'élevait le Temple, et le mont des Oliviers, fut autrefois un lit de torrent, où l'eau se montre à peine en hiver comme un mince ruisselet. Mais il y a des sources sous ce lieu tragique, et l'on entend parfois gronder les eaux sous terre, près de la porte de Damas, au nord-ouest de Jérusalem. Il y a une source dans la crypte connue sous le nom de Tombeau de la Vierge.

« Plus bas, dit M. P. Sallior ('), près du village de Siloé, une source, qu'on nomme aujourd'hui fontaine de la Vierge et qu'il faut sans doute identifier avec la source biblique de Gichon, se trouve au fond d'une grotte semblable à la crypte de l'Assomption, où l'on descend également par trente marches. Son jaillissement intermittent montre l'irrégularité et la disposition en siphon des conduits qui l'alimentent. Mais ici, le travail antique de captation n'est plus une hypothèse. Il existe en effet un tunnel de 533 mètres de long, par lequel la décharge de cette source se fait vers la fontaine de Siloé. Et cette galerie est rigoureusement datée par une inscription qu'on y a trouvée en 1880 : inscription doublement curieuse, et par la façon animée, pittoresque, vivante dont elle raconte ce grand travail exécuté non sans peine, à coups de mine, avec l'émotion des mineurs cheminant au-devant les uns des autres, lorsque le bruit des coups sur le rocher les a avertis qu'ils allaient se rencontrer : intéressante aussi parce qu'elle est la plus ancienne en caractères hébraïques que l'on connaisse jusqu'ici. D'après cette inscription, qui est au musée de Constantinople, ce travail date d'Ezéchias. » La fontaine de Job, au confluent de la vallée de Hinnom, a un niveau des plus variables, comme il est naturel avec cette circulation souterraine dans les fissures du calcaire.

Reproduction expérimentale des puits naturels. — J'ai trouvé de l'intérêt à reproduire au laboratoire, des *puits naturels* et des *causses* en miniature.

Un dé de calcaire a été soumis à l'action d'un filet d'eau très faiblement acidulée (par l'acide chlorhydrique) tombant sur le milieu de sa face supérieure. Une cavité verticale s'est produite et avant qu'elle n'atteignît la face inférieure, on a scié le dé suivant un plan passant par l'axe de la cavité et on a dessiné

('') *La Nature*, du 30 mars 1907.

l'une de ses moitiés. La forme obtenue (fig. 18) est identique à
celle d'une foule d'accidents naturels parmi lesquels figurent de
nombreux gouffres et avens des causses, tels que ceux du Creux-
percé (Côte-d'Or) et de Rouveyrols (Ardèche) ; pareil aussi aux
poches où l'on exploite plusieurs substances utiles telles que la
bauxite (minerai d'aluminium),
le minerai de fer en grains et le
phosphate de chaux.

Ajoutons que ces précieuses
substances se sont accumulées
dans les cavités qu'elles remplissent, au fur et à mesure que
celles-ci étaient creusées, ce qui
revient à dire qu'elles constituent, soit un résidu de la dissolution du calcaire encaissant, soit
le produit d'une double décomposition entre ce calcaire et un
liquide corrosif de constitution
convenable.

Le premier cas est réalisé par
les gîtes de sable phosphaté de
Beauval et de Ciply ; l'autre par
les gîtes de fer en grains, par
ceux de bauxite ou de phospho-

Fig. 18. — Imitation expérimentale des
ravinements souterrains réalisés par
l'infiltration dans le sol des eaux de
ruissellement. Cas de deux assises avec
diastrome interposé : ruisseau superficiel
avec ses méandres ; aven (ou gouffre
dans lequel il se précipite) ; rivière
souterraine ouvrant des cavernes dont
le toit a été partiellement supprimé
pour laisser voir le phénomène. (D'après
la *Géologie expérimentale* de Stanislas
Meunier, 2ᵉ édition, Paris...).

rite du Quercy. De très nombreuses expériences poursuivies
pendant des années, à mon laboratoire du Muséum, ne laissent
plus subsister aucun doute à cet égard, et c'est avec la même
assurance qu'on peut affirmer que les cavités creusées par des
eaux ascendantes sont, non plus en entonnoirs, mais en éteignoirs, et cette remarque présente également beaucoup d'intérêt
et s'applique même à l'histoire des causses, comme on va le voir.

Tout d'abord, quand on attaque un dé de calcaire par un jet
ascendant d'eau acidulée venant frapper le milieu de sa face
inférieure, on obtient une cavité conique à pointe supérieure,
dont la figure montre la coupe axiale. Or, de pareilles formes se
présentent dans la nature, dans des localités où le sens de la
corrosion des eaux ne saurait être douteux.

Je mentionnerai d'abord des corrosions observées sur les pierres de revêtement du *Puisard romain* de Bourbonne-les-Bains dans la Haute-Marne, dont la vue suffirait pour lever tous les doutes. Un autre exemple plus frappant encore a été procuré par l'étude des antiques mines du Laurium, près d'Athènes, dont on a repris l'exploitation, interrompue depuis les anciens Grecs. Les coupes relevées dans ces gisements intéressants font voir que les eaux, amenant des profondeurs des composés métalliques, ont attaqué des bancs de calcaire, dans des situations fort diverses suivant les points ; parfois, elles se sont épandues sur les strates rocheuses et les ont attaquées de haut en bas. Dans ce cas, les puits incrustés de minerai ont la forme en entonnoir conforme à la figure 18 ; parfois aussi, elles se sont insinuées sous les couches calcaires, soutenues par un lit imperméable de schiste : alors, elles les ont corrodées de bas en haut, grâce à leur force de jaillissement et les cavités, où la galène s'est accumulée, sont en éteignoirs.

Bien souvent les avens s'établissent le long des cassures et fréquemment à l'entrecroisement de plusieurs de celles-ci. Il en résulte que le liquide corrosif, au lieu de séjourner dans le puits qui se creuse, s'échappe constamment par en bas ; et cette nouvelle condition suffit à tout changer. La figure 18 représente aussi une expérience inspirée par la circonstance dont il s'agit. Une dalle de calcaire, placée horizontalement, étant réduite, à coups de masse, en trois ou quatre fragments par deux fissures verticales se recoupant mutuellement, on rapproche les débris et on dirige sur la ligne d'intersection des fissures, un courant d'eau acidulée. La dalle est soutenue de façon que le liquide corrosif, après avoir circulé dans toute l'épaisseur de la pierre, s'écoule sans difficulté.

Après quelques jours de ce régime, on trouve le calcaire traversé par un conduit vertical dont tous les détails de forme coïncident avec ceux qui ont été décrits dans les avens des Causses, et dans les gouffres d'autres régions calcaires. Au commencement, quand la circulation de l'eau est difficile dans la fissure étroite, le conduit est plus large en haut qu'en bas : il est en entonnoir. Mais, quand il a acquis une certaine largeur et que le liquide s'y déplace facilement, on voit le diamètre infé-

rieur gagner très rapidement. Bientôt l'ensemble a la forme de
deux cônes réunis par leur sommet, la forme en *sablier* ; le cône
inférieur gagne en hauteur peu à peu au détriment du cône
supérieur et, à la fin, on passe à l'éteignoir. La figure 18 montre
le résultat obtenu. On peut y voir en même temps sur la dalle
monolithe placée sous les fragments un sillon horizontal creusé
par l'eau acidulée et qui reproduit dans tous ses caractères le
cours souterrain des rivières, c'est-à-dire les cavernes. Toujours
dans la figure, on a dessiné des résultats obtenus entre des séries
d'autres. Un bloc de calcaire a été fendu en deux, ses moitiés
rapprochées l'une de l'autre et étalées sur une table bien plus
large et non fissurée inclinée plus ou moins à l'horizon. Du côté
d'amont, on fait arriver plus ou moins horizontalement dans le
plan de la fissure, un peu d'eau acidulée. Au bout d'un certain
temps, on voit la *faille* élargie sous forme de vraie caverne et la
grande dalle se creuse d'un sillon qui se prolonge dans la partie
découverte de façon à imiter un vrai *canion,* comme disent les
Américains.

Cet échantillon offre le grand intérêt de justifier l'analogie,
depuis longtemps proclamée, des gorges de montagnes comme
celles du Fier, du Trient, de la Tamina, avec les cavernes et qui
sont, en effet, selon l'heureuse expression de Desnoyers, des
cavernes à ciel ouvert.

Les sources. — Nous venons de voir comment les eaux de la
pluie se collectent dans les profondeurs du sol. Nous allons considérer un moment comment elles en sortent en fontaines et
grosses sources. Et nous mettrons ce paragraphe en quelque
sorte sous le patronage de Bernard Palissy, qui nous a déjà
montré la pluie s'emmagasinant :

« Et les dittes eaux tombantes sur les dittes montaignes au travers des terres et fentes descendent tousiours, iusques à ce
qu'elles ayent trouué quelque lieu formé de pierre ou rochier
bien contigu ou condensé ; et lorsqu'elles se reposent sur un tel
fond, elles sortent en fonteines ou en ruisseaux et fleuues, selon
que l'ouuerture et les receptacles sont grands : et d'autant qu'une
telle source ne peut se ieter (contre sa nature) aux montaignes,
elle descend aux vallées. Et combien que les commencements

desdittes sources venant des montaignes ne soient guère grands,
il leur vient du secours de toutes parts, pour les agrandir et
augmenter, et singulièrement des terres et montaignes, qui sont
à dextre et à senestre des dittes sources. »

Alors qu'une eau abondante circule sous terre, la surface, nous
l'avons vu, reste bien souvent aride. Comment reprendre le trésor
qui se dérobe? Les hommes de tout temps s'y sont ingéniés.
Sans nous arrêter à la méthode empirique de la baguette divina-
toire qui, dans des mains expérimentées, obtient des manières
de résultats, nous emprunterons quelques lignes à l'abbé Paramelle, une sorte de Palissy moderne, — sans les rustiques figu-
lines, — qui a fait de si remarquables explorations hydrologiques
et qui ne procédaient que de la seule observation de la nature
par une intelligence convenablement adaptée.

« La géognosie, dit-il (¹), qui a pour objet de faire connaître,
non seulement les terrains qui sont à découvert, mais encore ceux
qui sont cachés, me parut, il y a trente-quatre ans, être la science
la plus propre à fournir des lumières sur les cours d'eau souterrains... J'employai neuf ans à étudier les terrains, et à
recueillir les nombreuses observations qu'on verra dans le cours
de ce traité... L'hydrographie souterraine, entièrement subordonnée au gisement et à la constitution des dépôts terrestres,
présente les mêmes anomalies et les mêmes exceptions que les
terrains. La connaissance des cours d'eau, tant visibles que souterrains, offre des lois générales qui sont incontestables dans la
presque totalité des cas.

« Les quelques exceptions qui peuvent être opposées dans une
localité ou dans l'autre, n'empêchent pas que les lois générales
qui ont été posées, d'après l'universalité des faits, ne soient des
règles assez sûres pour diriger l'hydroscope dans ses recherches
et le faire réussir dans la très grande majorité des tentatives.

« La tâche que j'entrepris, il y a vingt-huit ans, de fournir
au public une théorie raisonnée sur l'art de découvrir les sources,
aurait dû naturellement être remplie par quelque géologue
profond, et n'être pas laissée à un pauvre succursaliste de campagne, qui n'avait pas assez de livres pour étudier les terrains à

(¹) *L'art de découvrir les sources*, in-8, Paris, 1856.

fond, ni assez de temps pour les explorer au loin, ni à sa portée
des hommes assez instruits pour l'aider de leurs conseils... Malgré
tous ces motifs de découragement et le ridicule universel qui
m'attendait en cas d'insuccès, profondément ému des maux sans
nombre que la disette d'eau causait tous les ans dans le département du Lot, je consultai d'abord les plus grands livres qu'il
me fut possible pour tâcher d'y trouver quelque moyen de découvrir les sources; mais ce fut inutilement... Ce que je recueillis
de plus positif, ce fut la conviction qu'aucun de ces hydrographes
ne s'était donné la peine d'aller parcourir les terrains sur de
grandes étendues, dans le but de reconnaître la présence des
sources; qu'ils s'étaient bornés à se copier les uns les autres, ou
à bâtir des systèmes plus ou moins invraisemblables sur leur
origine. Voyant donc que personne n'avait rien écrit de satis-
faisant sur cette matière, et que cette science était encore à créer,
je me sentis porté à faire au moins tout ce que je pourrais pour
essayer d'y poser quelques jalons. Bien que l'entreprise fût de
beaucoup au-dessus de mes forces, me souvenant que l'importance d'une découverte ne se mesure pas sur la capacité de son
auteur, je résolus d'étudier l'hydrographie souterraine sur le
terrain même, d'y recueillir le plus grand nombre possible de
faits, de les coordonner et de voir s'ils seraient concordants ou
non. Lorsqu'après plusieurs années de courses et d'observations,
je tombai heureusement sur la bonne voie et que je me fus assuré
par l'examen de plusieurs milliers de localités, que les sources
se forment, marchent sous terre et en sortent dans des circonstances de terrain à peu près identiques, j'eus la certitude que
j'avais travaillé sur un bon plan, et j'espérai que l'hydroscopie
pourrait enfin passer dans le domaine des sciences naturelles et
rationnelles. »

Et le bon abbé pendant vingt-cinq ans expérimenta sa théorie
dans plus de trente mille localités, situées dans quarante dépar-
tements. Il en vint à désigner de loin certaines sources et à
déterminer leur volume, à décrire le revers des montagnes et
des collines dont il ne voyait qu'un côté.

Les populations rurales, auxquelles il rendait tant de services,
le prenaient pour un sorcier. Il était toujours accompagné dans
ses explorations d'un grand nombre de curieux. Ces gens naïfs

n'avaient pas lu son livre, car ceux pour qui fut écrit *l'Art de découvrir les Sources* étaient depuis longtemps convaincus que l'auteur n'était qu'un excellent géologue doublé d'un homme de bien.

Entre autre exemples de ses procédés, voici comment l'abbé Paramelle détermine la profondeur d'une source située dans un vallon :

« Les fonds de presque tous les vallons étant comblés de terrains de transport, excepté dans les étranglements, et des milliers d'expériences m'ayant montré que la ligne d'intersection des deux coteaux est généralement la plus grande profondeur à laquelle la source puisse se trouver sous ces encombrements, on détermine, par les moyens qui ont été indiqués, le point du thalweg où l'on veut placer la fouille, et l'on y plante un jalon ; on mesure la distance qu'il y a entre ce jalon et le pied d'un des coteaux ; on nivelle ce coteau pour connaître sa hauteur et la distance horizontale qu'il y a entre sa corniche et une ligne verticale qui s'élèverait du pied du coteau. Cette hauteur et cette distance se composent des hauteurs et distances partielles qu'on a trouvées dans des stations de nivellement. L'opération terminée, on établit la proportion suivante :

« La distance AB, qu'il y a entre la corniche et la ligne verticale qui part du pied du coteau est à la hauteur BC du coteau, comme la distance horizontale CD, qu'il y a entre le pied du coteau et le point où l'on veut creuser, est à la profondeur DX de la source. Ainsi, AB : BC : : CD : DX. Et multipliant la hauteur BC par la distance CD, et divisant le produit par la distance AB, on trouvera au quotient la profondeur qu'il y a depuis D jusqu'à X, qui est le point où coule la source. »

Puits artésiens. — Les plus frappantes des sources provoquées sont les puits artésiens. Celui de Grenelle est le résultat de données précises de la géologie, le triomphe de la méthode scientifique.

Les premiers auteurs de la Carte géologique de France, Elie de Beaumont et Dufrénoy, avaient démontré que Paris est sensiblement établi au centre d'une énorme masse de couches relevées sur leur pourtour et emboîtées les unes dans les autres comme des cuvettes empilées. Qu'on aille de Paris à l'Est ou de Paris à l'Ouest, on retrouve successivement l'affleurement des mêmes couches, dans le même ordre et plongeant toutes sous Paris.

Certaines roches étant impénétrables aux eaux de pluie, tandis que d'autres se laissent imbiber, l'ensemble de ces terrains comprend un certain nombre de *nappes aquifères*, dont le régime fixa l'attention. Ainsi quand, arrivant de la Sarthe, vers le Mans, on quitte les terrains vraiment crayeux pour passer plus à l'Ouest aux couches argileuses qui recouvrent le terrain jurassique, on foule aux pieds une couche continue de sable verdâtre très perméable, pincée entre deux masses tout à fait étanches : l'eau des pluies, bue par le sable, glissant selon le plongement des assises, s'engouffre vers l'Est à la rencontre d'un courant semblable que l'affleurement oriental des mêmes sables a reçu en Champagne et dans les Ardennes, vers Saint-Dizier et Vouziers. Par suite de l'inclinaison générale du sol, cette eau souterraine trouve un écoulement vers le N.-O., mais pendant son trajet, elle exerce de bas en haut sur la roche qui la recouvre une pression exactement réglée en chaque point par sa profondeur.

Les coupes géologiques du Maine, rapprochées, d'après les angles du plongement, des coupes géologiques de la Champagne indiquaient que sous Paris, c'est à une distance verticale d'environ 540 mètres, que devait passer la nappe d'eau, et le sol de Grenelle étant bien moins haut que les surfaces d'alimentation du Mans et de Saint-Dizier, si une issue était offerte à l'eau, on savait, d'après les expériences qui concernent l'*équilibre mobile* des liquides et sur lequel est fondé l'établissement des jets d'eau, que l'eau s'élancerait en l'air.

Il n'y avait aucune place pour l'imprévu. Le 28 septembre 1832, le Conseil municipal décida que des forages artésiens seraient établis dans la ville. Le 15 novembre 1833, après des hésitations, on choisit comme favorable l'abattoir de Grenelle, et le 29 du même mois, le travail commença. Entravé par une série d'accidents, il ne fut terminé que le 26 février 1841.

Durant cette longue période de sept années, les savants et le public suivirent avec une véritable anxiété les lents progrès de la sonde. Les prophètes de malheur avaient beau jeu, et Arago, qui raconte l'histoire du puits, leur dit sévèrement leur fait.

« A 545^m,19, raconte Arago, on fut obligé d'employer un ciseau ;
il entra par des mouvements de pression et de rotation continues
pendant cinq heures, de o^m,41. Une cuiller à soupape, mise
ensuite, ne descendit plus bas que de o^m,o3. C'est dans cet outil
qu'on trouva de gros grains de quartz, empâtés dans de l'argile
verdâtre avec des fragments de chaux phosphatée et des pyrites de
fer. Une deuxième manœuvre du même instrument descendit
de o^m,o5 seulement et rapporta également de gros grains quartzeux.

« L'avant-dernière cuiller entra de o^m,28 et remonta pleine.
Sa partie inférieure contenait du sable vert très argileux, qui
vint faire renaître l'espérance un moment refroidie par cette
longue série de bancs d'argile. On touchait presque au but ;
aussi le lendemain, bien avant six heures, maîtres et ouvriers
étaient à leur poste. La cuiller, qui fut montée en 3 heures 45
minutes, vint de nouveau confirmer les prévisions de la veille.
On ne peut peindre le bonheur qu'éprouvèrent tous les assistants
quand il fut constaté que la sonde avait rapporté le sable vert si
impatiemment attendu!

« On se hâta de redescendre la cuiller sans que personne voulût
pour aucun motif consentir à s'éloigner du chantier de travail.
Au bout de deux heures, l'outil était arrivé au fond du puits ; il
tourna d'abord assez librement et entra de o^m,5o ; c'était bon
signe. Comme la sonde était un peu plus dure à tourner, on la
dégagea en l'enlevant de o^m,65, et l'on frappa légèrement au
frein : cette secousse fit entrer la cuiller de o^m,1o. Les chevaux
éprouvèrent d'abord de la résistance et, après, une violente
secousse, qui ébranla tout l'atelier. « La sonde est cassée ou nous
avons de l'eau », dit alors le directeur du travail. Comme il des-
cendait dans l'excavation pratiquée pour la manœuvre de la
sonde, afin de voir si le niveau de l'eau était plus rapproché du
sol, un sifflement se fit entendre et l'eau jaillit avec force au-
dessus de l'encliquetage. »

Le nom d'artésiens donné à ces puits forés jusqu'à la rencontre
de la nappe aquifère, vient de l'Artois, où l'on en rencontre un,
à Lillers, qui date de 1126.

Lorsqu'ils sont suffisamment profonds, les eaux sont chaudes.
A Cannstadt, il y a des piscines alimentées par de l'eau artésienne

et dans lesquelles on peut se livrer en hiver au plaisir de la natation. Arago avait émis le projet que l'eau du puits de Grenelle, qui est à 28°, fût appelée à chauffer, au moins partiellement, avant de la livrer par un système de conduites à la consommation parisienne ([1]). Il y a à Pesth un puits artésien de 951 mètres de profondeur qui donne par jour 800 mètres cubes d'eau à 70°. Souvent ces eaux sont fortement minéralisées. Un trou de sonde pratiqué à Montrond (Loire) a donné des torrents d'eau poussée par d'immenses quantités d'acide carbonique. Cette eau, exploitée par le commerce, est très analogue à celle de Saint-Galmier. L'histoire des mines fournit quantité d'exemples de jaillissements d'eaux chaudes et minéralisées.

La première conception des puits artésiens les a fait rapprocher des petits appareils de physique connus, dans les laboratoires, sous le nom de *vases communicants*. Ces appareils servent, comme on sait, à démontrer que si des réservoirs contenant un même liquide sont en communication par leur partie inférieure, le niveau dans tous s'établit rigoureusement sur le même plan horizontal, quels que soient le volume et la forme de chacun d'eux. Si, sur le canal inférieur réunissant deux de ces réservoirs, on établit une tubulure verticale de quelque diamètre et de quelque forme qu'elle soit, le liquide s'y élancera pour s'arrêter encore au niveau commun des récipients.

Cela posé, on a établi, à la suite de Ch. Delaunay ([2]), la théorie des puits artésiens en s'appuyant sur le principe précédent : on a considéré qu'étant donnée une couche souterraine saturée d'eau d'infiltration et comprise entre deux assises imperméables infléchies comme elles, l'eau contenue dans cette couche devait tendre à prendre le niveau même du point d'alimentation. Dès lors, un forage artésien établi en cette couche devait donner lieu à un jaillissement atteignant ce niveau.

Or, l'expérience n'a jamais confirmé cette vue théorique ; et non seulement le jaillissement n'a jamais atteint le niveau prévu

---

([1]) Arago, *Notice sur les puits forés*, t. VI, p. 263 à 480 des *OEuvres complètes*, in-8, Paris, 1856.

([2]) *Cours élémentaire de mécanique*, p. 436. Un vol. in-8, Paris, 1851.

(ce qu'on expliquait par des résistances de divers genres), mais encore la hauteur du jaillissement n'est jamais la même pour les divers forages exécutés sur une même nappe souterraine. On reconnaît que cette hauteur va en diminuant régulièrement dans certaines directions suivant les traits mêmes de la constitution géologique et que, par exemple, le jaillissement en deux points inégalement distants est moins haut dans l'un que dans l'autre.

On a dû en conclure que la divergence vient tout entière de ce que le phénomène artésien n'est point comparable à celui des vases communicants, qui est du domaine de l'hydrostatique, et qu'il en diffère justement parce que les nappes souterraines sont en mouvement continu, de telle sorte que leur étude relève de l'hydrodynamique.

La coupe théorique doit être faite conformément à cette considération. On y distinguera les trois niveaux supposés 2, 3 et 4, dont le moyen est perméable et supposé saturé d'eau. La pente générale indiquant le sens de la circulation de la nappe qui va par exemple de droite à gauche, on constatera que les sondages voisins, situés à des distances inégales du point d'alimentation, donnent lieu à des jaillissements atteignant un plan, non horizontal, mais parallèle à la nappe en mouvement.

Aucune démonstration de l'état circulatoire des eaux souterraines ne saurait être plus éloquente ([1]).

Sources jaillissantes. — Ajoutons qu'il y a un grand nombre de sources naturelles jaillissantes.

D'après Fournet ([2]), la source de la Bèze (Côte-d'Or), située à quelques pas du village de Bèze, au pied d'un coteau, jaillissait avant 1680, d'un creux dont la profondeur était insondable. En temps de pluie, son impétuosité était telle que ses eaux claires s'élevaient en colonne verticale de 2 mètres de diamètre jusqu'à près de 7 mètres de hauteur. Par suite des travaux d'élargissement de son orifice, elle ne produit plus que des bouillons très prononcés : des déblais accumulés, en aval de son ouverture, l'ont encore forcée à pratiquer de nombreuses issues au pied du

([1]) Stanislas Meunier, *Géologie*. Un vol. in-8, Paris, 1908.
([2]) *Hydrographie souterraine*, in-8, Lyon, 1861.

rocher qui s'étend sur la rive droite de son cours. Ces dégradations ne l'empêchent pas de rester au rang des plus belles fontaines de l'Europe. Versant immédiatement une nappe de plus de 10 mètres de largeur, elle forme une rivière qui se rend à la Saône, et l'on attribue à l'épuisement causé par son débit l'absence complète de sources dans les territoires voisins.

Comme source jaillissant directement à la suite de pluies, on peut citer aussi la source située près de l'ancien château de Male-Mort, en Dauphiné, qui saute de 7 à 8 mètres de hauteur et va frapper la voûte de la grotte qui la renferme.

Le *Jet d'eau naturel*, dans la commune de Chatagna (Jura) s'élance, durant l'hiver, à la hauteur de 3 à 4 mètres, tandis que l'été, il ne sort de l'orifice qu'un simple courant d'air.

Sources vauclusiennes. — La fontaine de Vaucluse, d'où jaillit la Sorgue, et qui a donné son nom à toute une catégorie de sources, est célèbre depuis plus de six cents ans.

Pétrarque, l'ayant vue étant encore enfant, en conserva un tel souvenir qu'il y revint plus tard pour y vivre. Il s'installa dans une petite maison, au pied du roc qui supporte les ruines d'un château appartenant alors à l'évêque de Cavaillon, le cardinal Philippe de Cabassole, qui mérita de devenir son ami. C'est dans cette retraite qu'il composa ses sonnets.

« Chanson, si quelqu'un voulait savoir ce que je fais, tu peux dire : il habite sous un grand rocher, dans une vallée close, d'où sort la Sorgue...

« Non, le Tessin, le Pô, le Var, l'Arno, l'Adige, le Tibre, l'Euphrate, le Tigre, le Nil, l'Hermus, l'Indus et la mer qui l'entoure, le Rhône, l'Ebre, le Rhin, la Seine, l'Albia, l'Ero, l'Ebre ;

« Non, le lierre, le sapin, le hêtre ou le genévrier, ne pourraient apaiser le feu qui consume mon triste cœur, comme le beau ruisseau qui pleure sans cesse avec moi, comme l'arbuste que je célèbre et que je pare dans mes rimes. »

La rivière, sortie de la fontaine, gardait alors toute sa pureté sauvage. Tout au plus les habitants du village fouillaient-ils ses eaux pour leur prendre les truites et les écrevisses renommées, que les touristes apprécient encore. Mais aujourd'hui, la

Sorgue travaille ; plusieurs usines lui demandent de mettre en mouvement leurs machines, de laver leurs produits.

C'est d'abord ce que l'on aperçoit lorsqu'avec des idées recueillies, on vient pour faire le pèlerinage de la source. On est bien un peu désappointé. Cependant, on admire l'abondance du flot qui, à peine sorti de terre, est déjà une belle rivière aux eaux calmes reflétant le ciel entre deux interminables rangées de platanes.

On dépasse les fabriques, que l'on oublie, et par un petit sentier on suit la rive. Le lit de la Sorgue est maintenant un chaos de gros blocs ; l'eau s'éparpille entre les pierres où elle cascade avec bruit. On est bien dans le *Val Clos*. Des murailles de 200 mètres, ardentes sous le soleil, s'étendent en cirque autour de la rivière. On devine qu'on arrive à ce qu'on appelle dans les Alpes, un *Bout du Monde*, et qu'il n'y a pour le retour d'autre chemin que celui de l'aller. La végétation du Midi, assez maigre, vient prendre sur les pierres un peu de terre : quelques figuiers, quelques oliviers, des herbes roussies qui sentent bon. Tout à coup, la Sorgue disparaît de son lit ; les pierres sont sèches ; des broussailles y poussent. C'est que les eaux sont basses et qu'à force de monter, on s'est élevé au-dessus de leur niveau. Enfin, voici, tout proche le grand mur du fond : déjà l'on aperçoit, creusée dans ses flancs, une voûte à laquelle on prête des aspects religieux : c'est la grotte de la source. Elle est profonde et mystérieuse ; l'eau verte, limpide, n'y tient que peu de place ; pour la voir de plus près, on commence à descendre la pente raide de la caverne. La pureté de l'eau est telle qu'on peut distinguer le conduit par où elle s'échappe des profondeurs. Il est étroit. Cependant, on l'a exploré en scaphandre, mais sans en trouver le fond.

Le flot de la fontaine peut atteindre, en temps de crue, le volume de 120 mètres par seconde. Il s'élève d'abord lentement du fond de la caverne : mais parvenu au seuil du rocher qui lui sert de déversoir et où il trouve un lit incliné de 15 centimètres, il prend une vitesse vertigineuse, se brisant furieusement contre les rochers, couvrant ses rives d'une poussière humide, emplissant le Val Clos d'un bruit de tempête. Une fois dans la région des usines, la rivière, quoique si grosse, reprend son calme, pour irriguer 2 000 hectares de terre, avant de se jeter dans le Rhône. Le débit minimum de la fontaine est de 5 mètres 1/2 par seconde, et en étiage ordinaire, de 8 mètres. Sa température est de 12 à 14 degrés.

Les eaux de Vaucluse sont celles de la pluie qu'ont laissé perdre le mont Ventoux et la montagne de Lure. L'altitude des avens est en moyenne de 700 mètres, celle de la fontaine de 105 mètres. On voudrait qu'elle eût un débit régulier, car lorsque les eaux sont basses, les usines chôment. Il faudrait canaliser ces richesses, explorer les cavernes, peut-être vastes comme celles de la Carniole, que le massif contient dans ses flancs. On y trouverait une Sorgue souterraine, « dix fois plus étendue que la Sorgue extérieure », dit l'un des nombreux hydrauliciens qui ont étudié la question. « Il y aurait là une réserve d'eau assez considérable pour fournir, en temps de sécheresse prolongée, plus de 500 000 mètres cubes d'eau par jour. Mais l'exploration n'a pu être faite encore de ce cours d'eau vraisemblablement énorme et les travaux envisagés ne sont peut-être pas possibles. Peut-être aussi ne seraient-ils pas sans danger pour la source, telle que la Nature nous l'a donnée. »

Bien d'autres sources sont du même type que celle de Vaucluse. Telle est, non loin d'elle, celle de Nîmes dont les eaux lui viennent à travers les couches calcaires d'une colline de 70 mètres de hauteur, sur laquelle se dresse la tour Magne. Ces eaux alimentaient, pour les Romains, des bains publics dont les ruines furent recouvertes au temps de Louis XIV par des bassins dans le style de Versailles. Les restes du temple de Diane se voient encore à gauche du grand bassin.

Fournet([1]) nous donne la description du Lizon et du Sarrasin, qui sortent de rochers au fond d'une gorge au S.-E. de Salins. Comme ils se troublent et croissent en même temps, on en a conclu que leurs réservoirs sont en communication, malgré la différence du niveau des points d'émergence. Pendant les basses eaux, on peut pénétrer dans la grotte majestueuse du Lizon. Les ruisseaux du Crouzet, de Migette, ainsi que les eaux du marais de Villeneuve (Doubs) se précipitent dans

---

([1]) *Hydrographie souterraine*, loc. cit.

l'entonnoir dit le Puits-Billard, situé en arrière et au-dessus des rochers de la source du Lizon. Dans les grandes crues, l'ensemble devient un torrent furieux, tombant de plus de 100 mètres de hauteur : le Puits-Billard pourtant le reçoit tout entier et le conduit à la source, par un canal intérieur de 400 mètres de longueur.

À 7 mètres au-dessus de l'Ain, et à peu de distance de ses bords, est un vaste puits, ayant la forme d'un cône renversé, de 23 mètres de large, d'où l'eau s'élève en masse. C'est la fontaine de Sirod, ou le Torrent Perpétuel, parce qu'elle fournit toute l'année la même quantité d'eau.

Non loin de là, la source de l'Ain lance en bouillonnant hors de son profond orifice elliptique, une si grande masse d'eau que la rivière pourrait être flottable dès sa naissance sans les rochers qui encombrent son lit.

« La mare du grand Saz, dit encore Fournet, est sur le territoire de Servin (Doubs), un abîme à peu près circulaire, d'environ 300 mètres de circonférence, bordé de rochers et sans fond connu. Les cadavres des personnes qui s'y sont noyées n'ont jamais reparu, et les plongeurs descendus dans ce gouffre en sont revenus assurant qu'il y aurait danger à s'engager dans ses anfractuosités latérales. Cette mare est d'ailleurs dépourvue de tout écoulement visible, tant vers le haut que vers le bas. Par contre, elle est sujette à des crues subites d'environ 0^{m},33, que ses eaux ne dépassent point. Un équilibre temporaire s'établissant alors, il faut croire que l'augmentation de la pression force le liquide à fuir par quelques crevasses, trop minimes pour donner naissance à un jet quelconque. Au surplus, cette espèce de lac est encore remarquable par la présence d'un amas de tourbe couvert d'herbes, de joncs, de quelques saules et sur lequel on peut s'aventurer. C'est donc une véritable île flottante, sujette à se déplacer au gré des vents, comme d'autres productions du même genre, qui existaient autrefois sur les marécages de Clairmarais, près de Saint-Omer, et comme celles dont on signale la présence également dans le Mexique. »

Le Creux-Gena, près de Porrentruy, fait entendre un beuglement prolongé, lorsque, dans une crue, les eaux expulsent violemment l'air des canaux.

On pourrait multiplier ces citations, car il y a des sources vauclusiennes dans toutes les parties du monde. Disons, pour finir, un mot de celle que le duc de Luynes rencontra près de Beyrouth et qui donne naissance à un affluent du Lycus. « La ressemblance, dit-il, est frappante avec la fontaine de Vaucluse, avec cette différence qu'au lieu de surgir du fond de la vallée et dans la ligne de son axe, la source sort des rochers de la rive droite et se précipite dans le lit du torrent, qui descend en serpentant dans une gorge boisée et rocailleuse. Les montagnes sont calcaires, d'une matière compacte en général, rude au toucher, grise d'aspect, pénétrée de fossiles, principalement de natices. La source que nous avions devant nous s'élance d'une caverne d'environ 2 mètres de hauteur, peu profonde, colorée en jaunâtre et où la lumière pénètre faiblement. Les eaux, d'un vert glauque, émergent du fond, impétueusement et à grand bruit : leur chute dans le lit du torrent voisin est de 2 à 3 mètres (¹). »

Les trois sources du Jourdain sont également vauclusiennes.

Les réapparitions de rivières. — Nous avons vu des rivières entières s'enfoncer dans les cavernes ; elles en ressortent grossies de tous les affluents souterrains. Il y a de ces accidents dans tous les pays au sol profondément fissuré. Dans certaines parties de la Grèce, les chaînons montagneux sont emboîtés de manière à constituer des bassins complètement fermés dans lesquels les eaux qui s'y réunissent formeraient autant de lacs, si les katavothres ne les engloutissaient ; en cas d'obstruction de ces gouffres, il y a inondation du vallon.

Les eaux reparaissent plus loin, pour s'écouler en rivières. La France nous fournit bien des exemples analogues. Ainsi, l'Orbe, qui coule dans la vallée de Joux, à l'altitude de 1024 mètres, y constitue trois lacs : le lac des Rousses, le lac de Joux et le lac des Brenets. Celui-ci n'a aucun écoulement apparent : ses eaux trouvent une issue souterraine au travers des joints verticaux des rochers, dans lesquels elles pénètrent par

---

(¹) *Voyage d'exploration à la mer Morte, à Pétra et sur la rive gauche du Jourdain* (Œuvre posthume).

un entonnoir naturel et par plusieurs canaux creusés de main d'homme. L'eau s'élance dans ces gouffres avec tant de violence qu'il suffit d'appliquer l'oreille contre certaines parties des parois verticales pour en entendre le mugissement. L'eau revient au jour, à 220 mètres plus bas, en formant immédiatement une rivière de 5 mètres de largeur sur 1^m,30 de profondeur. On peut pénétrer assez loin dans les vastes excavations de cette nouvelle source ([1]).

Plusieurs cours d'eau devenus souterrains, après avoir été absorbés par les entonnoirs des plateaux et des vallons supérieurs du canton de Levier et des versants S.-O. des cantons de Pontarlier et de Mouthe, sont les sources de la Loue, qui sort en bondissant d'une caverne dont la profondeur est inconnue, car il est difficile d'y pénétrer à cause de l'abondance des eaux. La rivière tombe de là avec fracas sur des rochers, en formant trois magnifiques cascades, avant d'arriver au fond de la vallée, où des usines l'utilisent.

La source du Loiret, qui surgit dans le val d'Orléans en un grand lac n'ayant aucune alimentation superficielle, n'est qu'une réapparition au jour d'une partie des sources de la Loire, dérivée, à partir de Bouteille, par des canaux souterrains.

Les sources de la Touvre sont le Bandiat et la Tardoire, dont les eaux se sont perdues par plusieurs abîmes. Elles reparaissent en trois places différentes. La principale sort lentement d'une grotte profonde ; une autre s'échappe en gros bouillons dans un bassin de rochers, la troisième émerge d'une prairie coupée de fossés d'écoulement. Ces trois rivières, en se réunissant, donnent lieu à un cours d'eau large de 100 mètres, qui se jette dans la Charente.

L'Iton, qui prend sa source à Rouxou (Orne), à une altitude de 280 mètres, et qui entre bientôt dans le département de l'Eure, pour y parcourir 88 kilomètres, subit des pertes qui, dès 1758, avaient été signalées et expliquées par Guettard.

A Villalet, cette rivière cesse de couler pendant l'été, laissant son lit complètement aride depuis ce lieu, jusqu'à Caudre-

([1]) Fournet, *Loc. cit.*

ville et quelquefois plus loin : de là le nom de Sec-Iton donné
à cette partie de la rivière, dans laquelle Guettard avait remarqué des entonnoirs ou bétoires, dont l'un mesure 80 mètres
de diamètre et 16 de profondeur. C'est un effondrement du lit
de l'Iton servant de toit à une caverne, d'une capacité de 25 à
30000 mètres cubes. Les éboulements se produisent de temps
en temps ; en mars 1880, on en vit un qui donna lieu instantanément à un puits profond de 20 mètres, à parois cylindriques et bien verticales, de 6 mètres de diamètre.

Sur le territoire des Boscherons, des ouvriers occupés à
ouvrir une carrière pour l'exploitation de la marne, mirent à
jour en 1860, à une profondeur de 18^m,70, un canal large
de 2^m,90, profond de 1^m,75, creusé dans la craie et dans
lequel passait un cours d'eau, dont la vitesse était de 6 mètres
à la minute, et le débit de 507 litres par seconde. Le plan
d'eau de ce canal était à 5^m,16 en contrebas du lit superficiel
de la rivière. Un autre cours d'eau souterrain fut signalé à
plus de 8 mètres au-dessous de ce lit extérieur ([1]).

Les sources sous-marines. — Il arrive souvent qu'une couche imperméable amène l'eau douce au fond de la mer. On en
cite d'intéressants exemples.

Un petit bouillonnement que, par les temps calmes, on
aperçoit dans le golfe de Cannes, signale une de ces sources,
qui sourd à une profondeur de 162 mètres. Bien plus profondes,
à 700 mètres, sont celles qui existent au sud de Menton et
dont les eaux sont si abondantes qu'elles adoucissent l'eau de
la mer. Il en est de même à la Spezzia, en Italie.

Aux Capucins, près de la Ciotat, les sources douces réduisent
des trois quarts la salure de l'eau.

A Cassis apparaît la grande source sous-marine de Port-
Miou, qui émerge par une ouverture dans le roc d'au moins
2 mètres carrés ; la force d'impulsion de cette eau se manifeste
par un courant entraînant des corps flottants jusqu'à plus d'une
demi-lieue du rivage. Une sonde tenue en suspension dans le

([1]) Daubrée, *Les Eaux souterraines à l'époque actuelle*, p. 335. Un vol. in-8, Paris,
1887.

puits creusé près de l'émergence ne put pas demeurer verticale sous la charge de 16 kilogrammes. Il fallut l'armer de 38 kilogrammes, pour obtenir une résistance à l'entraînement qui assurât la verticalité (¹).

La Trebinchitza, sur la rive orientale de l'Adriatique est un véritable fleuve coulant à 1 mètre de profondeur. Dans la baie de Xagua, au sud-est de Cuba, des sources d'eau douce surgissent avec tant de violence au fond de la mer que les petits canots ne peuvent s'en approcher sans danger ; les vaisseaux s'y alimentent parfois pour la boisson. Dans la mer des Indes, une abondante source d'eau douce jaillit à 45 lieues de Chithagong et à 36 lieues du point de la côte la plus voisine. Dans le golfe Persique, des sources analogues fournissent de l'eau douce aux riverains. La mer Rouge, dont les côtes n'ont pas une seule embouchure, a dans son lit des sources jaillissantes.

Les sources thermales. — Les fontaines et sources de rivières dont nous venons de parler, relèvent de la circulation de l'eau dans les couches plus ou moins superficielles de l'écorce terrestre. Elles sont à température variable, selon les saisons. Elles proviennent presque directement de l'atmosphère, tirent leur énergie de la chaleur solaire.

Il en est d'autres, au contraire, qui descendues très profondément, remontent pourvues d'une température qu'elles ont empruntée aux couches profondes du globe, soumises à l'influence du noyau interne et dont le caractère essentiel est d'être à température constante.

Il faut d'abord constater que l'eau thermale est pourvue d'une énergie chimique, plus grande que n'en possède celle de la surface du sol. Elle est très rarement à peu près pure et tient d'ordinaire en dissolution des matières peu solubles ou même insolubles dans l'eau froide.

Dans un grand nombre de cas, l'eau qui sort du sol a perdu une fraction de la chaleur qu'elle avait dans les régions souterraines et a, de ce chef, abandonné tout ou partie des matériaux qu'elle dissolvait ; en outre, elle a souvent rencontré durant son

(¹) Villeneuve-Flayosc, *Description géologique de la Provence*, p. 306.

ascension, des agents de précipitation auxquels ont cédé des corps
qu'elle transportait. Il résulte de ces circonstances qu'on ne peut
avoir au griffon qu'une faible idée de l'énergie chimique de l'eau.

Fig. 19. — Vue du point principal de l'émergence des sources thermales incrustantes des
environs de Hammam-Meskoutine, près de Constantine (Algérie). Les cônes ou « pains de
sucre » hauts parfois de plusieurs mètres et dont on voit des spécimens à tous les degrés de
développement, résultent de la précipitation de carbonate de chaux souvent associé à de la
pyrite de fer (bisulfure de fer). Il se dépose en même temps des revêtements du sol par la
même substance et spécialement sur le flanc des collines, qui se présentent souvent comme
des escaliers de géants.

en profondeur. Enfin, il y a lieu de noter sa très longue circulation et d'en tirer la conclusion que des actions très faibles, en
s'ajoutant les unes aux autres, arrivent à déterminer des effets
sensibles et parfois considérables.

Les sources thermales sont localisées et non uniformément
répandues, en sorte que si quelqu'une se présente dans des
régions dont la surface du sol n'aurait pu en faire deviner la pré-

sence, on doit en conclure l'existence de particularités souterraines, qui nous sont ainsi révélées.

D'une façon générale, avons-nous dit dans notre *Géologie* [1],
les sources thermales se rencontrent surtout dans les pays récemment disloqués. Avant tout elles abondent dans les pays actuellement en proie à l'activité volcanique. La carte des sources
chaudes coïncide dans ses grands traits avec la carte des volcans :
elle est pourtant plus large et intéresse, outre les points à éruptions contemporaines, ceux où les émissions plutoniennes ne
remontent qu'à une faible antiquité géologique. C'est ainsi que
toute la côte occidentale des deux Amériques est jalonnée de
sources thermales : depuis la Terre de Feu jusqu'à la presqu'île
d'Alaska, les sources chaudes se succèdent, laissant d'ailleurs, çà
et là, des intervalles qui rappellent les lacunes de la guirlande
volcanique et coïncident sensiblement avec elles.

Dans cette série, indépendamment des eaux bouillonnantes de
l'île Saint-Paul, on est arrêté par la multitude des jaillissements
thermaux du Chili, depuis la vallée de Los Baños jusqu'aux
alentours de Chillan. En Colombie, des griffons, portés à la température de l'ébullition, se font jour à 2.500 mètres d'altitude,
dans le cercle d'influence des volcans d'Ilalo et de Puracé. En
Amérique centrale, la région des Antilles, si volcanique, se
signale par la fréquence des eaux thermales : à la Guadeloupe,
elles sont spécialement caractérisées. La ville de Puebla, au
Mexique, est entourée d'une ceinture de sources en relations
évidentes avec le Popocatepelt. Des faits semblables se retrouvent
à l'ouest des Etats-Unis et, dans cette série, la Californie se
signale par des geysers, rassemblés dans un vallon latéral de la
Napa, dit Pluton, ou Cañon du Diable, et qui est compris dans
le Coast-Range. Un peu plus au nord, le Parc National est
célèbre par des phénomènes du même genre, mais plus intenses
et plus nombreux : on y a compté plus de 2.000 sources chaudes,
dont beaucoup sont bouillantes et intermittentes, et surgissent
d'un sol tout couvert de manifestations volcaniques. Il a la forme
d'un rectangle de 88 kilomètres sur 104 et son altitude est de
2.500 mètres. Les sources sont à des températures de 71 à 93°

[1] Un volume in-8, p. 315 de la 1re édition, Paris, 1908 (Vuibert, éditeur).

(cette dernière est le point d'ébullition de l'eau à cette altitude).
L'Alaska, les îles Aléoutiennes présentent des griffons, qui rattachent l'Amérique à l'Asie.

Au Kamtchatka, des sources chaudes renfermées spécialement
dans la vallée de Malka, sont recherchées comme salutaires, et le
Japon est d'une richesse incomparable. Les sources telles que
celles d'Hakodaté et de Somoda sont très fréquentées ; elles sont
fort chaudes et caractérisées par des composés sulfurés. Les îles
de la Sonde, si scrupuleusement étudiées par les géologues
hollandais, donnent, à chaque pas, des sources chaudes, et les
voyageurs qui reviennent de l'Océanie en signalent également
dans toutes les îles volcaniques. Sur la côte orientale d'Afrique,
la remarque peut être continuée d'abord pour l'Abyssinie où la
source d'Ailat, à 40 kilomètres de Massowa, et celle d'Azfut,
près de Zulla, donnent 65 et 60° au thermomètre. Tout le
royaume de Choa est hydrothermal, et non loin de là, l'île de La
Réunion offre des caractères analogues. On y connaît trois
sources dans le seul cirque de Salazie, et deux dans celui de
Cilaos.

Comme on le voit par cette énumération, la région de la Terre
qui est le plus riche en volcans est en même temps le plus riche
en sources chaudes, et l'on doit en conclure que celles-ci, pour
se manifester, ont besoin des grandes cassures du globe, ou
géoclases, qui, comme nous le verrons, sont indispensables aux
volcans.

Une autre remarque, qui complètera la démonstration, résulte
de la comparaison dans une région déterminée, l'Europe, par
exemple, de la situation des sources chaudes rapportée à l'antiquité plus ou moins grande des mouvements orogéniques dans le
voisinage. En faisant abstraction de l'Islande, qui est un district
volcanique actuel, on peut poser ce fait qu'il y a de plus en plus
de sources chaudes en Europe, à mesure qu'on s'éloigne des parties septentrionales pour se rapprocher du sud, c'est-à-dire à
mesure qu'on se rapproche des lignes ou zones de soulèvement
récent.

La Suède, où il y a tant de sources minérales, n'en possède
pas une qui soit chaude, et il en est de même pour la Russie du
Nord et à peu près pour la Grande-Bretagne, dont les reliefs se

rattachent au ridement calédonien. Le Danemark, la Hollande, l'Allemagne du Nord ne sont guère mieux favorisés et la France septentrionale présente une seule exception à Bagnoles-de-l'Orne, exception qui se rattache sans doute à quelque particularité locale qui, jusqu'ici, n'a pas été précisée.

Mais dès qu'on arrive à la France méridionale, c'est-à-dire au Plateau Central et au ridement alpin, représenté par les Pyrénées, les Alpes, les Karpathes et le Caucase, on se trouve dans le domaine d'une hydrologie thermale aussi abondante que variée. C'est bien la preuve, et la preuve décisive, de l'influence des cassures récentes. Tout le long du ridement alpin, les localités célèbres, souvent déjà exploitées par les Romains, se succèdent sans interruption.

Il va sans dire que la zone du ridement apennin [1] est plus riche en thermes et que ceux-ci y sont encore plus chauds ; ils sont subordonnés à des volcans brûlants actuellement et reproduisent, en plus petit, les particularités mentionnées plus haut pour le vaste cercle des sources chaudes dont le Pacifique est entouré.

Les sources thermales sont donc bien des émergences d'eau parvenue à de grandes profondeurs par l'effet de la pesanteur et qui remonte sous l'influence de la pression hydrostatique, là où des fissures lui offrent un chemin favorable, — souvent aussi sous la tension de vapeurs ou de gaz souterrains.

Ajoutons à l'aperçu géographique qui précède, quelques détails qui montreront dans quelles larges limites varie la température des diverses sources thermales.

Les plus chaudes sont peut-être celles des îles Fidji, dans l'Océanie orientale, à la pointe Savu-Savu ; elles sont très nombreuses et certaines ont une température de 108 à 113° centigrades. Cinq d'entre elles coulent dans un bassin de 13 à 14 mètres de diamètre, entre une colline et la baie. Le sol qui les entoure est un limon noir. Les eaux ont une faible odeur de soufre et une saveur salée. Toute la plage est couverte de la condensation de vapeur d'eau chaude, qui se fait jour au travers

[1] Pour ces ridements, consulter notre *Géologie*, p. 288. Un vol. in-8, Paris, 1908 (Vuibert, éditeur).

du sable et du gravier. Et tout près du bassin serpente un ruisseau d'eau froide.

Il existe dans la Dominique, qui est une des Petites Antilles, un lac toujours en ébullition, dont une description détaillée a été donnée dans le *Macmillan's Magazine de* 1876.

Entouré de falaises presque verticales de cendres et de pierre ponce, dont la hauteur varie de 60 à 100 pieds, il présente une surface d'environ 200 mètres de long sur 100 mètres de large. Il a l'apparence d'un gigantesque chaudron, recouvert de vapeur, à travers laquelle, quand la brise de la montagne la dérange, on aperçoit une masse confuse de vagues qui s'entrechoquent et courent furieusement dans tous les sens avec de véritables mugissements. A six pieds du bord, la profondeur est de 50 à 60 pieds; l'altitude est un peu plus de 2.400 pieds au-dessus de la mer. La température est de 92° centigrades au bord extrême du lac et de 104° un peu plus loin.

A la Guadeloupe, sur la grève, jaillit une fontaine d'eau bouillante.

Au Mexique, Humboldt (¹) a observé la source des *Aguas de Comangillas,* à 96°,4. Elle sort d'une montagne formée de basalte et de brèches basaltiques, près de Chimiquillo, non loin des riches mines de Guanaxuato. Peu au-dessus de cette source si chaude, la neige tombe du mois de décembre au mois d'avril, et les indigènes font de la glace toute l'année, par l'effet du rayonnement, dans les bassins préparés pour cet usage.

D'après le même voyageur, les *Aguas calientes de las Tricheras* jaillissent sur le versant septentrional de la chaîne côtière du Venezuela, dans les *valles de Aragua,* à Portocabello, d'un granit stratifié. Humboldt trouva cette source dans le mois de février 1800 à 90°,3, tandis que les baños de Mariara, situés aussi dans les *valles de Aragua,* mais au milieu du gneiss, marquaient 59°,3. Vingt-trois ans plus tard, également au mois de février, Boussingault et Riveron ont noté dans les *baños de Mariara* 64 et dans les Trincheras de Portocaballo, à une faible hauteur au-dessus de la mer des Antilles, 92°,2 dans l'un des deux bassins, 97° dans l'autre. La température de ces sources avait donc

______
(¹) *Voyage aux régions équinoxiales,* tome III, Paris, 1805.

monté, dans l'intervalle des deux voyages, à Mariara de 4°,7, à las Trincheras de 6°,7. C'est que dans cet intervalle avait eu lieu le tremblement de terre qui avait bouleversé la ville de Caracas : le mouvement avait sans doute ouvert des canaux plus profonds, amenant les eaux de plus bas. Les eaux thermales de las Trincheras, qui sourdent d'une fontaine granitique, sont presque pures. Après plusieurs cascades très pittoresques et entourées d'une végétation luxuriante, elles forment le *rio de Aguas Calientes*, rempli de crocodiles qui y sont attirés par la chaleur agréablement diminuée.

M. Domeyko a cité, dans ses mémoires sur le Chili, des sources minérales, au nombre de quatre sortant les unes à côté des autres dans un espace de 12 à 15 mètres de longueur, et dont quelques-unes marquent plus de 30° de différence dans leur température, quoique les ouvertures d'où elles sortent, se trouvent à la distance de 2 à 3 pieds l'une de l'autre.

Et voici un tableau des températures de nos principales sources thermales.

Chaudes-Aigues (Cantal).	81° C.	Pietrapola (Corse). . . .	58
Ax (Ariège).	77 1/2	Bourbon-Lancy (Saône-et-	
Amélie (Pyrénées - Orien-		Loire).	56
tales).	77	Guagno (Corse).. . . .	55
Olette (Pyrénées - Orien -		Carcanières(Ariège). . .	54
tales).	75	Saint - Sauveur (Hautes -	
Plombières (Vosges). . .	68	Pyrénées).	53 1/2
Bagnères - de - Luchon		Bourbon - l'Archambault	
(Haute-Garonne) . . .	68	(Allier).	53
Bourbonne(Haute-Marne).	65.1/2	Evaux (Creuse).. . . .	53
Dax (Landes).	64	Cauterets (Hautes - Pyré -	
La Motte (Isère). . .	62	nées).	52 1/2
La Bourboule (Puy - de -		Luxeuil (Haute-Saône). .	52
Dôme)..	60	Bagnères-de-Bigorre (Hau-	
Canaveilles (Pyrénées -		tes-Pyrénées).. . . .	51
Orientales).	60	Lamalou-Bas (Hérault). .	48
Le Vernet (Pyrénées-Orien-		Aix-les-Bains (Savoie). .	47
tales).	58		

Bien entendu, il s'agit ici de la température la plus haute dans une même localité, les différentes sources des stations thermales étant loin d'avoir toutes le même degré de chaleur.

Les sources chaudes ont une très grande influence sur la végétation, et Lecoq en cite des exemples :

A Evaux (Creuse), où les travaux des Romains étaient comblés depuis quelque temps, des eaux minérales chaudes, s'échappant du terrain primitif, s'écoulaient sous la terre végétale et entretenaient une température souterraine très élevée : la main appliquée sur les rochers percevait fort bien cette chaleur. Des arbres, des noyers surtout, dont les racines descendaient jusqu'auprès des sources, acquéraient promptement un volume énorme et un feuillage tout à fait extraordinaire. Les légumes semés sur ce terrain devançaient la croissance de tous ceux des environs et n'attendaient pas le printemps pour se développer. On fut quelque temps à se rendre compte de la raison de cette fertilité : elle apparut lorsqu'on déblaya les quelques mètres de terre qui cachaient les sources.

Chaudes-Aigues, dans le Cantal, doit à ses sources chaudes une température extrêmement douce et des avantages économiques précieux. Ses eaux, dit Lecoq, représentent pour elle la richesse d'une forêt de 540 hectares, car la quantité de chaleur qu'elles produisent chaque jour équivaut à la combustion de 5.000 kilogrammes de charbon par jour ou de 12.000 kilogrammes de bois. Chaque ménage a sa part de chaleur. Des conduits de bois apportent aux maisons l'eau qui circule sous les planchers l'hiver, — l'été on laisse tiédir en pure perte le ruisseau de Remontalou. On lave, bien entendu, son linge sans d'autres frais que celui du savon. Le foulage des draps, l'épilage des porcs ne coûtent que le travail de l'ouvrier. Enfin, c'est plaisir de faire cuire et éclore des œufs.

La source du Parc, qui est à 88° et dont la vapeur est si chaude qu'on ne peut en approcher la main, sort pourtant des fentes d'une roche toute tapissée d'une mousse magnifique et d'une algue, la *Tremella reticula*, qui croît même à l'intérieur des griffons.

Les geysers. — Les plus curieuses, les plus importantes des sources considérées seulement au point de vue de la température sont les geysers, caractérisés par le jaillissement intermittent de volumineuses colonnes d'eau poussées verticalement ou obliquement par de la vapeur très chaude.

Les plus anciennement étudiés sont les geysers d'Islande, dont la plupart sont situés dans une plaine longue de 6 kilomètres et large de 2, bornée par une chaîne de montagnes, le Barnar-Hell, qui fait partie d'un contrefort de l'Hécla. Cette région s'annonce par d'épaisses vapeurs, par des grondements sourds. Sous le sol silicifié, l'eau bout sans cesse, jaillissant de temps en temps de tous les côtés.

Nous empruntons à un voyageur, le docteur Labonne, le récit d'une éruption du Grand Geyser.

« Les courlis, dit-il ([1]), qui planaient en bandes nombreuses se mirent à fuir en poussant des cris aigus, et le sol trembla, ce qui signifiait : une éruption va se produire ! Nous n'eûmes, en effet, que le temps de courir à toutes jambes pour arriver à point jusqu'au bord du Grand Geyser.

« Une puissante colonne d'eau, aussi large que l'orifice à sa base, jaillissait alors en s'évasant dans les airs avec d'effroyables sifflements, tandis que la terre frémissait sous nos pieds et qu'un bruit formidable semblait sourdre de la vallée fumante. Ensuite, la gerbe retomba dans le gouffre, mais pour remonter immédiatement après ; il y eut de la sorte quatre ascensions et quatre chutes consécutives, qui jouèrent quatre minutes ; puis, comme dans un feu d'artifice, arriva le bouquet, qui fut la plus haute projection de la douche brûlante, jusqu'à 30 mètres. Après quoi tout rentra dans l'ordre. Quand la vapeur à odeur légèrement sulfureuse qui nous enveloppait eut été dissipée par le vent, je gravis le monticule de silice qui entoure le réservoir et je pus plonger le regard jusque dans la cavité du puits.

« Le Geyser était si bien épuisé sous l'effort de sa dernière poussée qu'il était absolument vide, et il fallait regarder tout au fond pour percevoir le liquide bleuâtre en ébullition. Ce n'est en effet que graduellement que l'on voit, par la suite, l'eau s'élever de nouveau et venir affluer à la surface libre du canal. La température des parois de la cheminée un moment vidée est telle que l'orifice du Geyser se dessèche immédiatement. Je mis à profit cette propriété pour y faire rôtir des oiseaux destinés au déjeuner du lendemain. Ce prosaïque usage du Geyser est chose commune. »

([1]) *La Nature*, du 16 juillet 1887.

Le canal du Grand Geyser a environ 4 mètres de diamètre à son orifice. Il va en se rétrécissant dans les profondeurs de la terre. Un bassin conique dominant la plaine de 3 mètres entoure le Geyser, formé par ses dépôts de tufs siliceux (*geyserite*) disposés en plaques minces et extrêmement dures.

Les jaillissements du Grand Geyser étaient plus fréquents autrefois qu'aujourd'hui. Un observateur qui voyageait en Islande en 1772 dit qu'ils se produisaient à plusieurs reprises par jour. D'après le docteur Eugène Robert, le phénomène, en 1835, se manifestait ordinairement une fois en vingt-quatre heures. Et selon le docteur Labonne (1886), il s'espaçait de trois en trois jours.

Le Strokkr, peu important avant le tremblement de terre de 1789, est maintenant le geyser le plus considérable de l'Islande. Il a des éruptions spontanées très fréquentes ; mais on peut aussi provoquer le jaillissement en jetant des mottes de tourbe dans la cheminée, qui est beaucoup moins grande que celle du Grand Geyser. Aussitôt, le bouillonnement devient moins fort dans la source et finit par cesser entièrement ; le silence s'établit, règne quelques instants, puis on perçoit un bruit semblable à celui que produit une masse liquide qui commence à bouillir.

« Une immense colonne d'eau, dit encore le docteur Labonne, jaillit environ une heure après, et cela nous advint sans le moindre avertissement, au moment même où je m'efforçais de me rendre compte du mouvement rotatoire du liquide au fond du tube. Le premier jet sort avec une maestria et une fureur incomparables ; un rugissement assourdissant l'accompagne, tandis que le sol tremble comme pour le Geyser, et souvent cette trépidation s'accuse à plus de 100 mètres. ». Les éruptions d'eau se répètent jusqu'à quinze ou vingt fois, coup sur coup : un jet n'a pas souvent le temps de retomber avant le jaillissement de l'autre. L'eau du Grand Geyser et celle du Strokkr se maintiennent à la température de 104°.

Le Petit Geyser, qui est au sud-ouest du Strokkr, ne s'élance jamais à plus de 2 mètres, mais son débit est continuel et d'une extrême abondance.

Parmi les 3500 sources chaudes du Yellowstone Park, Utah (Etats-Unis), on compte plus de 80 geysers.

« Les plus grands, dit M. Marcellin Boule ([1]) qui les a visités, sont l'Excelsior, le Monarque, le Géant, la Ruche, le Splendide. Excelsior est le roi des geysers. Son cratère a 100 mètres de diamètre. Ses éruptions, très irrégulières, sont remarquables par leur violence. Des quartiers de roc sont parfois projetés dans les airs à 80 mètres de hauteur. La quantité d'eau émise à chaque éruption est si considérable qu'elle élève de plusieurs pouces le niveau de la rivière voisine, la Firehole.

« La colonne d'eau bouillante du Géant est moins volumineuse que celle de l'Excelsior, mais elle s'élève à une hauteur beaucoup plus considérable : 250 pieds au début de l'éruption. Celle-ci a lieu régulièrement tous les six jours et dure une heure et demie.

« Le geyser le plus populaire du Parc s'appelle le vieux Fidèle, parce qu'il joue à des intervalles réguliers. En 1891, c'était toutes les cinq minutes. Actuellement, il n'entre en éruption que toutes les 75 ou 80 minutes. Son cratère est admirable. Ses concrétions de geysérite sont de toute beauté. »

En Nouvelle-Zélande, la région des geysers s'étend le long du Waikato, à une distance de 1 kilomètre et demi sur les deux rives. Les sources les plus remarquables dans la contrée sont comprises dans une large masse blanchâtre de dépôts siliceux de 120 mètres en tous sens. Là sont soixante-seize sources jaillissantes. De Hochstetter, témoin de plusieurs éruptions de ces geysers, raconte que l'eau s'agitait tout à coup et formait instantanément un jet puissant qui s'élevait en ligne oblique à une hauteur de près de 7 mètres, conservant une température de 94° centigrades. Puis, le bassin se vidait, laissant voir une ouverture étroite en forme d'entonnoir, d'où s'échappaient des vapeurs. Il y eut trois éruptions dans l'espace de quatre heures.

Une autre fontaine, voisine de celle-ci, lança au moment du tremblement de terre de Wellington, en 1848, un jet d'eau avec des pierres, qui s'éleva à trente mètres d'altitude et s'y maintint pendant près de deux ans.

Près du village de Tokadou, sur un espace de 3 kilomètres, s'étend une autre région de sources jaillissantes. De la haute

([1]) *La Nature*, du 22 mars 1902.

mer, on aperçoit la colonne de vapeur qui s'échappe du Pironi.

Mais ce qui en Nouvelle-Zélande excite par-dessus tout l'admiration des voyageurs, c'est la région des lacs, qui dépasse en manifestations geysériennes les phénomènes les plus étonnants de l'Islande. Le Rotomahara, ou lac chaud, qui n'a pas tout à fait 1 500 mètres de long, sur 400 de large, est situé à plus de 3000 mètres au-dessus du niveau de la mer. Des collines arides l'entourent ; ses eaux sont verdâtres, ses bords marécageux. De toutes parts jaillissent des colonnes d'eau bouillante qui échauffent le lac tout entier et le couvrent de vapeur. Les principales sources sont sur le rivage oriental du lac. La plus belle est le Té-Tarata (Roche-Tatouée), dont les eaux s'échappent en bouillonnant dans le lac par des terrasses successives, offrant l'aspect du marbre blanc et ornées de stalactites d'une pureté éclatante. Vingt-cinq geysers alimentent le Rotomahara[1].

Il y a d'intéressants geysers au Japon, au Mexique, etc.

Les sources minérales. — Sans nous préoccuper de la température, nous distinguerons parmi les sources minérales, les eaux salées, les eaux sulfurées, les eaux sulfatées, les eaux carbonatées et les eaux carboniquées, les eaux ferrugineuses, les eaux boratées, les eaux sulfuriquées, les eaux chlorhydriquées, les eaux bitumineuses et les eaux à très faible minéralisation.

Les sources salées les plus frappantes, sinon les plus répandues, sont, comme les geysers, associées à la fonction volcanique. Ce sont les salses ou volcans de boue, que l'on voit aux deux extrémités de la chaîne du Caucase, en divers points de l'Italie, aux environs de Turbaco (Nouvelle-Grenade), dans l'île Célèbe, à Java, etc.

Spallanzani qui, en 1789, a étudié la salse de Sassuolo, nous en a donné une description particulièrement intéressante à notre point de vue[2]. « Elle se présente sous la forme d'un cône terreux, haut de deux pieds, terminé par un entonnoir d'un pied de diamètre, d'où sortent, par intervalles, des bulles de 4 ou 5 pouces de diamètre qui, à peine formées, éclatent et disparais-

---

[1] De Hochstetter, *New Zealand*, 1867, Londres.
[2] *Voyage dans les Deux-Siciles*. Traduction Toscan, 6 vol. in-8, Paris, an VIII.

sent. Ces bulles soulèvent une terre argileuse grisâtre, imprégnée d'eau et semi-fluide, qui déborde au-dessus de l'entonnoir
et descend le long des parois extérieures. A cette époque, les
éruptions de la salse paraissaient très faibles en comparaison de
celles qui étaient survenues dans les temps passés ; ces dernières
avaient fourni vers l'ouest des coulées de boue, qui s'étaient
étendues jusqu'à la plaine où passe la grande route et elles occu-
paient une aire d'environ trois quarts de mille de tour. » Il y
eut en 1835 une éruption violente de boue. En appliquant
l'oreille contre le sol, on entendait un bruissement semblable à
celui d'un écoulement d'eau. La quantité de matière terreuse
rejetée pendant cette éruption s'éleva à plus de 100 millions de
mètres cubes.

Les volcans de boue de Turbaco, connus sous le nom de
volcancitos, sont au nombre de vingt. Les plus grands, formés
de terre glaise ont 6 à 7 mètres de hauteur et au moins 25 mètres
de diamètre à la base. Au sommet se trouve un orifice circulaire
de $1^m,50$ à 2 mètres de circonférence, et la partie supérieure
de l'entonnoir est remplie d'eau reposant sur une couche de
boue.

L'eau salée est intimement associée aux gisements de pétrole.
Elle imprègne en quelque sorte les couches du bassin de Bakou,
jaillissant, froide ou chaude, sur certaines lignes d'élection selon
lesquelles les strates du sol sont pliées ou même traversées par
de grandes cassures. Aux Etats-Unis, les sondages de Pittsburg
ont fait connaître que trois substances jaillissantes y sont renfermées dans un seul et même récipient, dans des roches closes de
toutes parts, où, suivant leurs densités relatives, coexistent trois
niveaux superposés, le plus profond, d'eau, le second, de pétrole,
le plus élevé, de gaz comprimé. Si l'issue ouverte par le trou de
sonde n'intéresse que la région supérieure, c'est exclusivement
du gaz qui sort, et quand il cesse, l'appareil naturel demeure
inerte, son moteur, qui était la pression du gaz, ayant disparu.
Mais si le sondage est pourvu d'un tube qu'on pousse au travers
de toute l'épaisseur du gaz, pour le faire pénétrer dans le pétrole
qui est en dessous, la détente du gaz donne lieu à un jet d'huile
minérale qui durera aussi longtemps que le tube plongera dans
le liquide. Enfin, si on a poussé le tubage jusqu'au fond de la

poche, on assiste à trois éruptions successives : la première
d'eau salée, la deuxième de pétrole, la troisième de gaz.

Les sources salées les plus communes ont une tout autre origine, et pendant longtemps elles ont été, après la mer, les seules
mines de sel ; plus tard, elles ont indiqué les points où le précieux minéral devait être cherché, et c'est à leur sortie que l'on
doit, par exemple, la découverte du célèbre gisement salin et
potassique de Stassfurth, en Prusse. Nous en citerons quelques-unes :

Balaruc (Hérault) possède une source à 47° qui renferme par
litre 9 grammes de sels, dont 7 de chlorure de sodium. L'eau
jaillit sur les bords de l'étang de Thau ; elle a des propriétés
excitantes employées contre le lymphatisme ;

Les eaux de Bourbonne (Haute-Marne) renferment par litre
6 grammes de chlorure de sodium ;

Les sources minérales de Kissingen (Bavière) sont, grâce au
magnifique puits artésien qui va chercher l'eau à 622 mètres, une
véritable mine de sel ;

Le Salzbourg, dont le nom est bien significatif, possède les
bains de Reichenhall, alimentés par une vingtaine de sources
salées, sortant du calcaire ; les salines de Berchtesgaden, dans les
galeries profondes desquelles se trouve un lac salé de 100 mètres
sur 25, alimenté par une source ayant 27°/₀ de sel avec une température constante de 8 à 9° centigrades ; le Salzberg d'Ischl qui
contient une source salée et une source sulfureuse ; le Salzberg
de Hallstadt, au-dessus du précédent, n'a, au contraire, que des
fontaines d'eau douce, au milieu de ses gisements salins que,
pour l'extraction du sel, on inonde d'eau que l'on pompe, après
l'y avoir laissé séjourner un mois.

« Le procédé de l'inondation, dit le docteur Labat (¹), pratiqué
durant des siècles, introduit dans la masse et dans la structure
des montagnes de sel gemme, des modifications importantes :
l'eau dissout les cristaux de sel disséminés dans l'argile et laisse
un dépôt argileux sur le plancher des chambres, tandis que la
voûte est attaquée et diminue d'épaisseur à chaque inondation ;
en sorte, qu'après un long temps, les argiles salifères sont rem-

(¹) *Étude sur Ischl et le Salzkammergut.*

placées par des couches d'argile peu salée, et que la montagne
est comme criblée de vastes cavités. »

Les eaux de Kreuznach (Prusse rhénane) et celles de Wiesbaden (Nassau) sont aussi extrêmement riches en chlorure de
sodium.

« La vallée de Touzla-Sou, en Asie-Mineure, ou vallée de l'eau
salée, mérite une mention toute spéciale. Elle est entourée près
de son embouchure d'escarpements qui frappent tout d'abord
par leurs teintes blanches variées de bleu, de rouge et de jaune.
En examinant leurs flancs tournés du côté de la vallée, on les voit
complètement désagrégés et décomposés par une multitude de
filets d'eau salée qui jaillissent de leurs fissures et qui, en s'écoulant dans la plaine, l'ont revêtue d'une croûte fendillée, au travers de laquelle sortent également une foule de petits jets d'eau.
En traversant la plaine située au nord-est du village de Touzla,
on sent brûler la semelle de ses chaussures chaque fois que les
pieds se trouvent en contact avec une de ces fontaines presque
imperceptibles qui sourdent partout du sol, et dont la température est de 78 à 90 degrés centigrades. De distance en distance,
la plaine est sillonnée par de petits bassins que l'on y a creusés,
afin d'y concentrer l'eau et de l'y laisser s'évaporer, ce qui s'opère
avec une étonnante rapidité et donne naissance à des quantités
de sel très pur. Les jets d'eau qui s'élancent des flancs des montagnes se multiplient et acquièrent un énorme développement à
l'est-nord-est du village de Touzla. C'est ainsi qu'à peu près à
dix minutes de marche de ce village, là où la vallée se rétrécit
en une gorge, on voit sortir des flancs du rocher une magnifique
gerbe dont la longueur est de 1^{m},57 et la grosseur à sa base de
34 centimètres. L'eau de ce jet a une température si élevée qu'à
deux reprises mes thermomètres éclatèrent aussitôt que je les
y eus plongés. Le goût de l'eau est extrêmement salé; c'est probablement une dissolution de chlorure de sodium toute pure, et
au plus haut degré de saturation. Au-dessus de cette gerbe, une
foule de petits jets s'élancent des fissures des rochers. Réunis,
tous ces jets forment un ruisseau d'eau bouillante qui coule
dans le Touz la-Sou ([1]). »

([1]) Tchihatcheff, *Le Bosphore et Constantinople.*

Les eaux sulfurées se répartissent en deux catégories, selon qu'elles renferment du sulfure de calcium ou du sulfure de sodium. Dans le premier cas, dont Enghien, près Paris, et Allevard (Isère) nous fournissent des exemples, le sulfate de chaux des bancs de pierre à plâtre est privé de tout son oxygène par la combustion lente de détritus végétaux passés à l'état de lignite. Beaucoup d'eaux sulfatées, comme celles d'Aix-en-Savoie, donnent naissance de même à du sulfure de calcium et à de l'hydrogène sulfuré.

Les eaux sulfurées sodiques sont beaucoup plus importantes mais leur origine est moins certaine. Il paraît probable cependant qu'elles se sont originairement chargées de sulfate de soude et que c'est une réduction postérieure qui a produit le sulfure. Quant à l'agent de cette réduction, on s'accorde à le voir dans des micro-organismes appelés sulfuraires, qui vivent et se multiplient à des températures pouvant atteindre 65 ou même dépasser $70°$ degrés centigrades.

Ces eaux sont en abondance dans les Pyrénées. Le type en est Barèges, dont les neuf sources exhalent une odeur d'hydrogène sulfuré. Elles sont éminemment excitantes, bonnes contre les engorgements successifs aux fractures et aux luxations, les rétractions musculaires et tendineuses. Elles durent leur première célébrité à Mme de Maintenon, qui y conduisit le duc du Maine. Les Eaux-Bonnes, dans le val d'Ossau, sont employées contre les maladies du larynx et du poumon. Elles ne sont séparées des Eaux-Chaudes que par six kilomètres. Les Eaux-Chaudes ne méritent leur nom que relativement aux Eaux-Bonnes, car leur température ne dépasse point $36°$. Cauterets a treize sources, dont la chaleur varie depuis 30 jusqu'à $55°$, et la minéralisation depuis $0^g,0055$ jusqu'à $0^g,0308$ de sulfure de sodium. Cette grande diversité dans les propriétés physiques et chimiques donne à ces eaux des vertus bien différentes. On les emploie surtout contre le rhumatisme et les maladies de peau.

Les nombreuses sources de Luchon étaient employées par les Romains, car Strabon les mentionne sous le nom de thermes onésiens, à cause de la rivière d'One, gave qui traverse la vallée. On fit, il y a un demi-siècle, des travaux dans l'établissement de Luchon, pour empêcher l'infiltration de l'eau de pluie et corriger les défauts de certains griffons chauds, lesquels « laissent échapper, dit M. Garrigou([1]), de nombreux filets qui, s'épanchant dans les terrains meubles environnants, diminuent d'autant le volume des sources et permettent dans celles-ci l'accès d'eau froide étrangère, dont l'écoulement est irrégulier et inconstant. M. François a porté à cet état de choses un remède radical en infiltrant des eaux froides dans les terrains meubles et en tenant leur niveau constant. De cette manière, par suite de la densité différente des eaux chaudes et des eaux froides, celles-ci repoussant les premières vers leur source, les maintiennent vers les griffons et font que la régularité constante dans le niveau de l'eau froide entraîne la régularité du débit, de la chaleur et de la sulfuration dans les eaux chaudes. De plus, le mélange avec les filets d'eau froide étant empêché, la sulfuration et la température se trouvent au maximum. » Outre le soufre en grande quantité, les eaux de Luchon contiennent un peu d'iode et des traces de phosphates. Ce sont les eaux les plus alcalines des Pyrénées.

Les eaux de Saint-Sauveur (Hautes-Pyrénées) donnent à la peau une sensation oléagineuse, tant est grande la quantité de barégine qu'elles contiennent. Cette barégine est le mucilage formé par les micro-organismes dont nous avons parlé, des algues qui se pourvoient d'oxygène aux dépens du sulfate de soude existant dans le sous-sol et le ramènent ainsi à l'état de sulfure de sodium auquel est due l'odeur caractéristique de ces eaux. La réduction est d'ailleurs poussée plus loin encore, au point que la plupart des échantillons de barégine abandonnent au sulfure de carbone dans lequel on les immerge une quantité variable et parfois notable de soufre libre qui se sépare par simple évaporation.

Ax (Ariège) a un bassin au fond duquel se dégage une barégine rouge. Plusieurs de ses sources contiennent du soufre en nature. On y soigne, comme dans les précédentes, le rhumatisme et les affections cutanées.

Citons encore les eaux d'Aix-la-Chapelle, dans une tout autre

---

([1]) *Monographie de Bagnères-de-Luchon.*

région, dont le soufre, selon Fontan, tire son origine de la décomposition des sulfates et de leur transformation en sulfure par les matières organiques contenues dans les terrains secondaires qu'elles ont traversés, ainsi que le témoignent les coquilles et les détritus de plantes marécageuses qu'on y rencontre. Ce seraient des sources primitivement salines, qui ne deviendraient sulfureuses qu'accidentellement. Et là non plus, il ne faudrait pas oublier le rôle des algues thiogènes, découvert précisément par Fontan [1].

Piatigorsk, en plein Caucase, dans le massif du Bechtaou, fut une station balnéaire extrêmement fréquentée des Russes, car, outre ses eaux sulfureuses, elle en a de ferrugineuses et d'alcalines.

Les Hot-Springs ou sources chaudes, sont des eaux sulfureuses de l'ancien pays des Mormons, aux États-Unis, qui forment un lac dont la circonférence est de 2 à 6 kilomètres, selon les saisons. Leur température est d'environ 50°. Elles ont, comme les nôtres, des vertus curatives, que les Mormons préféraient appeler purificatrices.

Les eaux sulfatées sont avant tout des eaux purgatives, et il suffit de les nommer pour n'en point douter : Pullna et Sedlitz, en Bohême, Hunyady-Janos, en Hongrie, Epsom, en Angleterre, Montmirail (Vaucluse) en France. Les sulfates qu'elles contiennent sont, suivant les cas, à base de soude ou de magnésie. A Aix en Savoie, il y a deux sources principales, qui ne s'emploient qu'à l'usage externe : c'est l'eau d'alun, à 47°, qui contient du sulfate d'alumine et l'eau de soufre, à 44°. L'eau d'alun paraît verdâtre dans les bassins, à cause des conferves qui s'y développent. Les pluies abondantes font baisser sa température. Les rhumatisants tirent de très grands bienfaits de ces eaux très abondantes.

Dans le département de l'Aveyron, à 2 kilomètres d'Aubin et à 24 de Rodez, est situé le village de Cransac dans une vallée dominée par des montagnes formées de bancs puissants de houille et d'un schiste pyriteux mêlé de fer carbonaté. De ces

[1] *Recherches sur les eaux minérales des Pyrénées, de l'Allemagne, de la Belgique, de la Suisse et de la Savoie*, Paris, 1853.

terrains, où depuis fort longtemps se sont allumés des incendies inextinguibles, sortent des sources qui paraissent s'y minéraliser par la décomposition des schistes carbonatés et pyriteux et qui sont chargées de sulfates dont la médecine tire parti[1].

Élisée Reclus[2] nous a donné la description de la vallée du Kara-Kach, entre le bassin de l'Indus et celui du Tarim, qui est en grande partie recouverte d'efflorescences salines. Le lac qui l'emplissait s'est desséché et les rivières qui coulèrent ensuite sur le fond lacustre ont été remplacées par des sables mobiles. De profondes crevasses s'ouvrent çà et là, remplies de sulfate de magnésie aussi fin et aussi blanc que les aiguilles de neige que soulève le vent. Des mares de boue saline, cachées par des dalles de glace, occupent les vallées les plus profondes et jusqu'à la hauteur de 5 400 mètres on voit des sources thermales s'entourant de concrétions calcaires, puis d'un second cercle d'eau congelée. Sur des espaces de plusieurs kilomètres carrés, le sol est percé de petits entonnoirs d'un mètre de profondeur et d'un diamètre double. De quelques-uns de ces entonnoirs, on voit, après les pluies, s'élancer des masses boueuses et parfois l'eau en jaillir à gros bouillons. Henderson ne pense pas que ces ouvertures soient de véritables volcans de boue ; ce seraient, suivant lui, des effondrements du sous-sol argileux, laissant remonter à la surface, après les averses, ou lors de la fonte des neiges, les eaux d'une nappe profonde. Plus bas, les bords de la rivière de Kara-Kach sont percés en plusieurs endroits d'autres entonnoirs du même genre, mais ceux-ci sont bordés d'une croûte saline dans la partie supérieure. Ces ouvertures sont en communication avec les eaux du Kara-Kach qui baissent la nuit à cause de la gelée, et grossissent le jour par suite de la fonte des neiges et des glaces. C'est ainsi que les entonnoirs sont alternativement remplis et vidés pendant les vingt-quatre heures et que l'eau saline du Kara-Kach s'évapore en laissant une couche blanchâtre comme trace de son passage.

Les eaux carbonatées contenant des carbonates alcalins ou

<hr>

[1] *Annuaire des Eaux de France.*
[2] *Asie Orientale.*

alcalino-terreux, ceux-ci dissous à la faveur d'un excès parfois énorme d'acide carbonique, caractérisent une famille très nombreuse de sources minérales. En France, elles sont surtout abondantes dans le Plateau Central, où elles sont une des dernières manifestations volcaniques.

Royat, à deux kilomètres de Clermont, a quatre sources, dont la plus belle est la source Eugénie, d'un débit de 1 000 litres par minute. On attribue son efficacité spéciale contre le rhumatisme, l'anémie, la dyspepsie à une quantité très dosable de chlorure de lithine.

Les eaux du Mont-Dore, suprême ressource de bien des tuberculeux, diffèrent peu d'une source à l'autre en température et en minéralisation, celle-ci étant d'ailleurs assez faible.

Les principales sources de la Bourboule sont très chaudes. Le corps prédominant est le bicarbonate de soude ($2^g,8920$ par litre); puis vient le chlorure de sodium, dont la proportion est de $2^g,8406$. Il faut noter aussi l'arsenic. Un litre d'eau du puits Perrière renferme $0^g,00705$ d'arsenic métallique, ce qui correspond à $0^g,01081$ d'acide arsénique et à $0^g,02847$ d'arséniate de soude. L'arthritisme, les affections de la peau et de la gorge sont puissamment combattues par les eaux de La Bourboule.

Dans le même département que les précédentes, les eaux de Saint-Nectaire, très fortement minéralisées, servent, plus encore qu'à la médecine, à l'industrie des pétrifications, dont nous reparlerons plus loin.

Dans cette catégorie des sources carbonatées, il n'en est pas de plus justement célèbres que les eaux de Vichy, qui sortent de terrains meubles emplissant un vaste bassin dont le fond est constitué par des assises tertiaires reposant directement sur le granit. Ce bassin, en partie comblé par les apports de l'Allier, est partout imbibé, pénétré, par une eau minérale qui sort probablement du soubassement cristallin. Souvent les eaux douces viennent s'y mélanger, et c'est seulement sur quelques points que les eaux minérales, ayant en quelque sorte tubé leur trajet, arrivent naturellement jusqu'à la surface du sol. Ce sont les anciennes sources de Vichy[1]. Les principales sources sont : la

---

[1] Lecoq, *Les eaux minérales du massif central de la France.*

Grande-Grille, le puits Chomel, le puits Carré, l'Hôpital, Lucas,
Lardy, les Célestins, cette dernière à 13° seulement. Ce qu'elles
contiennent avant tout, c'est le bicarbonate de soude ; il prédomine tellement sur les autres éléments minéralisateurs qu'il est
impossible de ne pas l'envisager comme l'élément essentiel de
la médication. La source la plus riche en bicarbonate de soude
est celle des Célestins, qui en contient 5ᵍ,32 par litre. La source
la moins riche, Lardy, en contient encore 4ᵍ,13. Les maladies
de l'estomac, du foie, la gravelle vont chercher du soulagement
à Vichy.

Bourbon-l'Archambault a une source chaude de 60° centigrades et des sources froides. La source chaude contient environ
4 grammes par litre de carbonates, sulfates, silicates, chlorures à base de soude, de chaux et de magnésie. La source
de Saint-Pardoux, à 17 kilomètres de Bourbon, donne une eau
très gazeuse. La paralysie, l'arthritisme relèvent de Bourbon-
l'Archambault.

L'eau très froide de Contrexéville (Vosges) est une eau carboniquée qui ne contient que 2ᵍ,20 de sels par litre. On la prend
en boisson abondante contre la gravelle.

Vals (Ardèche) a des eaux très alcalines : 7 grammes par
litre de bicarbonate à peu près pur. Elles sont gazeuses et
froides.

L'eau de Seltz (Nassau), célèbre surtout par l'imitation qu'on
en fait, est une des plus gazeuses de l'Europe. Elle jaillit à grand
bruit avec une température de 16°. Elle contient 2 grammes
environ de chlorure de sodium et de carbonate de soude.

Les eaux d'Ems, en Westphalie, sont fortement gazeuses, très
alcalines et chlorurées, faiblement sulfatées.

A Nauheim, le Grosser Sprudel s'élève du sol en bouillonnant jusqu'à une hauteur de 6 mètres, avec une apparence de
pyramide de neige, tellement l'eau est saturée d'acide carbonique. Elle est très purgative et s'emploie surtout en bains, en
se renouvelant constamment dans la baignoire. Son abondance
est telle qu'on peut donner ainsi huit cents bains par jour et
laisser encore assez d'eau pour les salines.

Carlsbad en Bohême a eu ses eaux spécialement étudiées par
Berzélius. Toutes les sources ont une composition identique ;

elles ne diffèrent que par leur température : le Sprudel a 75° ; les moins chaudes, 56°. Berzélius y a trouvé par litre 5ᵍ,50 des substances les plus différentes : acide carbonique, sulfate de soude, carbonate de soude, chlorure de sodium, carbonate de chaux, carbonate de magnésie, silice, carbonate de manganèse, fluorure de calcium, phosphate de chaux, phosphate d'alumine, avec excès de base. Ainsi que le constate Constantin James (¹), l'action thérapeutique de tant de principes minéralisateurs reste bien obscure. On va à Carslbad pour les hypertrophies du foie, la gravelle, la goutte.

Marienbad, à 6 kilomètres de Carslbad, possède le Marien-brunn, source tellement gazeuse que le bassin qui la reçoit est toujours couvert d'un nuage d'acide carbonique. Le Ferdinand-brunn a dans son réservoir la blancheur du lait, à cause de l'immense quantité de petites bulles qui s'en échappent.

Extrêmement carboniquées aussi sont les eaux de Kislo-vodsk, dans le Caucase ; elles font éclater les bouteilles dans lesquelles on les agite.

Comme stations d'eaux ferrugineuses, la France a Orezza en Corse et Bagnères-de-Bigorre, dans les Pyrénées. Mais les sources les plus fréquentées de cette catégorie sont celles de Spa, en Belgique. La source du Pouhon, au centre de la ville, d'une température de 9° centigrades, sort en bouillonnant des fentes de roches micacées. Les bulles d'acide carbonique viennent crever à la surface avec un bruit léger, qui devient plus fort à l'approche de la pluie. L'eau contient environ 0ᵍ,05 de carbonate de fer par litre.

Les soffionis. — Enfin, les *soffionis* ou soufflards sont des fume-rolles qui consistent en vapeurs d'eau chargée d'une forte quantité d'acide borique, combiné en proportion très variable avec diverses bases et spécialement avec la soude et l'ammoniaque. Larderel eut l'idée heureuse d'employer la haute température des jets de vapeur des soffionis de la Toscane, près de Volterra, tempéra-ture qui peut atteindre 175°, à l'évaporation des eaux de conden-

______

(1) *Guide pratique des eaux minérales.*

sation réunies dans les dépressions du sol, où elles constituent les *lagonis*. Les frais d'extraction du borax étaient ainsi prodigieusement diminués.

Des soufflards qui contiennent de l'acide borique existent aussi en Amérique. C'est le cas du *Clear Lake,* en Californie, qui tient en dissolution le borate de soude.

Le plateau de Khatchi, au Thibet, a dans une dépression le lac de Borax (Boultso), où l'on prenait le borax dit de Venise, parce qu'on le raffinait dans cette ville.

Les eaux à faible minéralisation. — Au contraire des sources minérales, toutes plus ou moins chargées, que nous venons de citer, il en est dont la minéralisation est extrêmement faible, pour ne pas dire nulle, et qui cependant ont des qualités thérapeutiques, attribuées, depuis les récentes découvertes de la physique, à la radioactivité.

Les plus célèbres en France de ces eaux thermales à faible minéralisation sont les sources de Plombières qui émergent du granit porphyroïde, sur une longueur d'environ 200 mètres, les tempérées au-dessus des plus chaudes. Elles sont en rapport avec les filons de quartz, de spath fluor et de barytine. Des sources dites savonneuses jaillissent des parois de ces filons.

Au cours de travaux de captage, entrepris en 1857, on retrouva les sources anciennes : au moment de la découverte, le robinet romain donnait une eau à 74°, qui descendit à 70°. La minéralisation totale n'est que de 0ᵍ,30 par litre. La matière onctueuse qui se dépose au fond du bassin de certaines sources est du silicate d'alumine.

Luxeuil (Haute-Saône) a avec Plombières, dont il est assez voisin, de grandes analogies.

Les eaux de Néris, onctueuses à cause de la grande quantité de conferves qu'elles contiennent, ont également une minéralisation insignifiante. Le gaz qui s'en dégage est de l'azote, mélangé de deux à trois centièmes d'acide carbonique.

Il faut mentionner encore parmi ces eaux minérales, aussi faibles qu'efficaces, les sources de Bade, celles de Pfäffers en Suisse, celles de Gastein, en Autriche, sur le versant des Alpes Noriques. Ces dernières, chaudes de 45°, limpides, sans saveur, avec à peine de faibles traces de sels insignifiants, ont cependant une action si active que des personnes pléthoriques seraient mortes d'en avoir usé. Quand on se plonge dans l'eau de Gastein, on éprouve une impression de resserrement de la peau, de la gêne dans la respiration ; le pouls est dur et plein, et l'on quitte le bain avec une irrésistible envie de dormir. Au réveil, la tête est libre et le malaise dissipé. La cure de Gastein a soulagé et même guéri des maladies très graves.

Les apports des eaux minérales. — Le rapide aperçu que nous venons de donner des eaux minérales, nous a déjà suscité cette conséquence de leur circulation et de leur émergence, qu'elles nous apportent des quantités considérables de matériaux empruntés aux profondeurs de la croûte terrestre. Nous allons ajouter quelques faits qui montreront mieux encore leur part dans l'œuvre géologique, et principalement dans les dépôts de calcaire.

En Auvergne, la source de Saint-Allyre contient en dissolution, à la faveur de son acide carbonique, une si grande proportion de carbonate de chaux, que ses incrustations ont formé plusieurs ponts jetés sur la Tiretaine, qui passe à Clermont-Ferrand. Il y a longtemps que le phénomène avait été remarqué. Dans sa *Cosmographie universelle*, publiée en 1575, Belleforest écrit : « Au dedans de l'abbaye de Saint-Allyre passe un fleuue qu'on dit auoir esté iadis nommé Scatéon et ores est dit Tiretaine, sur le cours de laquelle est posé le merueilleux pont de pierre naturelle, fait par l'eau d'une fonteine qui s'endurcit en pierre non sans estonnement des effets miraculeux de la nature ; et laquelle fonteine est à enuiron trois cents pieds de la riuière, laquelle coulant vers la riuière susdicte faict cette dureté pierreuse du pont par sous lequel passe le fleuue susnommé.

« Le feu roy, Charles neuuième du nom, faisant son voyage de Bayonne, voulut voir ce pont merueilleux et la fontaine qui n'est artificielle, et le cours d'eau et la source d'où elle procède comme chose estrange et des plus rares miracles de la nature qu'on voye guère en France. »

Le grand pont de pierre, qu'on appelle aussi Pont du Diable ou Pont stalactite, est une masse de travertin qui a posé une arche considérable sur une île de la Tiretaine et qui avait commencé de jeter sur l'autre bras du ruisseau une seconde arche. La face supérieure du pont a une élévation au-dessus des eaux du bief de 5^m,10 ; la largeur du pont au niveau du bief est de 5^m,45 ; celle de l'aqueduc naturel de 1^m,50. à 2^m,10. La longueur du pont est de 10 mètres ; celle de l'aqueduc, de 75 mètres.

« Il doit son origine, dit Lecoq ([1]), à la source aujourd'hui détournée de la rue des Chats. A partir de cette source, le pont de pierre présente l'aspect d'une muraille construite seulement à fleur de terre, laquelle irait en augmentant de hauteur et d'épaisseur à mesure que l'on avance vers son extrémité. Sa surface supérieure, d'abord très étroite, s'élargit graduellement, et l'on remarque encore une espèce de sillon qui servait sans doute à conduire les eaux qui élevèrent elles-mêmes cet aqueduc. L'eau, suivant la direction que lui traçait la pente du sol, coula sur son dépôt, l'augmenta tous les jours, et comme la matière calcaire se déposait plus facilement sur les bords que dans le milieu, elle laissa dans cette partie le sillon peu profond qui lui servait de conduit. Les eaux, arrivées à l'extrémité de la muraille, se répandirent dans le ruisseau qui mettait un terme à leur dépôt ; bientôt cependant la muraille s'éleva au bord, et dès qu'il y eut une chute, il y eut bientôt aussi un prolongement de matière calcaire qui avança au-dessous de l'eau. Des plantes aquatiques ne tardèrent pas à s'y développer, et leur végétation, activée par les matières salines contenues dans les eaux minérales, couvrirent de touffes de verdure le rocher qui venait de se former... Un dépôt de carbonate de chaux et de fer hydroxydé couvrit en peu de temps les végétaux vigoureux qui avaient pris possession de ce sol encore vierge ; les mousses et les coquillages qui venaient y chercher la fraîcheur étaient saisis en même temps, et tous ces matériaux accumulés ne servaient qu'à exhausser le terrain, à multiplier les surfaces, à augmenter les points de contact, et favorisaient puissamment la formation d'une arcade, dont la nature seule avait donné le plan. Qu'arriva-t-il, au bout d'un grand nombre d'années ? C'est

([1]) *Les eaux minérales du massif central de la France.* Un vol. in-8, Paris, 1864.

qu'une arche tout entière parut sur le ruisseau dont le cours eût été arrêté si ses eaux n'eussent pas enlevé, au fur et à mesure de sa précipitation, la matière calcaire apportée par le courant qui venait croiser les siennes. Le ruisseau de Tiretaine ne fut plus dès lors un obstacle au cours des eaux de Saint-Allyre ; elles l'avaient traversé et se disposaient déjà à franchir un autre bras de ce ruisseau en formant une nouvelle arche. Celle-ci se voit encore à demi formée, avançant au-dessus d'un ruisseau et restant suspendue sans soutien. Une cause qui nous est inconnue changea le point de sortie des eaux minérales et l'aqueduc fut à sec. »

On estime que le grand pont est postérieur à la fondation de l'abbaye de Saint-Allyre, et qu'il a fallu quatre siècles au plus pour le former.

Tout le monde connaît les jolis objets, médailles, camées, nids, fleurs, fruits, rameaux incrustés qui se vendent à Clermont. La fabrication se fait dans un bâtiment, dont le plafond laisse arriver l'eau, qui se déverse dans une multitude de rigoles et s'échappe par les trous qui y sont pratiqués. Tous les objets sont éclaboussés et bientôt recouverts d'une légère couche pierreuse.

Plus beaux sont encore ceux que l'on fait avec les incrustations de Saint-Nectaire, dont les sources laissent déposer du carbonate de chaux beaucoup plus blanc et donnent des cristallisations beaucoup plus fines. C'est à Saint-Nectaire qu'a commencé en Auvergne l'industrie des camées et des médaillons, déjà connue en Italie.

La source des Célestins, à Vichy, a donné lieu au dépôt considérable connu sous le nom de Rocher des Célestins et qui sert d'ornement à une promenade de la ville ; mais la plus grande partie de ce travertin se prolonge loin sous les maisons. Il est très activement exploité.

Dans beaucoup de localités, le mouvement continuel de l'eau calcarifère forme des pisolithes dans les lieux où tombe une cascade et où l'eau tourbillonne. Si la chute est assez considérable, les grains, longtemps suspendus, peuvent acquérir un certain volume en se chargeant continuellement de sources calcaires. Quand ils sont devenus trop pesants pour être ballottés, ils tombent et sont agglutinés en masse par le dépôt calcaire. Dans les dépôts de Vichy, certaines assises sont pénétrées de pisolithes qui parfois n'ont pas beaucoup moins d'un centimètre cube et témoignent par ce volume d'une énergie remarquable dans le bouillonnement de l'eau. On assiste à Carlsbad à la production actuelle des pisolithes et aussi à San Philippo, en Toscane, où ils sont connus sous le nom de *confetti*.

L'Italie est d'ailleurs très riche en travertins. Rome en a tiré ses plus solides constructions. La formation de cette roche étant surtout abondante auprès de Tivoli, autrefois Tibur, les anciens lui avaient donné le nom de *tiburtinus*, d'où travertino, travertin, par corruption. Les célèbres cascades de Tivoli coulent sur des couches de concrétions variant de 120 à 150 mètres de puissance. En Toscane, à San Vignone, le dépôt s'accroît de 15 centimètres d'épaisseur tous les ans, et à San Philippo, les eaux, qui se rendent dans un étang, construisent en vingt ans une assise calcaire de 9 mètres.

Les dépôts de Carlsbad sont également d'une grande puissance. La plus considérable des sources, le Sprudel, jaillit avec bruit d'une voûte formée par ses dépôts, qui s'étendent sous une grande partie de la ville. Partout où l'eau a trouvé du vide, elle a donné lieu à des bancs disposés en couches minces et parallèles dont chacune provient d'un dépôt particulier.

Les sources de Hammam-Meskoutine, dans la province de Constantine sur les bords de l'oued Zénati (voir p. 162), sont justement célèbres pour l'importance et la magnificence de leurs concrétions. Les sources, dont la température est à 97° et dont les dépôts sont dus au sulfate et surtout au carbonate de chaux, s'annoncent au loin par les colonnes de vapeur qui s'en dégagent et à plusieurs centaines de mètres par une odeur sulfureuse qui ne devient jamais très forte. Lorsqu'on est assez près des dépôts pour les distinguer sous les vapeurs, on aperçoit un vaste espace hérissé de cônes qui donne l'impression d'un douar de tentes. Les principales sources, haut situées, s'écoulent en cascades sur les rochers blancs et roses qu'elles ont formés. Le sol résonne sous les pieds, de l'acide carbonique s'en dégage ; on sent de toutes parts la circulation de l'eau chaude. Les sources ont disparu de beaucoup d'endroits, abandonnant les cônes qu'elles ont formés et dont elles ont fini par oblitérer l'ouverture.

En Algérie encore, mais à 50 kilomètres sud-ouest d'Oran, les sources thermales d'Hammam-Bou-Hadjar (Bains Pères des Pierres) se font jour à travers de longues fentes du terrain tertiaire. Les dépôts calcaires qu'elles abandonnent en s'évaporant à l'air forment quatre bourrelets parallèles entre eux et dont trois ont une longueur de 500 à 600 mètres, le quatrième de 200 mètres. La ligne de faîte est sensiblement horizontale, ce qui donne de loin à ces dépôts l'apparence de hautes murailles.

En Asie, Pambouk-Kalessi est l'Hiérapolis dont Strabon disait merveilles.

« L'eau de ses sources a une telle disposition à se solidifier, à se changer en une espèce de concrétion pierreuse que les habitants du pays n'ont qu'à la dériver dans de petites rigoles (pratiquées autour de leurs propriétés), pour obtenir des clôtures qui semblent faites d'une seule pierre. »

Le mot Pambouk-Kalessi, qui signifie *Château de coton*, fait allusion à la forme monumentale et à la blancheur des masses de travertin qui rendent la localité célèbre et excitent l'admiration des voyageurs. « L'œil a peine à distinguer les gerbes d'eau des groupes sédimentaires qu'elles ont produits, et ce n'est qu'aux reflets des rayons du soleil que l'on parvient à reconnaître le liquide ruisselant au milieu des incrustations immobiles mais étincelantes. Six de ces cascades se font remarquer entre toutes par leurs audacieuses proportions. La plus magnifique est celle qui descend de l'endroit où s'élève, sur la plateforme supérieure, le splendide édifice thermal des anciens. Lorsqu'on le contemple du bas de la plaine, on a devant soi un amphithéâtre composé de masses arrondies d'une éblouissante blancheur, brillant au soleil de mille feux comme une montagne de cristal... Mais si le grandiose de l'ensemble du tableau saisit d'étonnement le voyageur qui le considère de la plaine, la surprise atteint son apogée lorsque, après avoir gravi les masses ondoyantes, on se trouve transporté au milieu d'une véritable scène de féerie. Là, ce sont des coupes, des amphores ; ici, de merveilleux bassins que la nature a échelonnés en terrasses : ces formes étranges et gracieuses prennent souvent des dimensions colossales... Toutes ces coupes, tous ces vases, dont le pinceau et le ciseau s'efforceraient en vain de rendre la fantastique élé-

gance, sont tantôt d'une teinte jaune uniforme, tantôt bariolés
de nuances diverses simulant le jaspe, l'albâtre ou le porphyre ;
une eau parfaitement douce les remplit généralement ; quelquefois, c'est un dépôt de tuf blanc, léger et vaporeux comme des
bulles de savon. Au sommet du rempart d'où la cascade pétrifiée
se précipite en larges lames qui ressemblent à autant de gerbes
écumantes, on voit ces coupes alignées comme au cordeau. Souvent, elles sont frangées à leur partie inférieure et reposent sur
un groupe circulaire d'immenses ciselures ; au-dessus de tous ces
chefs-d'œuvres du grand atelier de la nature se voûtent, comme
des coupoles de diamant, des masses globulaires d'un blanc de
neige, qui semblent écumer et s'agiter aux reflets du soleil (¹). »

Les sources ne donnent pas seulement lieu à des dépôts de
calcaire. Les geysers déposent en abondance de la silice hydratée
ou geysérite, roche vacuolaire, souvent très légère, qui incruste
des coquilles, des plantes. On conserve au Muséum des bonnets
et des gants d'Islandais enveloppés d'une couche pierreuse pour
avoir été abandonnés quelque temps dans un bassin de geyser.
Aux États-Unis, on a donné le nom de Fontaine architecturale
à un geyser du Firehole autour duquel ses dépôts ont construit
un véritable monument : le bassin a 150 pieds de diamètre. Sur
une surface de plusieurs centaines de pieds s'étagent d'innombrables degrés semi-circulaires, magnifiques dans leurs détails.
Autour d'autres sources, la silice s'est déposée également en
élégants ornements, entourant les bassins de margelles ornées
de perles qui, parfois, en se groupant, prennent des aspects de
corail ou de chou-fleur.

Il y a aux Açores, dans l'île de Saint-Michel, des sources
dont la température varie de 25 à 97° centigrades et qui déposent
des quantités considérables d'argile et de matière siliceuse. Celle-
ci enveloppe tout ce qui se trouve en contact avec elle. On
peut observer des plantes à tous les états de silicification et
l'on voit, par exemple, des fougères rapidement incrustées de
pierre.

Les galets striés. — La carte géologique des Préalpes vaudoises

(¹) Tchihatcheff, *Le Bosphore et Constantinople.*

affecte une zone relativement très large à des formations superficielles qui y sont qualifiées de « terrain glaciaire ». Ce sont des
placages d'argile sableuse, dans laquelle sont noyés d'innombrables galets, la plupart calcaires, et qui, dans ce cas, présentent
à leur surface des paquets de stries fines, disposées comme des
coups de burin entrecroisés.

Il y a bien longtemps maintenant que ces galets striés ont été
remarqués, et l'on peut dire qu'ils ont constitué le principal
argument à l'appui de l'origine glaciaire attribuée aux terrains
qui les renferment. Depuis l'époque d'Agassiz, c'est comme un
axiome que les glaciers sont seuls capables de strier les pierres,
et l'illustre promoteur des études scientifiques sur ce grand
chapitre de la Géologie a posé quelque part en fait qu'il suffit
d'observer une seule strie sur la surface d'un galet pour qu'on
soit en droit d'en conclure, sans autre examen, que ce galet est
de formation glaciaire.

A cet égard, il n'existait aucune divergence d'opinion entre
les géologues de tous les pays, et il pouvait sembler téméraire
de soumettre à une nouvelle étude un sujet sur lequel un accord
aussi parfait (et aussi rare dans la science) avait été obtenu.

Cependant, durant une dizaine d'années, je fus constamment,
et comme malgré moi, ramené en présence des placages caillouteux dont il s'agit; je les ai vus sous toutes sortes d'aspects,
grâce à de larges coupures faites au travers de leur masse par
des travaux considérables, routes, ponts, chemins de fer, et je
ne me suis pas senti libre de ne pas laisser les faits parler devant
moi. J'ai bien vu que la conclusion allait être en désaccord avec
les idées reçues et j'ai fait tout ce que j'ai pu pour me désinté-
resser de la question. Mais elle s'est imposée à moi, et j'arrivai
à comprendre d'une façon tellement nouvelle l'origine et le mode
de formation de ces dépôts, qu'il me paraît inévitable qu'on
fasse, en conséquence, subir un jour à la carte géologique une
importante modification.

Pour fixer les idées, nous pouvons tout d'abord choisir comme
exemple une localité où le terrain qui nous occupe se présente
avec sa netteté maxima. Ce sera, si on le veut bien, le lieu dit
« En-Saumont », sur la rive gauche de la baie de Clarens, juste
au-dessous de Pacoresse, que domine le col de Sonloup, entre

le mont Cubli et le mont Folly. L'érosion pluviaire a, dans cet endroit, apporté sa collaboration à l'usure torrentielle des bases, et le sol montre une falaise de plus de 100 mètres, toujours avivée et sur laquelle apparaissent nettement tous les caractères de sa structure. Les galets, par milliers et milliers de milliers sont empâtés dans une argile grisâtre, pleine de petites pierrailles et de grains de sable quartzeux, dont la proportion varie d'un point à l'autre, mais qui ne manque nulle part. Leur nature est ordinairement calcaire, mais beaucoup d'entre eux ont une autre composition. Il y en a de gréseux ou de bréchoïdes, et plusieurs sont des roches cristallines spécialement de chloritoschiste, de granulite à épidote et de serpentine (voir p. 45, fig. 1).

Quand ils sont calcaires, ils sont très arrondis, mais de forme extrêmement variable et d'un poli dont la perfection est tout à fait remarquable.

L'épaisseur totale de cette singulière formation est évidemment supérieure à celle que le décapage du sol a rendue visible. Il est difficile de l'apprécier exactement. Quant à la surface recouverte, elle est considérable et se poursuit sur les deux rives du torrent, de même que sur les flancs des vallons qui s'en détachent de part et d'autre. Le long de la baie de Montreux, ou Chauderon, et spécialement entre Glion et les Avants, comme entre les Avants et Chaulin, se présentent à chaque pas des faits du même genre.

Quand on peut embrasser d'un coup d'œil, ce qui suppose qu'on a pris assez de recul, une surface suffisamment large du terrain qui nous occupe, on est frappé de l'apparence d'une sorte de stratification incomplète, qui est riche en enseignements. Elle se trahit par un grossier alignement des galets dans une direction sensiblement horizontale et, dans plusieurs gisements, par une alternance très nette de zones à gros galets et de zones dont les éléments sont beaucoup plus fins : c'est ce qu'on voit, par exemple, au-dessous du lieu dit « En-Cornaux », auprès de Brent, sur la rive gauche de la baie de Clarens. Cette stratifi- cation, tout imparfaite qu'elle soit, est absolument contraire à la supposition glaciaire que nous rappelions il n'y a qu'un instant et suffit déjà pour faire admettre une modification nécessaire dans ce point de vue. Au contraire, elle rappelle exactement la disposition qu'on rencontre, pour ainsi dire d'une manière fatale, dans les accumulations d'éboulis.

C'est, en effet, comme on va le voir, à cette catégorie de dépôts que je me suis vu contraint peu à peu de rattacher les placages de boue à galets calcaires des Préalpes vaudoises. Quand on recoupe une simple décharge publique, on est très frappé de voir que les matériaux quelconques qui y ont été vidés par des tombereaux venant de points très divers, se sont régulièrement étalés les uns sur les autres, de telle façon qu'une coupe verticale, au travers de cette superposition désordonnée, donne comme une illusion de stratification régulière. Il en est identiquement de même dans les deltas de boue qui s'étalent dans les montagnes au débouché des gorges torrentielles. En plusieurs circonstances, j'en ai reconnu la structure en lits superposés, dont chacun correspond à un écoulement distinct. Par exemple, il est clair que la débâcle de Saint-Gervais-les-Bains a étalé, sur le delta déjà existant, une enveloppe nouvelle qui, sur une coupe verticale, serait bien visible. En outre, mais sur un plan secondaire, la dénudation pluviaire, alternant avec des éléments successifs d'éboulis, peut isoler, à la surface supérieure de chacun d'eux comme un cordon de pierrailles lavées des matières fines qui les séparaient et dessiner ainsi une grossière représentation d'un état de choses stratifié.

En tout cas, le glacier qui accumule sans trêve les matériaux de ses moraines ne saurait donner rien de pareil, et dans les formations vraiment glaciaires, comme celles des Vosges, l'absence de stratification a toujours été considérée comme un caractère absolument distinctif.

Un autre ordre de considérations qui a fixé mon attention à maintes reprises et que je crois fécond en conséquences importantes, c'est que les placages de boue à galets striés manifestent des liens évidents de situation avec des accumulations d'éboulis ordinaires, qui ont d'ailleurs avec eux un certain nombre de traits morphologiques communs.

C'est, par exemple, ce que l'on reconnaît, sous des formes variées, le long de la route qui va de Glion aux Avants. A maintes reprises, les reliefs du sol sont dus, suivant les altitudes relatives, tantôt aux amas de galets striés, tantôt aux masses d'éboulis proprement dits. Jusqu'à 900 mètres environ, la route a mordu sur des placages à galets calcaires striés, mais plus haut, on trouve surtout des placages à blocs anguleux sans poli superficiel.

Le passage de l'un à l'autre de ces états est si ménagé que l'idée se présente tout de suite qu'ils pourraient bien représenter deux phases successives dans une même série de transformations. En un point situé par 1 000 mètres, j'ai relevé une coupe remarquable, puisque, au-dessus de 6 mètres environ de placages à blocs anguleux, elle montre 3 mètres de placage à galets polis et striés.

Mais ces faits se complètent par une autre série d'observations qui tendraient à faire prévoir que la forme du terrain, et surtout celle du substratum des placages, est liée à la structure de la masse et à l'état des pierrailles qu'elle renferme.

On avait fait récemment à En-Cornaux une tranchée pour le chemin de fer, devant aller de Vevey à Chamby par Blonay. Cette tranchée recoupe précisément les terrains à blocs dont nous avons vu la section naturelle sur les berges très escarpées de la rive gauche de la baie de Clarens. Mais ici, à quelques centaines de mètres du premier point, le sol est sensiblement horizontal et présente une grande stabilité relative. Les blocs calcaires, noyés dans la boue sableuse, ne sont ni polis ni striés ; d'ailleurs, on remarque également tout de suite que la proportion de boue, par rapport aux galets, est plus grande que dans l'escarpement, bien qu'il s'agisse, sans aucun doute possible, du même placage de matériaux récents.

Des faits du même genre, et plus nets encore, ont été observables pendant plusieurs mois, sur la route nouvelle de Blonay à Brent, où une longue et profonde tranchée avait été ouverte au travers d'un magnifique placage de boue à galets calcaires. Il se trouve, qu'au lieu d'intéresser ce terrain, comme dans les autres localités, tangentiellement aux flancs des montagnes, où l'on ouvre des routes avec une déclivité aussi faible que possible, on l'avait recoupé suivant une ligne de grande pente, et il en était résulté, à mon point de vue spécial, des enseignements tout nouveaux.

En effet, cette ligne de pente est très diversement inclinée suivant les points, et, tandis qu'elle plonge rapidement sur le flanc du coteau, elle tend plus haut vers l'horizontalité. Aussi retrouve-t-on, comme à En-Cornaux, des allures différentes des pierrailles incluses dans la boue, qui sont polies et striées dans le premier cas, avec interposition de boue conjonctive et qui, dans l'autre condition, sont beaucoup moins émoussées et dépourvues de stries, avec excès de parties fines, qui constituent même souvent de petits lits plus ou moins continus, rappelant la constitution des deltas boueux mentionnés tout à l'heure.

Comme on ne saurait trop insister sur ce point, je mentionnerai encore un exemple qui montrera bien nettement qu'il n'y a pas striation quand les placages reposent sur un support dont la forme n'est pas favorable à des glissements. Il est procuré par les petites collines qui coupent l'horizontalité de la vallée du Rhône, auprès de Novelle. On y voit des blocs de calcaire de toutes les dimensions, entassés sans ordre les uns sur les autres et dont les formes sont restées anguleuses. C'est une remarque dont nous pourrons tirer parti un peu plus loin.

Sans entrer dans un plus grand luxe de détails descriptifs, nous pouvons tirer de ce qui précède une vue qui semble rationnelle de l'origine des placages boueux des Préalpes vaudoises. Dans les parties hautes de la montagne, l'intempérisme réalise sans relâche la désagrégation des portions rocheuses exposées aux actions atmosphériques. Les débris résultants s'accumulent au pied des pentes et avec une abondance qui dépend du relief du sol autant que de sa nature pétrographique. Dans la région qui nous intéresse le plus en ce moment, c'est-à-dire dans les bassins hydrographiques du Chauderon et de la Tinière, la quantité en est parfois considérable. Ainsi, les débris provenant de la Dent de Jaman et de sa voisine, la Dent de Hautaudon, comblent en grande partie le petit vallon de Jaman.

Le fond de cette dépression est complètement masqué par un épais placage de débris de toutes les grosseurs, d'ailleurs parfaitement perméable, et au travers duquel disparaît le ruisseau, déversoir du petit lac, rappelé au jour à une certaine distance en contre-bas.

Ces placages d'*égravats*, comme on les nomme en plusieurs pays, continuent tout naturellement de subir les influences

dénudatrices, et c'est précisément du fait de celles-ci que résulte
la série de transformations que nous nous proposons de décrire.

Les eaux sauvages, c'est-à-dire celles qui ruissellent sur le sol,
exercent d'abord un certain lavage sur les mélanges rocheux et
en retirent les parties relativement fines, les parties délayables
et les parties solubles. Sous leur action aussi, les blocs, d'abord
anguleux, tendent à s'émousser progressivement.

Mais une portion notable de ces eaux filtre au travers des
placages, et un volume relativement considérable, arrêté par les
roches continues sous-jacentes, doit se constituer à l'état de
nappe, très intermittente et très variable d'un point à l'autre.
Elle use, sans aucun doute, le substratum rocheux et poursuit
l'œuvre de l'abaissement progressif des montagnes sous le manteau des débris accumulés. C'est exactement ce qu'elle continuera à faire plus bas où, malgré la persistance toute apparente
de la pellicule de terre végétale, renouvelée en réalité à chaque
instant, elle réalisera le même travail de corrosion souterraine.

En conséquence de ce mécanisme, les placages dont nous
venons de voir l'origine descendent peu à peu sur le flanc des
montagnes, amoindries elles-mêmes à chaque instant, et, en
même temps qu'ils descendent, ils se modifient dans leur composition et dans leurs caractères extérieurs, par la perte de
certains de leurs éléments, par le changement de forme et
d'aspect de ceux qui subsistent.

Et c'est ici qu'intervient un phénomène de la plus haute
importance qui a été complètement méconnu, et qui détermine
dans la masse la production des particularités qu'on a si incon-
sidérément rattachées à une origine glaciaire.

L'argile conjonctive des pierrailles est mélangée d'une notable
proportion de sable quartzeux, de façon qu'on peut très justement la comparer à la poudre d'émeri et à la « potée d'étain »,
dont les marbriers se servent pour polir les pierres. Si l'on en
frottait les blocs calcaires qu'elle contient, on arriverait à leur
donner un poli qui ne serait gâté que par les rayures produites
en même temps par des grains quartzeux de volume trop
considérable.

Or, ce qu'on obtiendrait ainsi artificiellement, la Nature le
réalise d'une manière extraordinairement simple. En effet, l'eau

qui circule dans la masse y trouve, en très grande abondance, une fine poussière calcaire provenant de la trituration des roches et, comme cette eau est chargée de la proportion d'acide carbonique qui ne manque jamais dans l'eau de pluie, elle dissout ce calcaire et l'entraîne au dehors.

Ce premier fait est contrôlé à chaque pas, on peut le dire, par la grande propension à l'incrustation des sources qui sortent de toutes parts des placages boueux. Dans tous les points précédemment mentionnés, on voit des travertins calcaires signaler les griffons d'eaux fournies par les placages, et parfois ces travertins prennent des dimensions considérables. C'est ce que nous voyons aux Avants (à la « Tuffière » et ailleurs) ; c'est ce que nous retrouvons entre Glion et Territet, entre En-Cornaux et En-Saumont, au lieu désigné sous le nom de *Scex que Ppliau* ou Pierre qui Pleut. C'est ce qu'on voit également à Brent, où d'énormes masses de tuf calcaire ont été recoupées, ou encore (car nous sommes bien loin d'épuiser ainsi la liste qu'on pourrait dresser) sur la rive droite de la baie de Clarens, en plusieurs points qui ont fourni, comme les autres, des pétrifications élégantes, animales et végétales. La masse de calcaire retiré des placages par ce procédé presque occulte est donc gigantesque.

Mais on ne peut concevoir cette soustraction sans reconnaître en même temps que le terrain qui la subit doit éprouver du même coup un tassement continu. Il est dépourvu de toute cohésion et, par conséquent, il se refuse à la production de vides dans sa masse. Il faut donc qu'il comble au fur et à mesure tous les déficits de matière, et il en résulte au propre une véritable friction des blocs par la boue qui les enveloppe : une friction analogue à celle que le lapidaire réalise sur les blocs de marbre qu'il travaille.

Voici donc, sans hypothèse, expliquée dans tous ses détails la structure des placages, parvenus au maximum de leurs caractères, c'est-à-dire appauvris en fine matière conjonctive et ne renfermant plus, en fait de blocs calcaires, que des galets polis et striés.

Il n'est pas inutile, à cette occasion, d'insister sur la difficulté qu'aurait dû rencontrer l'assertion que la striation des galets est le fait des glaciers quaternaires. En effet, pour qu'un galet soit strié par un glacier, il faut de toute nécessité qu'il occupe une situation très particulière et évidemment exceptionnelle. Il faut qu'il soit pincé entre la glace dans laquelle il est enchâssé et le substratum rocheux : strié par la roche en place, il la strie en retour et y trace même parfois les cannelures et les « coups de gouge » qui sont si caractéristiques. Comme le galet peut tourner sur lui-même au cours de son travail, on conçoit qu'après avoir reçu un certain nombre de stries dans un sens déterminé, il en reçoive dans un sens différent. Mais il n'y a pas beaucoup de chances pour que ces vicissitudes soient très nombreuses et, d'habitude, un galet qui a reçu une strie plonge dans la masse de glace et se trouve soustrait dès lors à tout burinage ultérieur. En somme, les galets striés ne sauraient être qu'une minorité infime parmi ceux que le glacier accumule dans ses moraines, et quand on visite celles-ci (je parle expressément des moraines des glaciers *actuels*), d'ordinaire, on n'en rencontre pas un seul.

Or, les placages de boue caillouteuse des Préalpes nous procurent tout autre chose, car, non seulement tous les galets calcaires y sont striés sans exception, mais tous présentent des paquets de stries dans les directions les plus diverses. Enfin, on y trouve des stries, non seulement sur les parties saillantes et qui auraient dû seules porter sur le substratum rocheux, mais même dans des parties concaves de la surface, c'est-à-dire là où la friction des rochers extérieurs ne pouvait évidemment pas se faire sentir.

Il ne faut pas oublier que plusieurs géologues se sont préoccupés d'expliquer l'abondance des stries à la surface de certains galets glaciaires, et Hogard a émis à ce sujet des vues qui ont été adoptées tout de suite par Ed. Collomb et rééditées bien plus tard par M. Falsan et même par M. Schardt. Elles consistent à rattacher le phénomène aux pressions exercées par un glacier sur le lit de matériaux interposés entre lui et la roche en place sous-jacente et qui est désignée sous le nom, fréquemment employé, de moraine profonde. Il est incontestable que ces débris, de toutes grosseurs, soient charriés en une masse plus ou moins cohérente, qui a à subir à la fois la compression du glacier superposé et la friction dé la roche sous-jacente ; mais il faut reconnaître aussi que chaque galet, pris à part, n'éprouve pas toujours le frottement des galets voisins ni même celui des grains plus petits contenus dans la boue conjonctive. En conséquence, il peut être strié, mais il ne l'est pas nécessairement et, de fait, dans les portions, d'ailleurs restreintes, où l'on peut observer les moraines profondes *actuelles*, les galets striés ne sont qu'en infime minorité dans le nombre total.

Le plus souvent, au lieu de moraines vraiment actuelles, au sens absolu du mot, ce sont simplement des moraines très récentes qu'on observe, comme en avant des glaciers de Rosenlaui et de Grindelwald. Mais leur récence n'est pas telle que ces moraines n'aient déjà subi, comme les moraines quaternaires, les actions ultérieures, indépendantes des glaciers, et auxquelles nous attribuons la striation.

Ce qui nous autorise pleinement à formuler cette opinion, c'est que parmi les points où, dans les Vosges par exemple, se rencontrent les galets striés, sont, non seulement des moraines profondes, mais aussi des moraines frontales, comme à Wesserling et à Saint-Amarin ; des moraines frontales qui n'ont pas été écrasées par leur glacier et pour lesquelles le mécanisme de striation proposé ne convient en conséquence aucunement.

Cette remarque, qu'on pourrait répéter pour des pays très nombreux et très divers, s'applique tout spécialement à la région bavaroise, à cause des belles études dont elle a été l'objet de la part de Zittel. Celui-ci, décrivant le *paysage morainique* au sud de Münich et ayant constaté que tous les galets calcaires sont striés dans la moraine profonde, ajoute à l'égard de la moraine frontale : « Les débris calcaires et, en partie aussi, les blocs et les cailloux de grès y sont forcément striés et ont évidemment cheminé de la moraine profonde jusqu'au bord du glacier. » Cet « évidemment » est le complément du calme avec lequel l'auteur reconnaît, inconsciemment d'ailleurs, que la moraine frontale ne contiendrait *aucun* galet calcaire si la moraine profonde n'était pas là pour lui en fournir.

Enfin, il faut reconnaître que les vraies moraines profondes des temps quaternaires, c'est-à-dire les cailloutis éparpillés entre deux moraines frontales successives d'un même glacier en voie de diminution, ne présentent d'ordinaire aucune strie. On dira qu'ils ont été dépouillés de la boue qui les protégeait contre

l'intempérisme, mais on peut penser, avec autant de vraisem-
blance, qu'ils n'ont jamais été dans des conditions favorables à
la striation.

Ces considérations ne sont pas inutiles ici, et nous avons le
devoir d'y insister, puisque c'est, comme l'on sait, la découverte
des stries qui constitue le principal argument en vertu duquel
on qualifie de « glaciaire » le terrain à pierrailles des Préalpes
vaudoises, et il est évidemment de la plus haute importance de
constater que cet argument ne signifie aucunement ce qu'on a
prétendu lui faire dire.

Reste à donner au processus de striation par voie de dénudation souterraine, la sanction irréfutable qu'on est en droit
d'exiger pour lui. Elle nous sera procurée par une application
convenable de la méthode expérimentale.

La pression dont nous pouvons disposer dans un laboratoire
étant très faible, comparée à celles qui, dans la Nature, représentent le poids des masses caillouteuses se tassant peu à peu,
il est indispensable d'employer, pour jouer le rôle des galets
calcaires, des objets beaucoup plus faciles à entamer. Après
diverses tentatives, je me suis arrêté à des galets de plâtre qui,
malgré ce qu'on pourrait supposer tout d'abord, sont éminemment propres au but poursuivi. Pour les obtenir facilement, et
avec le degré désirable de poli, je coule du plâtre à mouler très
liquide dans des ballons de verre à panse sphéroïde ou ellipsoïde
(matras d'essayeur), que je brise avec précaution après la prise.

En second lieu, pour réaliser des tassements énergiques et
rapides, et pour représenter le calcaire qui, dans la Nature, est
dissous lentement par les eaux, je mélange au sable quartzeux,
dont les grains doivent agir comme burins, une proportion suffisante d'une poussière soluble dans l'eau. Enfin, je dispose les
choses de façon à pouvoir développer, non seulement un tassement de haut en bas, mais des déplacements obliques à la
verticale.

L'appareil consiste en une caisse rectangulaire de 40 centimètres de hauteur sur 45 centimètres de longueur et 20 centimètres de largeur. On place à son intérieur, et en contact avec
l'une ou l'autre de ses parois, suivant les cas, un ou plusieurs
coins en bois, qu'on pourra enlever lentement ou brusquement

au cours de l'expérience, de façon à provoquer des glissements latéraux. La caisse est remplie d'un mélange d'un volume de sable quartzeux de calibre approprié avec un à deux volumes de gros sel de cuisine. Souvent j'ai recouvert le fond de la caisse de plusieurs centimètres de sel sans mélange de sable. Pendant le remplissage, on dépose dans la masse les galets de plâtre, qu'on protège d'ailleurs de tout frottement étranger à l'expérience en les enveloppant d'une zone de sel humide. Une fois la caisse pleine, on recouvre le contenu d'une planchette qu'on surcharge d'un poids de 20 à 30 kilogrammes.

Pour provoquer le glissement, on fait arriver de l'eau au contact du mélange, tantôt sous la forme d'un jet de robinet ou d'une pluie d'arrosoir, tantôt par immersion de la caisse dans un réservoir. Le sel se dissout et la matière s'écroule ; on retire les coins, avec une allure variable d'un cas à l'autre et, pour mettre fin à l'expérience, on n'a qu'à retirer le poids et à ouvrir une porte latérale par laquelle s'écoule lentement le sable sous l'action d'un filet d'eau.

Les blocs de plâtre, bien lavés et desséchés, se prêtent à un examen intéressant : on peut en résumer les conclusions en constatant qu'il cadre exactement avec celui des galets naturels. Les stries ont en général quelques millimètres de longueur et sont rectilignes ; elles commencent toujours et elles finissent souvent en pointe. On reconnaît parfois que le petit burin a quitté le bloc pour le reprendre dans la même direction, après un glissement plus ou moins long. Très souvent, on trouve plusieurs stries qui se sont réunies en un faisceau, avec une direction commune. Le même spécimen renferme ordinairement des stries de directions très différentes et qui peuvent s'entrecroiser sous des angles quelconques. Aux stries fines sont associées d'ordinaire, comme sur les galets naturels, des stries plus grosses, et même des traces pareilles à celles que produit une compression sans glissement : c'est un acheminement vers la reproduction des « galets impressionnés » qui s'est réalisée dans quelques expériences, mais sur laquelle je n'ai pas à insister en ce moment.

Cependant, le poli n'a pu être imité, et même le poli primitif a été diminué ; mais cela s'explique par la nature du plâtre et par le peu de durée de l'expérience. Ajoutons d'ailleurs que si les produits artificiels sont beaucoup moins riches en stries que les galets naturels, il est clair qu'on les enrichirait indéfiniment par une prolongation ou par une répétition suffisante de l'expérience.

Les mêmes essais, dont il suffit d'indiquer ici l'esprit général, ont permis d'aller encore plus loin dans l'interprétation des faits naturels. En mettant dans l'appareil des plaques de plâtre, obtenues par moulage dans une cuvette de porcelaine et en conséquence parfaitement polies, on les a couvertes de stries en différentes directions. On a même obtenu ces stries *saccadées* que les glacialistes ont regardées comme particulièrement caractéristiques. Ces divers résultats ne sont d'ailleurs pas aussi faciles à obtenir qu'on se l'imagine volontiers ; et, par exemple, on n'a réussi qu'à la condition d'employer un sable bien serré, c'est-à-dire dont les grains soient maintenus en présence les uns des autres et mis dans l'impossibilité de tourner aisément sur leur centre. Dans ce dernier cas, en effet, un grain de sable ne fait pas de stries ; il ne touche le plâtre que d'une façon intermittente et y laisse des ponctuations plus ou moins équidistantes.

Il résulte de ces faits, qui montrent que le striage peut être réalisé sur des surfaces calcaires immobiles par le tassement progressif des placages sous l'influence de la dénudation souterraine, qu'on ne peut pas plus invoquer le témoignage de ce striage que celui des galets eux-mêmes, pour affirmer l'origine glaciaire de la région où ils se présentent.

On doit même faire une remarque complémentaire qui a des conséquences importantes. C'est que le poli et la striation des roches calcaires sont des caractères éminemment fragiles, qui tendent à chaque instant à se laisser effacer et qui doivent constamment être rétablis par le mécanisme que nous avons décrit. De telle sorte que, si, conformément aux idées généralement admises, les polis et les stries étaient dus aux anciens glaciers, c'est-à-dire dataient de l'antiquité des temps quaternaires, il y a bien longtemps qu'ils auraient disparu du fait de la circulation de ces eaux souterraines, qui se trouvent, au contraire, en être les artisans. C'est bien à tort, par exemple, qu'en trouvant des surfaces polies et burinées sur des roches calcaires, telles que celles

de Lourdes, débarrassées dans un but architectural des terrains
superficiels, on a pensé que ceux-ci les avaient préservés de la
dénudation depuis « l'époque glaciaire ». On les a, au contraire,
privées désormais des agents préposés à leur entretien.

La conclusion de nos études sur le terrain à galets striés
des Préalpes vaudoises est donc extrêmement nette. Elle peut
avoir d'autant plus d'intérêt que, sans aucun doute, on l'appli-
quera sans variante à une foule d'autres régions qui présentent
les mêmes particularités géologiques. On peut la formuler en
disant que ce genre de formations ne se rattache aucunement à
l'origine glaciaire qu'on lui attribue universellement : c'est, au
contraire, un produit, toujours en voie de renouvellement, de la
dénudation souterraine.

Mais on ne peut articuler une semblable assertion sans se
préoccuper de ses conséquences, et, tout d'abord, il convient de
rechercher comment elle s'accorde avec les idées jusqu'ici reçues
sur l'histoire géologique de la région qu'elles concernent. Or, il
faut répéter que la principale raison pour affirmer l'ancienne
présence des glaciers dans les gorges de la Veveyse, de la baie
de Clarens, du Chauderon, de la Tinière, c'est la présence, sur
leurs flancs, des placages de boue à cailloux striés. Cette présence perdant sa signification et le terrain dit glaciaire devenant
un terrain d'éboulis, doit-on pour cela renoncer à croire que le
« grand glacier du Rhône » a jadis reflué dans les vallées qui
viennent d'être nommées ? S'il en était ainsi, il n'y aurait plus
de raison pour attribuer à ce glacier 1 000 mètres d'épaisseur par
le travers du lac Léman et, de proche en proche, il faudrait
diminuer considérablement l'actif de la « période glaciaire ».

En examinant l'état des choses, on reconnaît d'abord que le
gisement même des placages ne cadre pas aussi bien avec la doctrine qu'on se plaît à le répéter. Ils s'élèvent jusqu'à 1 000 mètres,
il est vrai, mais cette altitude est loin de les rencontrer partout
et on ne comprend pas comment les moraines latérales qu'ils
constituent, dans cette manière de voir, manquent dans une
foule de points où la glace aurait pu parvenir comme ailleurs.
Du reste, quand on descend vers le lac, on voit bientôt tout vestige de galets striés disparaître, et c'est une chose bien inexplicable, car le glacier, en se rapetissant, n'aurait pas manqué de

laisser la trace de toutes ses dimensions successives, par des
lambeaux du terrain qu'il édifiait sur ses bords. En réalité, dès
qu'on atteint le niveau de la mollasse, on ne voit plus rien de
comparable à ce que montre, avec tant d'abondance, la zone
des calcaires crétacés et jurassiques qu'on rencontre plus haut.

Les galets striés se présentent incontestablement comme
des matériaux descendus des sommets voisins et aucunement
comme des blocs venant de loin et qui auraient été charriés
transversalement.

Il est vrai, et c'est un point sur lequel les glacialistes insistent
volontiers, que si la grande majorité de ces galets est de la même
substance que le substratum du bassin hydrologique dans lequel
on les recueille, une portion se rapporte cependant à des roches
toutes différentes et dont on ne peut trouver le gisement origi-
nel que dans les parties les plus hautes de la chaîne des Alpes.

C'est ainsi que dans la région que nous avons surtout en vue
dans ce qui précède, on rencontre, de côtés et d'autres, à la surface du sol, des blocs plus ou moins gros d'un poudingue rougeâtre, identique à celui qui affleure dans la vallée du Rhône, au-
dessus de Collonges, près d'Evionnaz. Il en est qui sont faits du
poudingue éocène de Chaussy, près des Ormonts, et c'est le cas
pour un bloc qui gît à 1 475 mètres d'altitude, à 50 mètres au-
dessus d'un petit chalet sur le sentier qui conduit de Cau à Chamosallaz. Dans la vallée de la Tinière, ce sont des poudingues
de Vallorcines qui se présentent en blocs disséminés ; ils y sont en
grand nombre et spécialement autour des Clavons, à 1 000
mètres environ d'altitude.

Les géologues ont beaucoup discuté pour expliquer le gisement de ces matériaux. M. le D' H. Schardt écrit à ce sujet :
« On est surpris à juste titre de trouver ces blocs aussi haut
dans la vallée, en un point où l'arête de Naye a 1 700 mètres
d'altitude et celle du mont d'Arvel 1 930, au signal de Malatrait.
Le point 1 718 de l'arête de Naye, les blocs erratiques et le signal
de Malatrait se trouvent exactement sur une ligne droite. Or, il
n'est pas admissible que le glacier soit venu par l'arête de Malatrait, qui a encore 1 600 mètres, à 2 kilomètres au S.-E., hauteur que le glacier n'avait pas dans cette région. Il est ainsi
probable que la glace du grand glacier a réellement *refoulé* celle

du petit affluent de la Tinière en formant une sorte de golfe dans la vallée. »

Pour le bloc qui gît entre Cau et Chamosallaz, il présente des réflexions analogues : « Ce bloc, dit l'auteur, est le plus élevé que nous ayons remarqué parmi ceux appartenant *certainement* au glacier du Rhône. Plus haut se trouvent encore de nombreux blocs calcaires qui peuvent être attribués au glacier local. On pourrait attribuer ce bloc de poudingue éocène au glacier de l'Hongrin, affluent de celui de la Sarine, et qui charriait presque exclusivement des blocs de cette roche. Etant donné que le col de Jaman n'a que 1485 mètres d'altitude, c'est-à-dire 10 mètres seulement de plus que le bloc observé, il se pourrait que le glacier de l'Hongrin eût dépassé le niveau de ce col ; mais dire qu'il ait franchi le col de Jaman et déversé ses blocs et ses graviers sur le glacier du Rhône, c'est là une supposition qui n'est guère probable. En effet, sous quelle impulsion aurait-il pu remonter l'étroit vallon de Jaman pour arriver sur le versant occidental du mont Cau ? On peut donc admettre avec certitude que ce bloc de flysch des Ormonts a été déposé là par le glacier du Rhône, et que celui-ci a atteint et dépassé peut-être le niveau de 1475 mètres. »

Mais il semble que la question comporte une solution beaucoup plus simple et qui a, à nos yeux, le mérite de concorder avec celle qui s'est appliquée à .l'histoire des galets striés. C'est que le transport des blocs s'est effectué par simple éboulement le long des pentes, dont le profil s'est *depuis lors* profondément modifié en conséquence des progrès de la dénudation subaérienne.

On ne peut qu'être très frappé, en effet, de l'énergie avec laquelle le sol des Préalpes vaudoises est travaillé par les agents de la dénudation aqueuse, et, dans cette direction, une attention spéciale doit être accordée au mode d'action des torrents. En voici un exemple particulièrement bien choisi.

La montagne des Pléiades, qui domine Vevey, et dont la constitution géologique, comme les particularités techniques, a fourni aux savants suisses la matière de recherches intéressantes, est bien connue des touristes. Quand on la regarde de Vevey, c'est-à-dire du S.-O., on est frappé de la profonde écorchure verticale qu'elle présente, toujours maintenue à vif et dont la couleur blanchâtre contraste avec le vert foncé des bois qui s'étendent sur ses flancs. Cette écorchure est un ravin à parois abruptes, dont le mode de formation jette du jour sur un phénomène fréquent dans les montagnes : on peut y saisir, en effet, l'allure énergique que présente, dans les circonstances favorables, la régression des torrents.

Au fond de ce ravin coule un filet d'eau qu'on doit regarder comme la source principale du ruisseau désigné sous le nom d'Oyonnax et qui, après avoir passé aux Chevaleyres-Devant et à Blonay, se jette dans le lac Léman entre Vevey et la Tour-de-Peilz. Ce ruisseau n'a qu'un très faible volume, sauf au moment de la fonte des neiges où il est plus abondant, mais seulement un temps très court, et sans jamais atteindre un débit très considérable. Aussi est-on frappé du travail énorme qu'il a réalisé sans qu'on puisse lui supposer d'autre collaborateur que l'eau ruisselant sur le sol à chaque pluie.

La vue du ravin donne l'idée d'un trait de scie, qui menace de couper la montagne en deux parties. Ce travail se propage très visiblement de la base vers le sommet des Pléiades, qui n'est pas encore atteint, mais qui ne sera pas longtemps indemne. C'est donc bien d'une forme particulière de la régression des torrents qu'il s'agit ici.

En l'étudiant de près, on lui reconnaît une série de traits de détail qu'on retrouve dans des accidents nombreux, situés dans des régions très diverses. On en conclut que si l'on a affaire ici, sans conteste, au phénomène banal du ravinement des montagnes par les torrents, les choses s'y présentent avec une netteté qui en rend l'interprétation exceptionnellement éloquente.

Par exemple, le pied du ravin est un point de départ pour des traînées de boue avec fragments calcaires, qui vont se déposer, à des niveaux inégalement distants, dans les régions les plus basses. Elles nous font assister à la production de ces placages boueux, regardés comme glaciaires par les auteurs de la Carte géologique de la Suisse.

Or, cette disposition des choses rend facile à comprendre, sans l'intervention de glaciers gigantesques, la situation de blocs

de roches parfois très gros sur un sol très différent d'eux-mêmes
et dans des points qui sont séparés de leur gisement primitif par
des sillons très profonds. En effet, des blocs qui sont descendus
sur le flanc nord des Pléiades seront avant peu séparés de leur
lieu d'origine par ce sillon des Chevaleyres, destiné sans aucun
doute à disjoindre deux sommets aux dépens de la montagne
aujourd'hui unique. On sera alors tenté, pour rendre compte de
leur gisement, de supposer l'existence passée d'un glacier qui
aurait comblé l'intervalle et fait un pont sur lequel les blocs
auraient été charriés. On voit à quel point cette supposition peut
être inexacte. C'est cependant celle qu'on fait à chaque instant
dans des conditions analogues et dans ce même pays des
Préalpes vaudoises, pour expliquer le gisement sur la mollasse
de blocs provenant des chaines centrales.

Il faut se rappeler que les sillons ouverts maintenant, sont, en
général, d'âge très postérieur à celui du soulèvement du sol, et
que le jeu des cours d'eau de tous ordres, depuis les ruisseaux
jusqu'aux torrents, consiste à débiter la surface du sol en segments séparés les uns des autres par des traits de scie plus ou
moins orthogonaux, dont la multiplicité amène progressivement
un abaissement général du pays.

On a souvent été très éloigné de bien comprendre ce mécanisme, cependant si évident en tant de lieux, et auquel se rattache la production d'innombrables *cols* accidentant les chaines
montagneuses de structure homogène. Pour l'appliquer tout
spécialement à notre sujet, nous pouvons considérer l'ensemble
des sommets qui, parallèlement à la rive droite du Rhône, comprend la Dent de Jaman, les rochers de Naye, Chamossaire et la
cime des Diablerets avec 3 251 mètres d'altitude. Aujourd'hui,
tous ces points sont séparés par des cols profonds, dans chacun
desquels coule un torrent. Mais il est facile de s'imaginer que,
par un comblement convenable, toutes ces dépressions soient
supprimées et que le profil découpé d'aujourd'hui soit remplacé
par une pente continue le long de laquelle la descente progressive des « égravats » ne rencontrerait aucun obstacle. L'ouverture ultérieure des cols est venue accidenter la surface primitive,
en coupant la communication entre les points de départ et les
points d'arrivée actuelle des charrois pierreux.

Sédimentation souterraine. — Par sédimentation souterraine, j'entends la constitution au-dessous de la surface du sol, et parfois fort au-dessous de cette surface, de strates parfaitement réglées et pouvant être en concordance avec les masses sous-jacentes comme avec les masses superposées, — tout en étant plus récentes que les unes et que les autres.

Suivant moi, un certain nombre d'assises d'argiles, de sables, de rognons phosphatés, de débris fossiles, comme les *bone-beds* reconnaissent ce mode de formation. Leur âge, comme assises distinctes, n'est donc pas intermédiaire, comme on le croit généralement entre celui de la couche qui les supporte et celui de la couche qui les recouvre, mais postérieur à ce dernier et quelquefois de beaucoup. D'un autre côté, leur nature spéciale n'indique pas, comme on l'a pensé souvent, une constitution exceptionnelle du milieu de sédimentation au moment de leur dépôt, et il est facile de démontrer qu'en divers cas, ce résultat présente une grande portée.

Dans une éprouvette à pied, du type dit *éprouvette à dessécher,* on dispose, sur quelques centimètres de hauteur, de petits grains de quartz qu'on recouvre d'un mélange intime de carbonate de chaux précipitée et d'oxyde de fer magnétique, l'un et l'autre en poussière très ténue : ce mélange est d'un gris très clair. Après lui avoir superposé plusieurs centimètres de sable quartzeux, on y fait arriver de l'eau très faiblement additionnée d'acide chlorhydrique(¹).

Le liquide, après avoir filtré au travers du sable, arrive au contact de la couche grise, dissout le carbonate de chaux et immédiatement on voit apparaître un étroit liséré noir, composé de fer oxydulé, débarrassé de la poussière blanche à laquelle il était associé. Peu à peu, ce liséré qui n'est que la tranche d'une mince couche, va en s'élargissant et bientôt l'éprouvette montre, sous le sable, une couche noire, reposant avec la plus grande régularité sur la couche grise.

Évidemment, si l'on n'était pas prévenu, on penserait que le chargement de l'éprouvette s'est fait en quatre fois : qu'au-dessus

(¹) Stanislas Meunier, *Comptes rendus de l'Académie des sciences,* 1898, t. CXXVII, p. 676.

du quartz en grains, on a mis une couche grise, puis une couche noire et enfin le sable quartzeux supérieur ; que, par conséquent, l'âge de la couche noire est intermédiaire entre ceux de la couche grise et du sable qui couronne l'ensemble.

Ce seraient autant d'erreurs que d'assertions et je ne crains pas de dire qu'on en commet souvent d'analogues en stratigraphie.

Pour rapprocher de la Nature les conditions de l'expérience, j'ai substitué dans l'éprouvette au mélange de carbonate de chaux et de fer oxydulé, la poussière obtenue par la désagrégation du calcaire oolithique de Lorraine. Le résultat a été bien significatif, car, à la partie supérieure de la couche ainsi produite, et qui avait été recouverte d'une notable épaisseur de sable quartzeux, il s'est constitué un lit parfaitement réglé qui semble tout d'abord n'avoir aucun rapport avec la poussière calcaire. Or, il va de soi que cette argile est le résidu de la dissolution lente du calcaire ; elle se produirait aussi bien par l'action de l'acide carbonique que par celle de l'acide chlorhydrique.

L'expérience répétée avec la poussière de la craie brune de Beauval (Somme) donne lieu à la production d'un sable de phosphate oolithique de chaux, sous le sable quartzeux et sur la craie non encore altérée, reproduisant la disposition observée dans des gisements naturels très nombreux.

Enfin, j'ai pu aller plus loin et constituer toute une sédimentation souterraine, bien plus compliquée et dont l'âge relatif de ses éléments constitutifs est précisément l'inverse de ce qu'il semblerait devoir être à première vue.

Sur la couche inférieure de grains de quartz, que nous appellerons 1, parce qu'elle est la plus ancienne, on met des lits de carbonate de chaux pur, en farine, mélangés successivement : la couche n° 2 à des paillettes de mica, la couche n° 3 à des grains de fer oxydulé, la couche n° 4 à des grains de pyrite de fer, la couche n° 5 à des grains de pyroxène. Le tout est recouvert de sable quartzeux couche n° 6, et l'on fait agir le dissolvant.

Au cours de la dissolution du calcaire contenu dans la quatrième couche, et pendant que la couche reste immuable avec son n° 5, on voit se produire un lit de mica, qui ne représente plus d'ailleurs, quand il est bien purifié, qu'une faible partie de l'épaisseur du mélange et qui mérite le n° 6, étant plus récent que le n° 4. Puis, la couche n° 3 se transforme en couche n° 7 par la perte de son carbonate de chaux et la concentration de sa pyrite. La couche n° 2, par la même transformation, devient la couche de pyroxène n° 8.

Pour que l'expérience réussisse, il faut que le liquide puisse facilement circuler et l'emploi d'une éprouvette à tubulure inférieure est donc indiqué. On peut, de temps en temps, remplacer le liquide acidulé par de l'eau pure, qui entraîne le chlorure de calcium produit et prévient le colmatage des couches.

A la fin, l'éprouvette, rapprochée d'un témoin non soumis à l'acide, contraste extrêmement avec lui ; au lieu de trois couches épaisses et grisâtres, fort analogues entre elles pour l'aspect, elles montrent entre les lits quartzeux inférieur et supérieur, trois lits, très minces, de substances fort diverses et il semblerait tout d'abord qu'il n'y a aucun rapport entre les deux.

Nous n'avons plus à insister sur ces résultats avec la disposition des biefs de Picardie et de toutes les substances analogues, dont l'isolement souterrain sous la forme apparente de sédimentation normale est dû sans restriction à la pluie successivement infiltrée dans le sol.

Génération, par la pluie infiltrée, d'une espèce minérale spéciale : la zoésite. — Il est infiniment remarquable que la structure de certains corps enfouis exerce autant d'influence que la composition des liquides d'infiltration sur la minéralisation de ces corps eux-mêmes.

Voici à cet égard un exemple bien constaté, à côté duquel on pourrait en citer beaucoup et qui semble montrer qu'une matière ayant été organisée, quoiqu'elle ne représente maintenant qu'une substitution intégrale d'une substance à une autre, jouit de la faculté de donner à la matière de remplissage une structure tout à fait spéciale et jusqu'à une forme cristalline particulière.

Supposons une assise de craie blanche ordinaire, c'est-à-dire le produit de fossilisation d'une boue à *globigérines* datant d'une époque fort antérieure à la nôtre et par exemple d'antiquité sénonienne. Les eaux qui n'ont pas cessé de circuler à travers ce type de dépôt abyssal y ont réalisé de considérables et nombreuses modifications. Bornons-nous à considérer ici les déplacements et les transformations de la silice. Celle-ci, d'abord répandue dans la masse vaseuse à l'état de gelée très hydratée et par conséquent très mobile, s'est concrétionnée autour de certains centres d'attraction et y a constitué des nodules ou rognons de silex. Cette élaboration a compris toute une série de temps successifs, dont on peut retrouver quelques étapes. D'abord, il y a eu substitution à la substance crayeuse, on peut dire molécule à molécule, car la structure en a été conservée d'une manière invraisemblablement précise et délicate : au point que des lames minces montrent au microscope des sections de foraminifères parfaitement déterminables, malgré leur nature complètement siliceuse.

On verra des rognons siliceux qui, en grandissant petit à petit, ont empâté de gros fossiles comme des *Ananchytes* qui sont presque entièrement formés de calcite, on peut dire chimiquement pure et clivable en une infinité de rhomboèdres parfaits. Il ne faudrait pas, comme quelques naturalistes le font, croire que ces échinodermes sont *restés* calcaires.; et naturellement, les fauteurs d'un pareil barbarisme colportent leur erreur avec une certaine arrogance. C'est que, pendant leur vie, les tests d'oursins, comme les coquilles de mollusques, et bien d'autres fossiles, ne sont point du tout composés de calcite, et la première lame mince d'un individu *vivant* le démontrera surabondamment[1]. Il est impossible de comprendre que les fonctions de la vie puissent s'accomplir dans un tissu cristallin ; mais la matière organique du test a été décomposée et remplacée par de la chaux carbonatée parfaitement cristallisée.

En même temps, tout le vide de l'oursin, comme sa partie extérieure empâtée dans le rognon siliceux, s'est entièrement rempli de pierre à fusil, et même dans sa région centrale, il

[1] Stanislas Meunier, *Memorias delle Academia de Ciencias* de Barcelone, 1918, vol. XIII, p. 443.

est passé très souvent à l'état de géode de cristal de roche,
comme on en trouve dans les silex qui ne renferment point de
fossiles.

Or, et c'est là que cette influence dont je parlais tout à
l'heure, entre en jeu et se manifeste d'une manière éclatante, si
l'on plonge des fragments de test calcaire dans de l'acide
chlorhydrique ordinaire, on voit, une fois l'effervescence épui-
sée, que dans les morceaux non complètement dissous de la
coquille, il se montre de tous côtés des grains hyalins parfaitement enchâssés dans le carbonate et qui consistent en silice
pure et admirablement cristallisée. Toutefois, il ne s'agit pas
de cristal de roche, mais d'une variété de silice, à laquelle j'ai
donné le nom de *zoésite* ([1]), pour rappeler le rôle que le milieu
ayant vécu remplit à son égard. Dans cette variété, qui n'est
ni de la quartzine, ni de la calcédonite, M. Lacroix a vu, en
lumière convergente, deux axes très rapprochés autour d'une
bissectrice positive. Les fibres sont d'allongement positif,
mais celui-ci se fait obliquement par rapport à l'indice maximum.

Des faits analogues ont été retrouvés dans beaucoup d'autres
fossiles silicifiés de la craie et spécialement *Belemnitella quadrata*
de la craie d'Hardivillers (Oise), qui m'a donné de remarquables
résultats ([2]).

[1] *Comptes rendus de l'Académie des sciences*, t. CLII, 1911, p. 1877.

[2] *Compte rendu sommaire de la Société géologique de France*, séance du 5 novembre
1917. — Complément d'observations sur la silicification des Bélemnites, *Bulletin du
Muséum*, t. XXIV, p. 150, février 1918.

DEUXIÈME PARTIE

COLLABORATION DE LA PLUIE AUX DIVERSES FONCTIONS GÉOLOGIQUES ACTUELLES

Liaison intime des différentes fonctions de la Géologie générale.

Le caractère commun des études que j'ai, durant ces dernières années, soumises à l'attention du public et qui ont concerné successivement les chapitres les plus différents de la Géologie, comme l'histoire des volcans, celle de la mer, des glaciers, de la vie, a été sans exception de faire ressortir l'union intime des diverses formes de l'activité planétaire.

On ne peut qu'être frappé de la ressemblance qui en résulte, entre l'incessante évolution des organes réunis dans les êtres vivants et les appareils qui concourent à la réalisation de la physiologie terrestre. On arrive, dans un cas comme dans l'autre, à proclamer la collaboration indispensable de chacun des phénomènes spéciaux, même les plus petits en apparence, à la réalisation correcte des fonctions, même les plus larges, et à reconnaître que l'intégrité de l'ensemble étant nécessaire au fonctionnement de chaque détail, la défection la plus minime de ceux-ci compromettrait réciproquement la perfection du grand Tout.

Nous répartirons les huit fonctions de l'organisme terrestre en deux chapitres, dont l'un comprendra les fonctions *autonomes*, c'est-à-dire résultant de la chaleur propre du globe, et l'autre les fonctions *solaires*, qui sont dues à la chaleur de notre astre central.

CHAPITRE PREMIER

COLLABORATION DE LA PLUIE
AUX FONCTIONS AUTONOMES

Sommaire. — *Rôle de la pluie dans l'activité de l'écorce solide de la Terre.* — Grâce à l'eau sans cesse infiltrée, le granit et les autres roches cristallines sont en voie actuelle d'élaboration et ne sont pas des produits de fusion. Expériences de Sénarmont pour transformer les matières vitreuses en matières cristallines. J'applique la même méthode à l'étude des météorites. Rôle de l'eau dans le soulèvement des montagnes. Le gneiss. Les matériaux lithoïdes sont pourvus par l'eau souterraine d'une plasticité qui les plie aux contractions de l'écorce terrestre. Les lames de charriage. Vallées de fracture.

Le rôle de l'eau dans la fonction volcanique. — Les volcans sont de véritables sources thermales. Quantité considérable de vapeur d'eau rejetée dans les éruptions. *Orage volcanique.* Pluies torrentielles et boueuses amenant la formation de roches dures. Ensevelissement de Pompéi et d'Herculanum. Éruption boueuse du mont Kloët. Lacs bouillants des cratères. Étuves volcaniques. Les fumerolles. Théorie du mécanisme volcanique. Ce qu'on doit entendre par eau de carrière.

La circulation souterraine de l'eau chaude (fonction bathydrique). — Le métamorphisme. Les filons métallifères. La mine de Comstock. Zéolithes : observations à Plombières et à Bourbonne-les-Bains.

Rôle de la pluie dans l'activité de l'écorce solide de la Terre. — La croûte terrestre, comme on l'a vu, est, malgré son apparence inerte, dans un état d'activité incessante. Si la cause première en est dans la contraction du globe, la pluie est un des collaborateurs les plus efficaces du refroidissement continu et superficiel, d'où cette contraction dérive.

A chaque averse, une partie de l'eau qui tombe est bue par le sous-sol et, dès qu'elle a atteint la profondeur voulue, on peut dire qu'elle a diffusé, dans la zone qu'elle vient de traverser, le froid qu'elle avait emprunté à l'extérieur (fig. 20). Aussi, et nous aurons à y revenir, la coupe théorique de l'écorce comprend-elle deux zones concentriques : l'une, qui est profonde et repose sur le noyau interne, et l'autre, qui l'enveloppe et qui est pourvue de cette *eau de carrière* que les chimistes savent retrouver dans la masse des roches, même les moins humides, qui composent nos terrains.

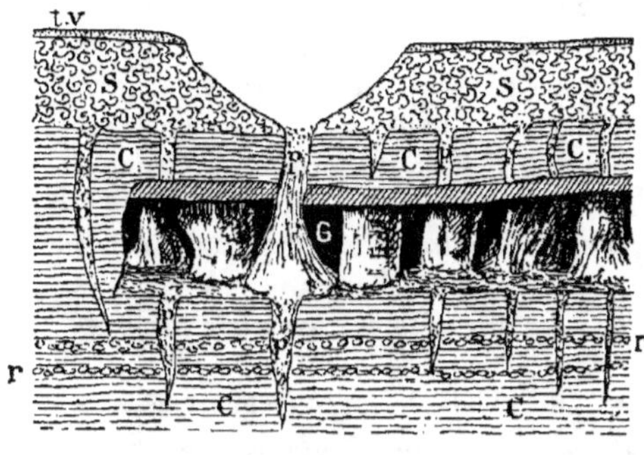

Fig. 20. — Rôle de la pluie dans l'activité de l'écorce solide de la terre. — Puits naturels P, P, P, dits orgues géologiques, perforés à travers la craie danienne C, C, C, par le ruissellement et la pénétration de la pluie tombée au sommet de la montagne de Saint-Pierre, près de Maëstricht, en Hollande, d'après Bory de Saint-Vincent. S, partie supérieure du plateau, composée d'une couche de galets et de deux couches de sable dont la surface est cultivée ; C, C, masse de calcaire danien dont se compose la puissance du banc dans lequel sont creusées les galeries d'exploitation G ; r, r, lits horizontaux de galets de rognon siliceux comparables à ceux qui existent dans la craie sénonienne de Meudon et de Dieppe ; on remarquera les coulées du sable supérieur qui ont glissé dans les puits pour s'établir sur le plancher des galeries et parfois même pour le franchir et pour se terminer en pointe en pleine masse de la roche calcaire. C'est le commencement d'un voyage de descente qui peut se prolonger extrêmement loin, comme on va voir.

La perte ininterrompue de chaleur nous enseigne que les progrès de l'eau d'infiltration, qui ne s'arrêtent jamais, ajoutent à chaque instant un peu plus d'épaisseur à la zone hydratée. Aussi, est-ce dans un milieu pour ainsi dire ambigu, où interviennent avec une égale constance une très haute température et la substance aqueuse, que les différentes roches constitutives de l'écorce, comme le granit et toutes les roches cristallines, sont actuellement en voie d'une élaboration, à laquelle l'eau préside d'une manière décisive.

Cette assertion n'est d'ailleurs admise dans la science que depuis un temps relativement très court (¹). Personnellement,

______

(¹) C'est ainsi qu'en 1907 encore, M. Haug, dans son *Traité de Géologie* (p. 323), dit qu' « il est parfaitement légitime d'envisager *les roches d'épanchement* comme le résultat de la *fusion* des roches en profondeur ; l'air de famille des venues éruptives d'une même province pétrographique s'explique dès lors aisément : il est dû à une communauté d'origine imputable à la constance dans la composition des matériaux granitoïdes qui, en un même point du globe, ont été amenés successivement à l'état de fusion. »

j'ai eu à opposer les expériences les plus concluantes aux progrès d'une doctrine professée par des savants haut placés et selon laquelle toutes les roches résulteraient du procédé que nous mettons en œuvre dans nos usines et qui consiste à liquéfier, par l'intervention des plus hautes températures que nous sachions produire, les minéraux que nous voulons faire cristalliser. Pour ces auteurs, le granit était un produit de fusion sèche, comme sont les verres du commerce, depuis le « cristal » de Saint-Gobain jusqu'au verre à bouteille, et jusqu'aux « laitiers » des hauts-fourneaux, qui peuvent d'ailleurs être remplis de cristaux, dont plusieurs se confondraient avec des produits naturels.

En même temps, on faisait du granit le soubassement de tous les terrains stratifiés ; et c'est, par exemple, l'opinion émise par Saussure, dans son *Voyage dans les Alpes* (¹).

On s'est même ingénié à en retrouver le *processus*, qui fut bientôt étendu à tel point que le granit, avec son origine purement ignée, ne fut plus bientôt qu'un cas particulier dans une manière d'être universelle.

Déjà, dans sa *Protogée*, Leibniz écrit (²) : « Si les grands ossements de la Terre, ces roches nues, ces impérissables silex, sont presque entièrement vitrifiés (³), cela ne prouverait-il pas qu'ils proviennent de la fusion des corps, opérée sous la puissante action de la Nature sur la matière encore tendre?... Le verre est en quelque sorte la base de la Terre. Il est caché sous le masque de la plupart des autres substances. »

Sans aller si loin, on a cependant vu beaucoup d'auteurs rattacher l'origine du granit à des phénomènes de *dévitrification* et suivre en quelque sorte la voie tracée par Leibniz et adoptée par Buffon. C'est ainsi que Durocher attribue la roche fondamentale à la solidification d'un magma fondu ayant la composition du pétrosilex. Fouqué et Michel Lévy, jusque vers 1890, ont

---

(¹) Horace-Bénédict de Saussure, *Voyage dans les Alpes*, Genève et Neuchâtel, quatre volumes gr. in-4°, 1779-1796. Seconde édition : en huit volumes, 1796-1803.

(²) *Protogea, sive de prima facie telluris et antiquissimæ historiæ vestigiis, in ipsis naturæ monumentis dissertatio ex Schedis manuscr. in lucem edit. a* C. L. Scheidio (1693).

(³) Il est inutile d'insister sur l'impropriété de ce terme *vitrifié* employé par l'illustre auteur, antérieur aux méthodes d'étude intime des corps minéraux.

continué à proclamer de la manière la plus formelle la formation du granit et des roches fondamentales par la fusion sèche. Le premier de ces deux minéralogistes, en laissant prudemment de côté les détails d'une genèse minéralogique qu'il ne comprenait certainement pas, écrivait : « Maintenant, on sait qu'une lave, au moment où elle arrive au jour, possède déjà presque tous ses cristaux ; les minéraux *du premier stade de consolidation* y sont tous formés et les microlithes, bien que continuant à se multiplier, y sont déjà d'une extrême abondance. Il n'y a donc alors de fluide que la matière amorphe. Par conséquent, la masse éruptive qui s'épanche et coule est une sorte de boue ignée, cristalline. Elle est composée d'un nombre infini de *petits minéraux* agrégés par des quantités variables d'une substance vitreuse en fusion (¹). »

Or, c'est l'eau d'infiltration qui vient éclairer cette question, en apparence si au-dessus de tout contrôle.

En effet, les régions souterraines dans lesquelles se développe la cristallinité des roches, et qui sont très hermétiquement séparées de la surface par des kilomètres d'épaisseur de matériaux solides, sont accessibles de diverses façons à la pénétration de l'eau que nous désignions tout à l'heure sous le nom d'*eau de carrière,* soit par simple capillarité, mais qui ne peut pas se prolonger indéfiniment, soit, d'une manière beaucoup plus efficace, par des déplacements relatifs d'énormes segments de la croûte, qui nous occuperont un peu plus loin. Il en résulte la réunion, dans des laboratoires clos, des matériaux minéraux des roches pierreuses et d'eau, dans cet état particulier qu'on appelle *suréchauffé.*

Des expériences nous ont, dès maintenant, procuré d'importantes notions, sur les effets du contact mutuel de réactifs aussi différents et dont on pourrait croire impossible la rencontre dans un même lieu. Elles ont pour auteur de Sénarmont (²).

Chose tout à fait dominante : il a montré que le vrai procédé pour transformer des matières vitreuses en matières cristallines et pour transformer des substances imprégnées d'eau en substances tout à fait anhydres, est de les soumettre à l'action de

---

(¹) *Revue des Deux-Mondes* du 15 juillet 1879.
(²) *Annales de Chimie et de Physique,* 7ᵉ série, t. XXX.

cette même eau. Son appareil consiste en un tube de fer extrêmement résistant, fermé à l'une de ses extrémités et qu'après
avoir pourvu des réactifs nécessaires, on ferme à l'autre bout,
de façon à le mettre à l'abri des explosions. Si les ingrédients
sont une matière vitreuse et de l'eau, on constate, après une
dizaine de jours d'exposition à une température de quelques
centaines de degrés, qu'après refroidissement, le verre a été
scindé en deux matières, dont l'une est un silicate plus ou moins
comparable aux matières feldspathiques, mais dont l'autre consiste en de merveilleux petits cristaux de roche, c'est-à-dire en
quartz absolument anhydre, de dimensions microscopiques, il
est vrai, mais de régularité géométrique parfaite. Si on opère
sur un mélange des éléments renfermés dans les minéraux naturels : silice, alumine, chaux, etc., en proportion convenable, on
recueille à l'ouverture de l'appareil, et suivant les matières employées, d'admirables cristallisations de feldspath, de pyroxène,
de péridot et d'innombrables autres espèces de la Nature.

Une conséquence de ces faits, c'est la notion des circonstances
qui ont provoqué l'état cristallin de ces espèces minérales et des
roches qu'elles constituent, et qui ont supposé l'intervention
constante d'agents gazéiformes. Il en résulte même la quasi-im-
possibilité de la production de composés vitreux qui, en effet,
ne se rencontrent dans la Nature que d'une manière exceptionnelle, la structure étant évidemment instable auprès de la structure cristalline, qui jouit d'un équilibre relatif.

Depuis l'époque de Sénarmont et de ses continuateurs immé-
diats, on s'est aperçu que bien des minéraux cristallins peuvent
s'obtenir, même sans l'intervention des gigantesques pressions
que les premiers expérimentateurs mettaient en œuvre. J'ai
reconnu, pour ma part, qu'à la pression ordinaire, le contact
mutuel de certains matériaux détermine la production de composés caractéristiques de gisements corticaux et principalement
de ceux qui font partie de la région la plus ancienne de l'écorce
terrestre, dont l'histoire géologique a été révélée par l'étude
combinée de la photosphère du Soleil et des roches qui tombent du ciel, les météorites (¹).

____

(¹) Reproduction et cristallisation d'un silicate anhydre en présence de la vapeur

Comme dans la constitution des minéraux primitifs, la collaboration de l'eau s'est révélée dans le soulèvement des montagnes.

Rappelons que ce soulèvement dérive de la tendance inéluctable des deux éléments primordiaux de la masse terrestre, c'est-à-dire du noyau et de l'écorce, à rester en contact intime.

En conséquence de la contraction de cet ensemble, sous l'influence de la cause unique de tout le dynamisme planétaire, le noyau fluide et l'écorce solide se refroidissent parallèlement, mais dans des conditions accessoires différentes.

En se contractant, le noyau tend à conserver sa forme sphéroïdale, mais l'écorce, qui est à chaque instant trop large, pour s'accommoder au diamètre continuellement réduit, s'infléchit en divers sens et, parvenant bientôt à la limite de son élasticité, se fracture.

Toutefois la fracture ne peut avoir l'effet de rapetisser la surface qu'à la condition d'être suivie d'un contournement qui fait que cette portion quitte une certaine sphère qui était trop grande

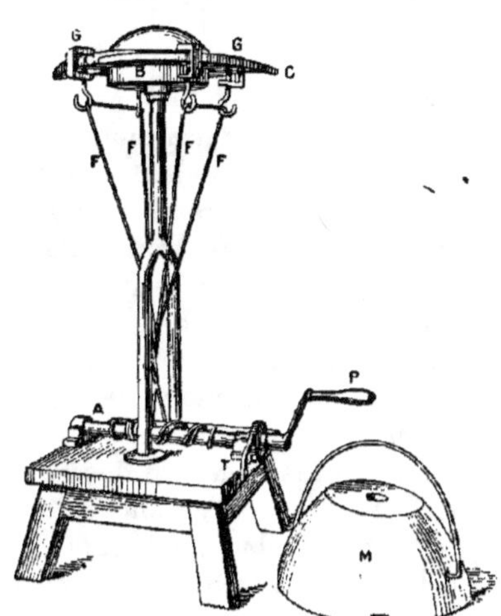

Fig. 21. — Appareil pour imiter la contraction de la croûte terrestre en conséquence de la contraction et du rapetissement du noyau interne qui détermine la surrection des chaînes de montagnes. Il consiste avant tout en une épaisse feuille de caoutchouc qu'on étire sur une demi-sphère en bois, de manière à en faire un demi-ballon B. A l'aide du moule M placé sur la sphère et laissant entre lui et elle un espace convenable on y coule du plâtre à mouler, de consistance coulante, et après le commencement de sa prise, on permet au caoutchouc de *revenir* sur lui-même. Il se fait des refoulements circumpolaires.

d'eau à la pression ordinaire (*Comptes rendus de l'Académie des Sciences*, 1880, t. XC, p. 349). Voir aussi mes Recherches expérimentales sur le mode de formation de divers minéraux météoritiques, *Recueil des savants étrangers*, 1881, t. XXVII, n° 5.

pour en adopter une plus petite, ou, en d'autres termes, pour se
comporter comme si elle était tombée entre les deux rayons qui
la limitent (fig. 21). Or, par définition, ces deux rayons n'étant
pas parallèles, d'énergiques réactions se produisent dans le sens
horizontal : c'est comme si un point était sollicité à pénétrer

Fig. 22. — Un des résultats de l'expérience précédente. On y voit la production d'une chaîne montagneuse entourant le pôle vers lequel se sont exercées les contractions de la croûte plastique.

dans une masse continue. La
résultante de ces deux efforts,
l'un vers le centre, c'est-à-dire
suivant les rayons, l'autre horizontalement, occupe évidemment
une situation intermédiaire. La
cassure qui s'ouvrira sera donc
inclinée sur l'horizon, et comme
la résistance de haut en bas est
infiniment plus grande que l'autre, c'est avec une inclinaison
très considérable que la rupture,
à laquelle convient parfaitement
le nom de géoclase, se manifes-
tera (fig. 22). Un cas fréquent, c'est qu'à côté d'une première
géoclase ainsi produite, il s'en produira une série d'autres à peu
près parallèles. La portion de terrain qui sera au *toit* de la cassure se comportera comme si elle se soulevait, et l'autre, c'est-
à-dire celle qui est au mur, descendra ou aura l'air d'avoir
descendu dans le sens opposé. Un coup d'œil sur les innombrables coupes qui ont été publiées relativement à toutes les
chaînes de montagnes, montre qu'elles peuvent servir d'illustration à cette explication. Il est intéressant de noter parmi les
exemples qui ont été les premiers cités le fait mentionné dès
1855 par Élie de Beaumont de la superposition du granit au
calcaire jurassique dans les Alpes de l'Oisan (¹). En 1881 (²),
Studer de son côté signale une note de Baltzer sur le contact
mécanique du gneiss et du calcaire dans l'Oberland et qui est la
constatation du glissement des roches cristallines sur les roches
secondaires.

<hr>

(¹) *Bulletin de la Société géologique de France*, 2ᵉ série, tome XII, p. 534.
(²) *Comptes rendus de l'Académie des Sciences*, t. XCII, p. 169.

De cette façon, la largeur des surfaces rocheuses à compenser est diminuée, et c'est ici qu'intervient le pouvoir cristallogénique de l'eau d'infiltration.

La densité des roches cristallines étant notablement supérieure à celle des roches amorphes, le passage d'un état à l'autre est accompagné d'une notable réduction du volume. Le déplacement souterrain est donc facilité, sans préjudice d'une autre réaction, la fonction volcanique.

On sait que le gneiss se présente comme le dernier terme d'une évolution minéralogique des roches sédimentaires, comprenant les divers états du métamorphisme. Cette roche type se signale avant tout, malgré son âge très variable et qui peut être très récent (permien ou peut-être même triasique), par le contraste de sa prodigieuse uniformité dans les régions les plus distantes, avec la diversité illimitée des matières premières d'où elle dérive. Pour l'expliquer, il faut admettre que, dans le laboratoire souterrain qui l'a produite, certains éléments des assises sédimentaires ont été éliminés et sans doute ramenés vers la surface, étant solubles ou délayables, et que les autres, en partie au moins à l'état solide, ont été intimement mélangés, ce qui suppose des déplacements de toutes les amplitudes. Il faut aussi accepter que les particules ainsi rapprochées et associées ont été cimentées les unes avec les autres par une matière conjonctive, généralement quartzeuse, et qui se montre clastique, en allumant sous le microscope une mosaïque très fine entre les nicols croisés.

D'ailleurs, pour que la théorie soit valable, il faut de toute nécessité qu'elle satisfasse à une condition d'importance maîtresse et qui cependant ne paraît guère être intervenue dans les préoccupations des lithologistes : c'est que le mode de genèse des roches cristallophylliennes soit conciliable, sans le moindre désaccord, avec ce que nous commençons à savoir du régime des profondeurs, et, par conséquent, qu'il n'y ait pas contradiction entre ce chapitre lithogénique et le chapitre orogénique qui lui est connexe.

Le point de vue auquel je me suis placé semble satisfaire à toutes ces exigences. Il consiste à croire que les phénomènes mécaniques, d'où résultent, comme produits les plus visibles, les refoulements des grandes lames de charriage, ont dans la substance des roches des contre-coups internes, de toutes les dimensions, jusqu'à celles des fissures microscopiques qui forment des réseaux inextricables que tout le monde connaît au travers de tous les minéraux. Ces fissures s'offrent en effet à la circulation incessante de fluides minéralisateurs (eau suréchauffée, et principes dissous), dont le sol est imprégné jusqu'à de grandes profondeurs et qui alimentent, de leurs filets refroidis et appauvris des matières solubles, les *griffons* des sources thermales.

On s'imagine le nombre infini de vicissitudes dont le domaine lithologique est le siège, et l'on ne peut lui refuser une intime ressemblance avec la manière d'être des tissus organiques.

Le mélange, avec leurs minéralisateurs, des minéraux en voie d'élaboration, est à chaque instant craquelé, et dans ses fissures qui, en s'élargissant, écartent progressivement des fragments précédemment contenus dans des masses continues, un véritable *plasma* minéral se modifie ainsi, d'après l'état des réactions ambiantes et, tout en circulant dans les capillaires inorganiques, en arrache certains éléments et y dépose en échange, par une sorte d'*intussusception minérale*, la substance conjonctive, dans laquelle les débris cristallins sont empâtés dans des situations quelconques.

C'est seulement par l'intervention de ce mécanisme de broyage et de rebroyage, — alternant avec des cimentations et des recimentations, — qu'on peut comprendre la structure des roches que nous avons en vue.

Ce qui frappe dans les lames minces, c'est l'état essentiellement fragmentaire des minéraux constitutifs. Le feldspath et le mica sont à l'état d'éclats de clivage, souvent d'une admirable netteté de contours, qui montre qu'ils n'ont été ni refondus ni corrodés, mais simplement *broyés*. Le quartz y est sous deux formes principales : 1° en morceaux de cristaux, évidemment très écartés des portions de roches initiales, dont ils ont été détachés depuis leur cristallisation ; et 2° en plages, parfois très larges, reliant ensemble les autres minéraux et se révélant elles-mêmes, entre les nicols croisés, comme formés de granules diversement orientés, sans formes définies. Le tout, répétons-le, traversé d'innombrables fissures enchevêtrées et résultant de la plus intime des cataclases.

Avec des fragments de cristaux se présentent parfois des morceaux de roches déjà très complexes, comme la micropegmatite, la microgranulite, etc., et qui font un acheminement vers les granits, les gneiss à enclaves de dimensions sensibles à l'œil nu, puis de plus en plus considérables. Et nulle part, il n'est loisible de tracer une limite séparative entre ces phénomènes si intimes et le majestueux déplacement en masse, le long des grandes géoclases, des plus volumineuses lames de charriage.

Les détails qui précèdent montrent, avec surabondance, la collaboration de l'eau pluviaire, lentement infiltrée dans le sol, à la réalisation de la fonction corticale.

C'est par l'intervention de l'eau souterraine que les matériaux lithoïdes sont pourvus d'une véritable plasticité qui les plie à tous les contre-coups des contractions de l'écorce, sous l'influence du rapetissement ininterrompu du noyau incandescent de la planète. Mais il importe de noter qu'une fois parvenue, grâce aux eaux suréchauffées, à prendre part au charriage des lames qui deviennent des ridements montagneux, l'eau continue à collaborer à la réalisation des particularités du relief du sol, qu'il avait paru tout à fait logique, à certains géologues, de faire dépendre uniquement des phénomènes corticaux.

Cet exemple, des plus frappants, est fourni par l'examen des régions continentales traversées par des sillons, directeurs de filets d'eau, observant les uns par rapport aux autres, une disposition symétrique qui contribue à donner des traits particuliers au paysage.

Les efforts orogéniques les plus lents, comme nous en avons cité en Scandinavie, amènent parfois la production de réseaux de sillons de ce genre, dont on a méconnu la vraie signification. Daubrée, séduit par le parallélisme et l'orthogonisme de groupes de petites vallées, telles que celles de la Haute-Normandie, entre Saint-Valéry-en-Caux et Montreuil-sur-Mer, n'a pas hésité à les faire intervenir comme preuves de la réalité de *torsions* subies par la croûte tout entière de la Terre, en conséquence de la contraction spontanée du globe.

Quand on parcourt cette portion de la côte de la Manche, on rencontre, pour les traverser, une série d'embouchures de cours d'eau, de volume très variable, mais de direction générale uni-

lorme du S.-O. au N.-E. Les principaux d'entre eux sont : la
Béthune, l'Aulne, l'Yères, la Bresle, la Somme, l'Authie
et la Canche. Ces cours d'eau reçoivent sur leurs deux
rives des affluents qui leur sont plus ou moins perpendiculaires.

Pour expliquer ces traits géographiques, évidemment remarquables, l'auteur des *Études synthétiques de Géologie expérimentales* ([1]) suppose que toute la région dont il s'agit a été soulevée
au-dessus du niveau de la mer par un mouvement de bascule
ascensionnel fort régulier et qui aurait déterminé l'ouverture
d'un système de fissures, dont les directions relatives sont con-
formes à celles qu'on obtient par une torsion générale d'une
substance fragile, telle que des plaques de verre ([2]).

Son principal motif, pour émettre une opinion qu'il peut sembler difficile de concilier avec les caractères les plus classiques
des régions soulevées, lui fut procurée par la réalisation, au travers de plaques de verre à vitre, de fêlures symétriquement
distribuées.

Toutefois, l'orientation relative des sillons fluviaires est tout
autre que celle des craquelures du verre, lesquelles sont grou-
pées en éventail ([3]) dont on ne voit aucune trace dans les rup-
tures naturelles, et ce n'est pas une mince différence entre les
deux conditions comparées.

Aussi n'est-on pas peu étonné de se voir amené, par l'étude
sur le terrain, à concevoir, pour les réseaux de vallées normandes
et picardes, un mode de production qui n'a rien de commun avec
le réseau expérimental de Daubrée.

En effet, la surrection lente du pays au-dessus des flots s'est
nécessairement réalisée avant les débuts de l'allure inverse
d'abaissement progressif qui est si évidente sur toutes les côtes

([1]) Un volume in-8, p. 358 et 359, Paris, 1879.

([2]) Daubrée, *loc. cit.*, p. 310 et suiv.

([3]) Il paraît en effet conforme à l'observation que les efforts orogéniques de torsion, donnant naissance à des plis parallèles les uns aux autres, ne se continuent pas
jusqu'à la surface du sol et que la région tordue soit recouverte d'une zone qui
éprouve seulement un soulèvement lent, qui peut d'ailleurs atteindre une grande
amplitude. C'est par érosion ultérieure que la région comprimée, faillée et réduite en
plis synclinaux et anticlinaux, arrive au contact de l'atmosphère et conséquemment à
portée de l'observation.

de la Manche, de la mer du Nord et de la Baltique et qui s'est étendue en Picardie à une zone de plus en plus étendue vers le S.-E., déterminant une inclinaison de plus en plus accusée, dans le sens opposé (N.-O.). Le pays a pris, toute proportion gardée, la manière d'être d'une toiture dont le faîtage est à l'opposé de la mer.

La pluie, tombant sur ce toit, s'est comportée comme sur toutes les pentes analogues, c'est-à-dire s'est écoulée du haut vers le bas. Elle y a creusé ces petits ravins qui nous ont occupés ailleurs et qui présentent si nettement l'allure régressive qui conduit à des captures.

C'est un phénomène qu'on peut voir bien fréquemment en pleine réalisation, sur le versant des tranchées de chemin de fer creusées dans le sable non encore retenu par le gazonnement et qui éprouve l'action de la pluie. A l'heure même où j'écris (janvier 1920) c'est ce qui a lieu, sur la plus magnifique échelle, dans les tranchées qu'on élargit, au travers des sables dits de Fontainebleau, entre Versailles et Saint-Cyr.

Ces sillons s'élargissent par éboulement et par entraînement sur les flancs de leur vallée, de façon que, pour chacun d'eux, les versants se comportent comme la surface totale de la région picarde et, dès lors, la surface continentale se couvre d'un réseau plus ou moins orthogonal de sillons : les uns, principaux, encaissant les rivières qui se jettent à la mer, et les autres, secondaires, dirigeant les affluents dont Daubrée a donné les diagrammes, comme confirmation de sa théorie mécanique.

Le même phénomène se présente, avec des variantes, en maintes localités. Si la pente primitive est suffisamment accentuée, les affluents des courants principaux ne leur seront plus perpendiculaires. Ils ressentiront alors les effets d'un entraînement vers l'aval et leur direction s'établira sous un angle plus ou moins aigu suivant que la pente sera plus ou moins forte. D'un autre côté, mille incidents, relatifs à l'hétérogénéité du terrain, pourront rendre le treillis de ces canaux de drainage naturel moins net, mais on pourra toujours le retrouver facilement.

Ajoutons que les localités ne manquent pas où il y aura association entre des vallées de fracture et des lits de simple érosion pluviaire.

Le rôle de l'eau de pluie ou infiltrée dans la fonction volcanique. — La croûte terrestre se compose de roches superposées de plus en plus chaudes, jusqu'à une soixantaine de kilomètres.

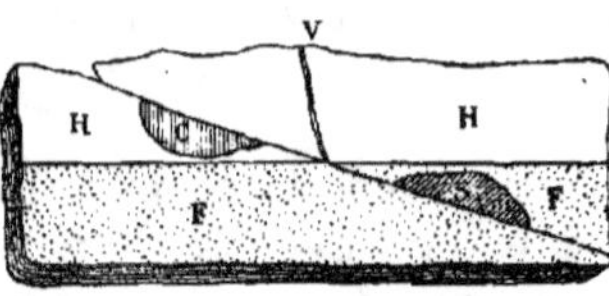

Fig. 23. — Petit appareil de laboratoire pour faire comprendre les circonstances principales des éruptions volcaniques. Bloc de bois en deux parties H. H et F, F séparées par un plan incliné selon lequel on peut les déplacer transversalement. La portion H contient sur la gauche, dans une poche préalablement ménagée, du sable humide imprégné de vinaigre et la portion F contient du carbonate de chaux.

de la surface, où de par la loi de distribution de la chaleur interne, règne une température de 2 000°, complètement incompatible avec l'état solide.

Or, une infiltration aqueuse, émanant de la surface et alimentée par la pluie et les océans, se propage sans cesse à travers les roches et n'est arrêtée dans son voyage centripète que par la haute température des couches profondes.

Par conséquent, la croûte terrestre, considérée dans son ensemble, se compose de deux zones concentriques, dont l'une est humide et l'autre anhydre (fig. 23 et 24).

A la suite des déplacements considérables dont nous venons de parler, des réchauffements locaux de la zone humide déterminent la production de roches volcaniques foisonnantes, c'est-à-dire de roches imprégnées, par occlusion, de vapeur explosive. Tant que le laboratoire souterrain reste fermé, le calme y règne comme dans une bouteille de champagne

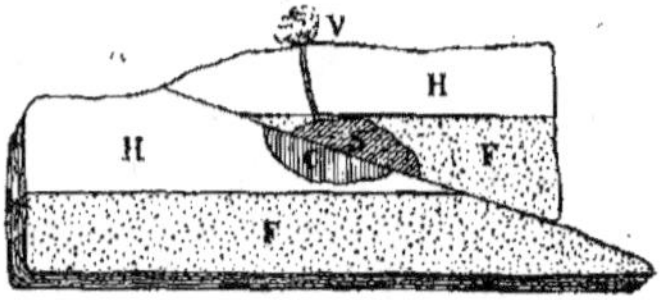

Fig. 24. — Appareil de la figure 23, dont on a déplacé les deux parties l'une par rapport à l'autre. Le glissement latéral ayant amené la *pochette à vinaigre* au contact de la pochette à carbonate de chaux, il en est résulté des faits comparables au réchauffement d'une roche imprégnée d'eau par son recouvrement par des matériaux issus des profondeurs. Aussi le dégagement de l'acide carbonique libéré produit-il des apparences toutes comparables à la série des phénomènes de réchauffement des laboratoires volcaniques : une véritable explosion.

bouchée. Une communication est-elle ouverte avec l'extérieur, par une de ces cassures qui abondent en certaines régions, la manifestation volcanique se produit : la bouteille de champagne débouchée, une partie de la liqueur se pulvérise soudain et fait explosion : elle est lancée en l'air comme la cendre volcanique, tandis que la portion restante, emportée par les bulles de gaz qui s'engendrent dans sa masse, s'élève dans le goulot, s'extravase et s'épanche comme fait la lave découlant du cratère du volcan.

Le moteur des explosions volcaniques est donc la force expansive de certaines vapeurs et surtout de la vapeur d'eau. L'eau est le plus abondant des produits rejetés par les volcans, qui sont ainsi de véritables sources thermales : des mesures approximatives ont montré que chaque explosion de l'Etna rejette, sous forme de panaches de vapeurs, des milliers de mètres cubes d'eau.

Nous avons, dans les *Convulsions de l'Écorce terrestre*(¹), rapporté des évaluations qu'il faut répéter ici.

M. le capitaine Vernier, dans un travail relatif à la destruction de Saint-Pierre (Martinique), développe une formule qui lui permet de calculer la température à laquelle il faut porter l'eau pour avoir le même potentiel qu'un explosif connu (²).

Si on choisit le potentiel de l'acide picrique, on trouve que la température doit être portée à 767°, ce qui n'a rien d'inacceptable, étant donnée la température des roches volcaniques. « Dans ces conditions, dit l'auteur, si toute la chaleur était transformée en travail, 1 kilogramme d'eau pourrait, comme 1 kilogramme d'acide picrique, produire 319 tonneaux-mètres, c'est-à-dire l'énergie nécessaire pour soulever à 1 kilomètre de hauteur un poids de 319 kilogrammes. Un mètre cube d'eau produirait le travail nécessaire pour élever plus de 30 tonnes à 10 kilomètres de hauteur(³). »

M. Matteucci a fait des calculs analogues (⁴). La plus grande hauteur atteinte par les bombes et les scories a été de 537 mètres, lors de l'éruption de 1900 au Vésuve. Le plus grand des blocs lancés le 9 mai mesurait environ 22 mètres cubes, avec un poids

(¹) Un volume de la Bibliothèque de Philosophie scientifique, in-18 (5ᵉ mille), Paris, 1910, p. 204.

(²) On sait qu'on entend par potentiel d'un explosif le travail maximum d'un kilogramme de cet explosif.

(³) Note au sujet des circonstances de la destruction de la ville de Saint-Pierre, le 8 mai 1902 ; brochure in-8, sans lieu ni date.

(⁴) *Comptes rendus de l'Académie des Sciences*, t. CXXXI, p. 963.

approximatif de 3o tonnes. Ce bloc a mis 17 secondes pour parcourir sa trajectoire entière, tombant sur le sol, avec une vitesse d'au plus 8o mètres à la seconde. La force vive des vapeurs qui l'ont projeté peut être évaluée à 45.599.635 kilogrammètres, soit 607.995 chevaux-vapeur.

Il faut dire que toutes ces vapeurs ne sont pas de la vapeur d'eau ; mais elle y est prédominante.

Les éruptions donnent lieu à ce qu'on a appelé l'*orage volcanique* ; l'énorme production électrique que supposent ses gigantesques éclairs dérive vraisemblablement des frottements développés entre toutes les particules projetées. Et cette production a souvent des contre-coups météorologiques.

Bien que les explosions puissent avoir lieu dans tous les temps, on remarque cependant qu'elles coïncident souvent avec des perturbations atmosphériques et, d'après ce qui précède, on pourrait croire qu'elles les déterminent.

Süess[1] a appelé l'attention sur des faits de ce genre, et l'on remarquera que le réveil du Pico de Teyde, à Ténériffe (novembre 1909), a été suivi du déchaînement d'un violent cyclone, causant de grands dégâts sur terre et de graves accidents sur les côtes. Très fréquemment aussi, l'orage volcanique, développé dans la colonne de cendres, occasionne des pluies torrentielles et boueuses qui augmentent, et souvent dans d'énormes proportions, les ruines des régions avoisinantes. Ce fut par une de ces pluies de cendres et d'eau que Pompéi se trouva engloutie en 79.

Poulett-Scrope [2] raconte que les cendres fines de l'éruption du Vésuve, en 1822, qu'il vit balayées le long de la montagne par des pluies torrentielles, se consolidèrent en une roche extrêmement dure et tenace, ne se cassant que sous un coup de marteau très sec ; évidemment, les particules en étaient agrégées par une espèce de cohésion, comme la prise du mortier ou du ciment. Les couches de tuf durci, qui recouvrirent Herculanum à la profondeur de cinquante à cent cinquante pieds, furent, sans aucun doute, produites de cette façon par l'éruption de 79.

---

[1] *Das Antlitz der Erde*, t. I.
[2] *Les Volcans*. Trad. Picraggi. Paris, 1864, p. 176.

Une légère pluie peut produire dans les cendres rejetées par l'éruption un granulage qui donne lieu ordinairement à de très petites agglomérations, mais qui dans les lits de cendres recouvrant les ponces de Pompéi abondent, avec les dimensions d'un gros pois ([1]). Dans le cas d'une pluie considérable, de petits globules peuvent se produire au cours même de leur chute.

L'eau répandue par les volcans peut encore causer d'autres catastrophes, quand un lac enfermé dans le cratère se trouve projeté avec les matériaux obstruant la cheminée. L'éruption du Kloët, à Java, en 1863, fut l'une des plus extraordinaires de ce genre. Le cratère, fermé depuis 1848, se brisa en partie, répandant tout son contenu. Alexis Perey ([2]) enregistre des rapports très précis sur cet événement :

« Vers minuit trois quarts, le mont Kloët commença à vomir un torrent de vase bouillonnante, au milieu d'un bruit de tonnerre, de décharges électriques et d'éclairs qui durèrent jusqu'à trois heures. L'éruption et l'émission de boue étaient si violentes, la masse de cette vase bouillante était si grande qu'au bout d'une heure et demie environ elle avait atteint Blitar, chef-lieu de la division, situé à 15 kilomètres du volcan ; le courant était si brûlant que le pays était rempli d'une vapeur chaude. »

On pense bien que les torrents neigeux qui, pendant les éruptions, reçoivent des masses de matériaux incandescents, laissent écouler de leurs flancs, des torrents brûlants. Mais, là aussi, l'énorme quantité de vapeur d'eau rejetée par le volcan suffit, sans neige, à produire des inondations terribles.

Humboldt raconte qu'en 1803, dans une seule nuit, toute la neige, sur l'immense cône du Cotopaxi, fut fondue et s'écoula en torrents d'eau chargés de cendres et de boue.

Quelquefois, les lacs qui occupent les cratères nourrissent des poissons. En 1691, le volcan d'Imbambaru en rejeta une telle quantité que leur putréfaction donna la fièvre au voisinage. Quel-

[1] Nous avons vu des pisolithes nombreuses dans des cendres de la montagne Pelée (Martinique).

[2] *Note sur les tremblements de terre en 1863*. Extrait des *Mémoires de l'Académie royale de Belgique*, 1865.

quefois, la boue provenant de ces cratères contient tant de matière carbonée, provenant des algues et autres plantes d'eau, qu'elle arrive à s'enflammer.

Toutes les phases de l'activité volcanique témoignent de l'énorme quantité d'eau que la terre enferme dans ses flancs. C'est ainsi que l'on connaît des étuves volcaniques, dont la plus célèbre est dans les Champs Phlégréens, aux environs de Naples et est connue sous le nom d'Etuves de Néron. Les Romains y prenaient des bains de vapeur. Cette vapeur s'échappe d'une source très chaude située dans les profondeurs de la montagne.

Des solfatares se dégage une matière gazeuse, de l'hydrogène sulfuré, ordinairement mélangé de vapeur d'eau. Il y a d'innombrables solfatares, dont la plus célèbre est celle de Pouzzoles et dont la plus puissante est peut-être celle de White-Island, à deux milles du littoral de la Nouvelle-Zélande, en face de la baie de Plenty. Au centre de cette petite île est une sorte de cratère rempli de vase en ébullition constante. Toute la surface de l'île est en outre percée de 300 à 400 ouvertures, qui émettent jour et nuit des jets brûlants de vapeur et des fumées sulfureuses.

Enfin, l'on a fait (¹) une classification des émanations gazeuses des volcans, les fumerolles, d'après la température qui règne dans le point où elles apparaissent, et qui montre l'énorme proportion dans laquelle la vapeur d'eau y est parfois mélangée.

Ce sont :

1° Les *fumerolles sèches,* dont la température est supérieure à 500° et qui ne procurent point d'eau, quand on les condense, même en faisant intervenir un froid de 15°· au-dessous de zéro. Elles sont presque entièrement formées des vapeurs de chlorures anhydres, parmi lesquels prédomine le chlorure de sodium ou sel marin (jusqu'à 94 p. 100) et où figurent les chlorures de potassium, de manganèse, de fer et de cuivre.

2° Les *fumerolles acides,* dont la température varie de 300 à 500°. Elles se dégagent un peu plus loin du cratère que les précédentes et sont caractérisées par un énorme excès de vapeur

____

(¹) *Les Convulsions de l'écorce terrestre.* p. 237. Un volume in-18 de la Bibliothèque de Philosophie scientifique (5ᵉ mille), Paris, 1910.

·d'eau et par une proportion variable d'acide chlorhydrique et
d'acide sulfureux, auquel est mélangée souvent une quantité sen-
·sible de perchlorure·de fer en vapeur. Dans les localités d'émer-
·gence de ces fumerolles, on constate fréquemment, sur les

Fig. 25. — Vue du groupe de sources thermales des entours de Hammam-Meskoutine (les
Bains Maudits) aux environs de Constantine (Algérie), comme exemple de *remontée* à la
surface des eaux d'infiltration souterraine provenant de la pluie et alimentant un courant
centrifuge de matières minérales et surtout de sel marin, chaux chlorurée et de chaux
sulfatée. Le griffon dit de la Cascade jouit d'un débit de 1.440.000 litres d'eau en 24 heures
(soit 1.000 litres à la minute). C'est par l'évaporation de ces eaux que le sol est sur une
large surface couvert d'épaisses incrustations pierreuses dont une partie présente la forme
de cônes verticaux comparés à de très gros pains de sucre.

·scories, le dépôt ·de lamelles de fer oligiste, admirablement
·cristallisé.

Cette circonstance a procuré à Gay-Lussac l'occasion de faire
·des recherches qui doivent compter parmi les contributions les
·plus précieuses que la chimie ait jamais fournies à la géologie.

De ce travail capital est résultée la notion que les gîtes métallifères qualifiés ensemble de *stannifères* et qui comprennent le fer oligiste, comme à l'île d'Elbe, la cassitérite ou minerai d'étain, comme dans le Cornwall, le fer magnétique, comme en Scandinavie, le platine natif, comme dans l'Oural, etc., sont des produits fumarolliens, provenant de volcans d'âges très divers et parfois extrêmement anciens.

3º Les *fumerolles alcalines*, dont la température est comprise entre 100 et 300º et qui ne contiennent guère que du chlorhydrate d'ammoniaque, associé à un excès de vapeur d'eau qui, par décomposition, provoque le dégagement de l'alcali volatil.

4º Enfin, les *fumerolles froides*, dont la température ne dépasse pas 100º et qui sont constituées par de la vapeur d'eau, accompagnée, suivant les cas, d'acide sulfhydrique, de gaz carbonique et d'hydrocarbures.

On me permettra de ne pas quitter le chapitre volcanique, sans ajouter à ce qui précède une remarque à laquelle j'attache un certain prix.

C'est en 1902, et sous le coup de la catastrophe de la Martinique, que j'ai exposé pour la première fois dans une conférence ([1]), et sur la demande de l'Association amicale des Elèves et anciens Elèves de la Faculté des Sciences, le mécanisme que je viens de rapporter et qui m'avait été révélé par la comparaison des diverses modalités dynamiques qui constituent par leur harmonie la physiologie du globe terrestre :

La *pénétration progressive de l'eau* dans les régions souterraines ;

L'existence, en conséquence, de *deux régions concentriques*, dont l'une est pourvue de l'eau de carrière, pendant que l'autre, encore trop chaude, oppose à l'infiltration un obstacle décisif ;

Le *refoulement* horizontal de l'écorce terrestre, en conséquence

---

[1] Cette conférence eut lieu le samedi 7 juin, sous la présidence de M. Darboux, doyen de la Faculté des Sciences. L'Association française pour l'avancement des Sciences (A. F. A. S.) me demanda de la refaire à l'hôtel de ville de Montauban, le 13 août 1902. Je traitai le même sujet dans *La Nature*, 1er vol. de 1902, p. 386, et dans la *Revue Rose* du 2 août 1902.

de la contraction du noyau interne, par le fait du refroidissement spontané de la planète ;

L'ouverture de *géoclases* et le glissement selon leur surface peu inclinée à l'horizon, de ces *lames de charriage* qu'on observe dans toutes les grandes montagnes ;

Le réchauffement que doivent en éprouver les portions de roches pourvues de leur *eau de carrière* qui, du fait du charriage, se trouvent recouvertes de matériaux fournis par la zone encore hydrofuge ;

Le passage nécessaire de l'eau d'infiltration à l'état *d'eau suréchauffée*, selon l'expression consacrée de Sénarmont ;

Les *modifications lithologiques* qui en résultent et qui doivent forcément donner les produits de Sénarmont ;

Enfin, la tendance au *foisonnement*, c'est-à-dire à l'éruption des roches ainsi traitées par le phénomène souterrain...

Tout cela se présenta à mon esprit comme un ensemble si logiquement inévitable, que c'est presque indépendamment de moi que toute la théorie volcanique prit corps et me parut nécessaire à l'évolution géologique, telle qu'elle m'était apparue déjà dans tant d'autres chapitres de la Science.

Cependant, je rencontrai des oppositions. M. Armand Gautier (¹) publia des expériences qui me parurent répéter sensiblement les essais bien connus de Delesse, et d'où il conclut que les roches cristallines renferment des volumes considérables de corps vaporisables et que c'est l'expulsion de ces corps qui détermine l'éruption volcanique. L'échauffement serait dû à ce que les roches imprégnées depuis l'origine, qui viennent du noyau cependant, plongeraient dans des régions de plus en plus chaudes.

En mentionnant ces recherches, M. Haug insiste sur ce fait que ce qui se dégage des roches volcaniques par la chaleur rouge n'est pas l'*eau de carrière*, mais une substance qui s'élève des régions nucléaires où elle était renfermée depuis son origine. Il serait bien intéressant de savoir comment cette distinction

---

(¹) A propos de la composition des gaz des fumerolles de la montagne Pelée ; Remarques sur l'origine des phénomènes volcaniques (*Comptes rendus de l'Académie des Sciences*, 1903, t. CXXXVI). Théorie des volcans (*Bulletin de la Société belge de Géologie*, 1903, t. XVI (procès-verbaux), p. 555).

peut se faire, car par eau de carrière on entend les substances
que peut extraire la chaleur des roches de tous genres.

Allant plus loin, j'insisterai un moment sur ce fait que quand
on parle d'*eau de carrière* des roches, il faut faire grande attention à la complexité infinie de la matière qu'on désigne ainsi. La
roche à l'étude est pulvérisée, puis soumise à la température rouge,
qui lui fait perdre un poids qu'on désigne sous l'appellation de
« perte de l'eau de carrière ». Dans les cas où l'on veut un peu
plus de précision, on recueille le produit déposé, puis condensé
sur une matière absorbante et on détermine l'augmentation de
poids de celle-ci, qui représente encore l'eau dégagée.

Or, il importe extrêmement d'ajouter que cette expression
d'eau de carrière ne désigne pas exclusivement, et tant s'en faut,
de l'eau *chimique* formée exclusivement d'oxygène et d'hydrogène ; celle-ci en réalité est bien éloignée d'être la seule substance
d'imprégnation des roches. Depuis l'époque d'origine d'un massif de granit, ce massif est nécessairement venu à la portée de
nos études, et pour cela il lui a fallu pendant de longues séries
de siècles subir les réactions les plus variées : il est indiscutable
qu'il a depuis longtemps perdu tout ce qu'il avait pu apporter en
fait d'échantillons de matières circulant dans la plus grande profondeur pour les remplacer par les fluides fournis par la surface.

Il n'est pas moins certain qu'il s'est développé des réactions
très complexes entre les matières minérales et les matières organiques qui se sont rencontrées et remplacées dans un point
donné, et je me permettrai, comme observateur frappé avant
tout de l'état d'activité incessante des régions internes, de quali-
fier de naïveté la supposition que les roches cristallines ont pu
conserver dans leurs pores des spécimens du milieu dans lequel
elles ont pris naissance. L'opinion que je combats est un dernier
reflet de la doctrine qu'a professée Buffon et dont on sait la radicale inexactitude.

D'un autre côté, le géologue autrichien, E. Süess, a été bien
plus loin. Il défend cette opinion imprévue que la vapeur d'eau
qui sort des volcans n'est pas de l'eau de surface au retour (par
remontée) de son voyage de pénétration souterraine. C'est, au
contraire, de l'eau dégagée des profondeurs nucléaires. Il en
résulte que la pluie n'est aucunement mise à contribution par

les travaux souterrains, et que le volcan est à l'inverse un conduit de dégagement des substances internes pour enrichir la surface. L'eau de surface augmenterait de volume avec le temps et l'opinion du dessèchement progressif des astres serait une illusion. « La mer, dit-il, n'est pas le producteur, elle est le consommateur du sel. (¹) »

Mentionnons enfin, dans cette voie, les assertions de M. Albert Brun (de Genève) (²), qui est allé jusqu'à contester la présence de l'eau dans le phénomène volcanique.

Deux naturalistes américains de la plus grande valeur, MM. Arthur Day et E.-S. Shepherd, ont accepté la tâche de contrôler cette singulière opinion et sont allés, sans autre but, visiter dans l'archipel des Sandwich le Kilauea et la Mauna Loa, que le chimiste de Genève avait surtout en vue.

Leur résultat final mérite d'être rappelé :

« Comme conclusion dernière de cette question discutée, nos observations permettent de faire une réponse affirmative en ce qui concerne le Kilauea. Non seulement nous avons extrait de la lave liquide une quantité considérable d'eau et cela à une température supérieure à 1 000°, mais encore nos expériences ont été faites dans des conditions qui excluent complètement une contamination par les gaz de l'air atmosphérique. »

M. Day a bien voulu me témoigner directement son vif intérêt pour la théorie que j'ai proposée et en a communiqué le résumé à l'Académie des Sciences de Washington (³).

La circulation souterraine de l'eau chaude (fonction bathydrique). — Les roches qui viennent des profondeurs, — tout en ayant une communauté de caractères avec les roches superficielles, tels que la composition chimique, et même minéralogique qui les rattache aux trois types de substances fondamentales, que représentent la silice, le carbonate de chaux et le

---

(¹) *Verhandl. d. Gesselschaft deutscher Naturforscher* (1902).

(²) *Quelques recherches sur le volcanisme.* Archives des Sciences physiques et naturelles de juin 1905 à juillet 1906 (Genève), in-8.

(³) *Origine and mode of formation of magmatic gazes,* by Stanislas Meunier, communicated by Arthur Day (Journal of the Washington Academy of Sciences, vol. IV, n° 6, 4 mai 1914).

silicate d'alumine, compliquées fréquemment par la présence d'un protoxyde, — en diffèrent au premier coup d'œil par leur état cristallin qui fait que la silice plus ou moins hydratée, est remplacée par le cristal de roche, le carbonate de chaux par le marbre et l'argile par les schistes et toute la série des roches feldspathiques.

La présence, dans l'une et l'autre de ces séries, de détails communs, dont le plus éloquent est la présence de fossiles, ne laisse aucun doute sur l'origine par transformation des roches de la première catégorie dans celles de la seconde. C'est ce qu'on a exprimé en disant que cette seconde série constitue les formes *métamorphiques* des roches de la première série.

En outre, l'intervention de la méthode expérimentale achève de lever tous les doutes, et c'est depuis la fin du xviiie siècle que l'on sait, par un dispositif expérimental qui rappelle de près l'appareil de Sénarmont, « métamorphiser » la craie en marbre blanc, le silex en cristal de roche et l'argile en ardoise.

Il nous importe beaucoup de montrer que la production du métamorphisme dans les profondeurs terrestres est due en grande partie à l'intervention de l'eau d'infiltration du sol, c'est-à-dire à l'eau de pluie, échauffée par son rapprochement du noyau de la Terre.

Il est manifeste, en effet, qu'un dépôt sédimentaire étant réalisé dans le fond de la mer ou d'un lac et par conséquent dans un dépôt d'une autre nature, qui sera recouvert par les formations plus récentes, pénètre, par la continuation seule du phénomène sédimentaire, dans des localités progressivement plus chaudes que celles où elles ont pris naissance. Elles se comportent donc, en supprimant tous les détails intermédiaires, comme les ingrédients chimiques rassemblés dans le tube de Sénarmont, subissant les progrès de l'échauffement auquel l'expérimentateur les soumet.

Il serait d'ailleurs difficile de mettre à part dans le très grand nombre des détails que sous-entend l'acquisition du métamorphisme, ce qui revient précisément à l'eau et dépend plus particulièrement d'autres agents matériels ou dynamiques.

En général, ce qui concerne la structure des roches transformées, et par conséquent leur schistosité, peut être ici laissé sous silence. Mais, à l'inverse, le fait de la cristallisation de chacun des minéraux constitutifs, l'absence de masses importantes résultant de la fusion sèche, la présence, dans l'immense majorité des cristaux, de petites vacuoles renfermant des substances volatilisables, sont des arguments décisifs en faveur de l'activité aqueuse.

Rappelons enfin que le procédé que nous avons choisi tout à l'heure d'une disposition propre à conférer à l'eau d'infiltration le pouvoir métamorphique n'est pas le seul qui puisse déterminer les changements dont il s'agit. Nous connaissons au moins deux autres ordres de réactions, grâce auxquelles le même effet est obtenu, et la seule communauté qui existe entre les trois méthodes et qui a trait à l'intervention d'un foyer de chaleur, agissant sur un massif rocheux préalablement imprégné d'eau, jette sur cette question la lumière la plus éclatante.

A côté du type de métamorphisme, c'est-à-dire d'échauffement de l'eau, qui vient de nous occuper, nous savons, en effet, que l'injection de roches éruptives au travers de couches sédimentaires, même très récentes, développe de chaque côté de la muraille souterraine qu'elle constitue, des zones métamorphiques aux dépens des roches encaissantes.

On peut même remarquer que l'intensité du métamorphisme ainsi développé est distribuée dans la masse modifiée, de façon à se montrer beaucoup plus grande, au contact, puis au voisinage de la masse chaude, c'est-à-dire du point émanant la chaleur, exactement suivant la répartition du métamorphisme sédimentaire, qui va en augmentant avec la profondeur, ou encore, ici, avec la proximité de plus en plus grande de la région nucléaire.

Enfin, et pour compléter la démonstration, l'étude des chaînes de montagnes nous montre que les roches soulevées et charriées le long des *géoclases,* sont d'autant plus métamorphiques qu'elles sont plus voisines de ces zones de destruction de force vive, c'est-à-dire, encore une fois, en raison de la proximité du point de rayonnement thermique. C'est le métamorphisme orogénique ou dynamique.

On nous permettra, à cette occasion, de faire remarquer l'im-

prudence de l'illustre Fourier (¹) et du non moins illustre
Poisson (²) quand ils ont prétendu évaluer les taux du refroidissement de la masse terrestre tout entière, en la comparant à
l'allure d'un boulet homogène porté à une température exactement déterminée et abandonné au sein d'un milieu beaucoup
plus froid.

Nous croyons qu'en réalité, après un moment de réflexion, il
n'y a aucun motif acceptable pour faire une pareille comparaison,
la Terre étant aussi active dans toutes ses régions et aussi diverse
que le boulet du laboratoire est passif et homogène. Nous sommes
ici en présence d'un de ces innombrables cas, où l'on se sent
autorisé à penser que la mathématique est le contraire de l'histoire naturelle.

Il importe de nous arrêter un moment à un tout autre genre
de collaboration de l'eau d'imprégnation d'origine pluviaire, à
l'édification d'une des catégories de localités géologiques qui, à
côté des enseignements qu'elles nous ont procurés, ont fourni à
l'homme des sources incomparables de bien-être et de perfectionnement. Il s'agit des gîtes minéraux en général et des *filons
métallifères* en particulier.

Ici encore se présentent des courants d'eau chaude dont l'étude
n'est pas très commode, parce que la température des réactions
en cours est essentiellement antiphysiologique, où les exploitants
n'ont pas craint de s'aventurer à cause des fabuleux bénéfices qui
y ont été parfois réalisés.

A ce titre, et parmi beaucoup d'autres, le gisement d'argent
de Comstock (³), dans le Colorado, est une démonstration d'une
éloquence exceptionnelle, car elle nous prouve la possibilité,
qu'on eût bien jugée invraisemblable, de pénétrer dans la masse

---

(¹) Mémoires relatifs à la température des parties internes du globe (*Théorie ana-
lytique de la chaleur*) ; il y dit : « Si la masse est sphérique, il est facile de voir que
tous les points placés à la même distance du centre ont la même température. » Je
laisse à penser au lecteur si cette condition est réalisée dans le globe terrestre.

(²) Mémoire sur la température de la partie solide du globe (*Comptes rendus de
l'Académie des Sciences*, 1837).

(³) *Second annual Report of the United States geological Survey to the secretary of
the Interior* (1880-1881), p. 293. Washington, in-8, 1882.

de filons en voie actuelle de production et d'en analyser tous les détails.

C'est en 1859 que le filon fut découvert et son nom est celui même de son découvreur, le prospecteur Henri Comstock, attiré dans le pays par la fondation toute récente de la colonie de Gold Cañon, où l'or s'exploite encore à pleines mains et où les fortunes s'édifiaient à vue d'œil.

La région de Comstock se montra tout de suite si particulièrement riche qu'en quelques mois, une ville énorme, Virginia-City, s'élevait au milieu de Washoe-District, désert jusqu'alors, et qui, comme par un coup de baguette, étala au soleil 2 200 maisons et tout ce qui est nécessaire pour subvenir aux besoins de la vie de milliers d'habitants.

Il est inutile de dire qu'une pareille agglomération ne fut pas précisément un paradis de concorde. Les conflits éclatèrent bientôt entre les habitants, et il est de notre sujet de noter que les plus graves vinrent de la question des eaux. Partout, dans la vallée, dans le puits, comme dans les galeries, les mineurs eurent à disputer la place à la circulation des eaux chaudes, et c'est un homme d'un véritable génie que ce colonel Sutro qui, en établissant l'un des plus grands tunnels du monde, se créa une double source de revenus gigantesques, en se faisant payer d'abord par les exploitants qu'il asséchait et ensuite par les agriculteurs qu'il irriguait avec le produit de ce drainage.

Pendant six ans, Virginia-City, imitant sa voisine Gold Hill, fut en progrès continu, fournissant 14 000 tonnes de minerai par jour. Plus tard, des complications surgirent et, par exemple, il y eut à diverses reprises de ces incendies comme on n'en voit qu'en Amérique. En 1875, allumé par une simple lampe à pétrole qu'on laissa choir dans un chalet, le sinistre se déclara un jour et s'étendit à toute la ville. L'eau manquait; la population affolée se sauva sur les montagnes voisines. Cependant les ouvrages de mine ne furent pas abandonnés.

Une fois bien établi qu'on ne pouvait plus rien pour la ville, on concentra tous les efforts sur les moulins et sur les puits. On fit sauter à la dynamite les constructions combustibles, mais le feu franchit le cercle tracé. Presque instantanément, 400 000 pieds cubes de bois, destinés aux travaux des galeries, s'enflam-

mèrent et dégagèrent une chaleur et une fumée intolérables.
Les roues en fer des chariots furent fondues en plein air. Le feu
descendit dans le puits et, chose inouïe, des hommes, dans ce
milieu épouvantable, se passaient des seaux d'eau de main en
main pour arrêter le fléau.

On y parvint à 400 pieds de la surface. La perte de la Com-
pagnie s'éleva à plus de 5 millions de dollars et celle de la colonie
au double. Comme compensation, les sommes réalisées à Virginia-City, après l'incendie, s'élevaient à des chiffres sans précédents: au premier janvier 1881, la quantité d'or et d'argent
sortie des mines de Comstock s'élevait à 7 millions de tonnes,
représentant une valeur de 306 millions de dollars.

Le filon de Comstock plonge sous un angle de 40 à 45°, sur
la ligne de contact d'une énorme protubérance de diorite, qui
constitue le mont Davidson, et de diabase, qui constitue le sol
de la plaine voisine. Les puits, poussés jusqu'à 2 000 pieds de
profondeur, attaquent le filon à différents niveaux. Les eaux y
ruissellent avec une abondance extraordinaire, et la température
y subit, pour des profondeurs croissantes, une augmentation
dont la rapidité est tout à fait exceptionnelle :

$$
\begin{aligned}
A \quad 30 \text{ mètres, on a déjà} \quad &10°, \\
165 \quad - \quad - \quad &14°, \\
350 \quad - \quad - \quad &27°, \\
500 \quad - \quad - \quad &38°, \\
600 \quad - \quad - \quad &40°, \\
700 \quad - \quad - \quad &48°.
\end{aligned}
$$

C'est à quelques kilomètres que jaillit la source du « Bateau à
vapeur » (*Steamboat Spring*) et non loin de là des jets d'eau bouillante sont projetés à de grandes hauteurs comme dans les véritables geysers.

Il en résulte pour les ouvriers de cruelles souffrances et de
grands dangers. Même nus, ils ne peuvent travailler qu'en se
plongeant la tête dans l'eau, que leur amènent des conduits spéciaux, et en allant prendre des gorgées d'air frais à l'extrémité
des tubes de ventilation. Des tonnes de glace sont descendues
chaque jour dans les mines, où l'on boit des quantités énormes

d'eau glacée : 95 pounds de glace représentent la ration quotidienne de chaque mineur. De puissantes machines opèrent, sur toute la ligne du filon, la plus active ventilation. On a calculé que, par les procédés frigorifiques, on retire par an des roches chaudes autant de chaleur qu'en produiraient 55 472 tonnes d'anthracite brûlé dans les meilleures conditions industrielles. Ces efforts n'ont que des résultats bien médiocres, car la chaleur fait

Fig. 26. — Filon métallifère permettant de s'imaginer ce qui se passe dans les *fissures de remontée* de la pluie où se refroidissent les eaux chaudes du genre de celles de Comstock, dont la haute température est un obstacle pour bien voir ce qu'elles engendrent : G, G, la roche encaissante traversée par une géoclase orogénique ; E, E, les épontes à la formation desquelles ont collaboré des produits d'altérations des roches marginales ; F, le filon rempli de dépôts des eaux qui résultent souvent de réactions mutuelles déchaînées entre plusieurs dissolutions entre lesquelles se poursuivent des dépôts de composés insolubles, dont les uns sont les *minerais* et d'autres les *gangues*.

tous les ans un certain nombre de victimes, sans compter les accidents épouvantables qui causent la chute des hommes dans les bassins profonds où se collectionne l'eau à 70° et d'où on ne les retire que mourants, en proie à d'atroces souffrances.

Les caractères exceptionnels des mines de Comstock ont d'autant plus de prix qu'ils s'expliquent par cette circonstance d'être procurés par un gîte métallifère qui n'était pas parvenu, et bien loin de là, au terme de sa constitution, au moment où les réactions génératrices ont été quelque peu modifiées par l'introduction dans les points exploitables des agents de l'extérieur. De même, des perturbations sont nécessairement résultées du ralentissement des concrétions, c'est-à-dire, et malgré les phénomènes

calorifiques dont nous venons de parler, par une atténuation de
la température, par la pénétration de l'air, par les ruissellements
d'eaux venant de la surface, sans parler de l'influence des blocs
de glace.

L'un des faits les plus notables, comme différence avec les
mines ordinaires, semble concerner la collaboration apportée à
l'eau thermale par des matières gazéiformes émanant comme elle
des profondeurs. Les roches encaissantes sont en maints endroits
en pleine kaolinisation actuelle et, bien que nous maintenions
la distinction entre les gîtes résultant du régime *fumarollien* tels
que ceux qui procurent l'étain ou le fer oligiste, et les filons dits
plombifères, qui dérivent du mécanisme essentiellement bathydrique, il est très important de constater, conformément à ce
qu'on aurait pu prévoir, qu'il n'y a pas entre les deux de limite
tranchée, mais au contraire des passages délicatement mé-
nagés.

C'est en effet sur 4500 mètres de longueur et 2500 mètres
de large que les roches encaissantes des minerais argentifères se
montrent profondément altérées. En particulier, les trachytes,
qui jouent un très grand rôle dans la constitution du sol profond,
se montrent tellement différents du type auquel ils appartiennent que les géologues américains, à la suite de M. de Richtoffen,
en ont fait presque une roche spéciale sous le nom de *propylite*.

On aura une idée de la chimie qui s'est développée dans ces
points, en considérant que le trachyte, malgré la qualification
de roche neutre qu'on lui donne, est rempli de quartz grenu,
qui résulte sans aucun doute des réactifs mêmes qui sont les
auteurs de la kaolinisation.

Du reste, les explorations dont le pays a été l'objet ont révélé
l'existence de tout un réseau de grandes failles ou fissures, sensiblement verticales, qui livrent encore un chemin facile à des
eaux très chaudes de remontée, dont il ne faut pas confondre la
température avec celle des suintements venant d'en haut et qui
contribuent aux difficultés du travail.

D'ailleurs, il faut répéter ici cette remarque, qui s'applique à
beaucoup de cas différents, que la possibilité qu'on a de réaliser
l'extraction tient à ce que le gisement a été considérablement
exhaussé depuis le début de sa production et découronné, sans

aucun doute, d'une énorme masse de roches, supprimées par l'érosion extérieure.

C'est l'une des plus grandes failles reconnues jusqu'ici qui, ayant mis en contact la diorite avec la diabase, a ménagé le chemin aux matériaux essentiels qui constituent le filon de Comstock. Elle est remarquablement régulière et on reconnait qu'elle a été le théâtre de travaux singulièrement énergiques. Sur une très grande étendue de sa surface, le quartz qui l'imprègne est tout craquelé de façon à ressembler, à première vue, à un enduit de sel commun.

En somme, les faits recueillis dans la mine de Comstock ont fourni des éclaircissements très variés et souvent très décisifs sur ce qu'on peut appeler la *physiologie des gisements filoniens* en voie de développement et ont permis de faire comme un départ entre des notions supposées d'abord contemporaines, pour y voir les incidents successifs d'une *évolution chimique* très compliquée et très prolongée.

C'est encore au bathydrisme qu'il faut rattacher une singulière formation de minéraux très exceptionnels, dont la naissance a été surprise dans plusieurs sources chaudes actuelles et qui jettent la lumière sur des gisements très productifs en certains pays.

Il s'agit de minéraux qui, pour la composition chimique, se rapprochent incontestablement des feldspaths, que tout le monde connaît si bien, mais qui en diffèrent sensiblement par cette circonstance qu'au lieu de consister en silicates d'alumine et d'un protoxyde anhydre, potasse, soude ou chaux, renferment dans leurs molécules une quantité notable d'eau de combinaison : ce sont donc comme des feldspaths hydratés.

Il y en a de nombreuses espèces ; on les a toutes réunies sous le nom de *zéolithes*, ce qui signifie pierres bouillonnantes, à cause de l'effervescence qu'elles manifestent sous le dard du chalumeau, par suite du départ de leur eau.

Plusieurs stations romaines, dont la situation s'explique par l'appétit et le culte que les Romains professaient pour les eaux thermales, ont fourni des zéolithes de production actuelle ; telles sont spécialement Plombières dans les Vosges et Bourbonne-les-Bains, dans la Haute-Marne.

A Plombières, les Romains avaient installé une station balnéaire avec un luxe tout à fait exceptionnel, même pour eux. Préoccupés de conserver l'intégralité de leurs qualités aux griffons chauds qui sourdent dans la vallée de la Vologne, ils n'ont pas hésité à recouvrir tout l'imum d'une forte couche de béton, de façon à prévenir toute espèce de suintement dans la nappe chaude. On sait que le béton est constitué par un mélange de fragments de brique, jetés pêle-mêle dans la chaux vive. Des canalisations amenèrent l'eau thermale dans des constructions aujourd'hui détruites, mais qui comprenaient, dit-on, une piscine, où, malgré les rigueurs de l'hiver, trois cents soldats pouvaient se livrer ensemble à l'exercice de la natation. Ces splendeurs eurent le sort d'à peu près toutes les antiquités, et des tremblements de terre s'associèrent à plusieurs reprises à l'œuvre de leur destruction, avec un tel acharnement qu'ils fendillèrent le béton en tous sens. L'eau thermale, s'insinuant dans les crevasses, se livra à des travaux chimiques auxquels la chaux prit une part spéciale et qui engendrèrent, dans les vacuoles de la brique, des géodes microscopiques de véritables zéolithes ([1]). Les espèces reconnues dans le béton de Plombières sont notamment la chabasie, l'harmotome, la christianite, la mésotype et l'apophyllite.

Bourbonne-les-Bains offrit des faits analogues. En 1874, on mit à sec le fond d'un puisard construit par les Romains, établi sur la principale source.

Sur ce fond, situé à $7^m,80$ au-dessous du pavé des bains modernes, on rencontra d'abord une bouc argileuse noirâtre, renfermant des débris de bois et des milliers de noisettes, des glands et quelques noyaux de fruits, puis une couche de sable gris, puis une boue noirâtre, semblable à la couche supérieure et dans laquelle on trouva 4700 médailles, dont quatre en or, quelques-unes en argent, la plupart en bronze. Un grand nombre d'objets de valeur, tels que des statuettes en bronze, des bijoux en or, etc., accompagnaient les médailles.

Au-dessous de ce niveau se trouvait une quatrième couche, de 5 centimètres environ, formée de fragments pierreux, cimentés par des substances à éclat métallique et très nettement cristal-

([1]) Daubrée, *Les eaux souterraines à l'époque actuelle*, t. II, p. 73. Deux volumes in-8, Paris, 1887.

lisés. Ce conglomérat renfermait également de très nombreuses
médailles, probablement des milliers, dont beaucoup ont disparu,
quelquefois en laissant leur empreinte, pour donner naissance à
des minéraux, de formation nouvelle, qui ont agglutiné le sable
quartzeux enveloppant la médaille, « de manière à présenter
la forme d'un sphéroïde aplati ».

« La couche cimentée du fond du puisard, dit Daubrée, à qui
nous empruntons ces détails (¹), siège des principales réactions
chimiques, était interrompue au centre de ce puisard, sur 20 à
30 centimètres de diamètre, sans doute à cause de la force ascen-
sionnelle de l'eau, qui a même corrodé une partie du béton établi dans le voisinage de la colonne ascendante. »

Et l'auteur passe en revue les diverses espèces minérales rencontrées à Bourbonne, et parmi lesquelles sont les zéolithes et
autres substances engendrées dans le béton, par une réaction sur
les matières que renferment ce béton.

Comme dans beaucoup de constructions romaines, il y a à
Bourbonne quantité de briques disséminées dans la chaux, et
c'est surtout dans les boursouflures de ces briques, visibles ou
microscopiques, que les substances minérales nouvelles se sont
développées. « Les zéolithes se sont développées par l'action de
l'eau thermale, qui a traversé durant des siècles ces matières
poreuses, briques et chaux, comme celles qui se sont formées
dans des conditions semblables à Plombières et à Luxeuil. » Les
zéolithes de Plombières sont en cristaux très petits, tout à fait
limpides et incolores, ayant la forme d'un prisme hexagonal,
et ressemblant beaucoup « à celle qu'on a découverte, au
lac de Laach, dans du calcaire enveloppé par la roche volcanique ».

Dans ces mêmes briques de Plombières, on constate que des
cavités étaient tapissées de cristaux incolores ayant les caractères
de la chabasie. Les mêmes géodes contenaient aussi des cristaux de christianite ou harmotome calcaire, mâclés et ayant la
forme des cristaux de la nature, comme ceux signalés à Plombières.

(¹) Daubrée, Formation contemporaine de diverses espèces minérales cristallisées
par la source thermale de Bourbonne-les-Bains (1876).

On pourrait s'étonner à première vue de voir mentionner ici un phénomène d'une si minuscule dimension. C'est qu'il éclaire la théorie de la production naturelle de maints gîtes minéraux, quelquefois de dimensions colossales, dont nous dirons un mot plus loin, dans la partie réservée aux travaux anciens de la pluie.

CHAPITRE II

COLLABORATION DE LA PLUIE
AUX FONCTIONS SOLAIRES

Sommaire. — *La circulation superficielle de l'eau de pluie (fonction épipolhydrique).*
Le rôle de la pluie dans la fonction glaciaire. — Collaboration de la pluie à l'éclatement des roches par la gelée. Les pierres gélives et les terres « chandelleuses ». Silex éclatés par la gelée, pris par des anthropologistes pour des œuvres de l'homme préhistorique. Observations faites à Prépotin. Abondance prodigieuse des éclats de silex dans le diluvium.
Le rôle de la pluie dans la fonction éolienne.
Collaboration de la pluie à la fonction océanique.
Rôle de la pluie dans la fonction biologique. — Comparaison de la force cristallogénique et de la force biologique. Rôle de la pluie dans l'établissement des climats.

La circulation superficielle de l'eau de pluie (fonction épipolhydrique). — Dans le chapitre précédent, l'eau n'a bien été qu'une collaboratrice. Mais dans la fonction épipolhydrique, c'est-à-dire dans celle que réalise la nappe d'eau circulant à la surface du sol, ou imprégnant la pellicule qui est comme l'épiderme des régions continentales, la pluie a le premier grand rôle, et la chose a été si bien démontrée dans la première partie de cet ouvrage qu'il ne nous reste ici qu'à affirmer que cette nappe superficielle doit être considérée comme constituant un organe de la plus haute importance dans l'économie de la terre.

Liée à chaque instant, et de façons diverses, à la nappe souterraine, elle conserve cependant son autonomie et donne lieu à des effets et à des produits qui ne peuvent être confondus avec aucun autre (¹). Elle a, comme nous l'avons vu, causé non seulement l'érosion pluviaire proprement dite, mais encore le creusement des vallées, le remaniement du sol par les rivières, le creu-

(¹) Voir ma *Géologie expérimentale.*

sement des ravins, les épanchements boueux, les éboulis, la
décalcification et la rubéfaction, l'érosion souterraine (galets
striés), la sédimenta-
tion souterraine, les ca-
vernes, sujets qui ont
précédemment donné
lieu à autant de para-
graphes.

**Le rôle de la pluie
dans la fonction gla-
ciaire.** — L'influence
réciproque de la fonc-
tion épipolhydrique et
de la fonction glaciaire
est évidente.

Toute l'alimentation
du glacier se fait par
l'eau atmosphérique,
qui, à son tour, déter-
mine les condensations
atmosphériques, en
sorte qu'à son voisi-
nage, la nappe d'eau
est plus épaisse et plus
active qu'autre part.

Sur le glacier, l'eau
liquide est partout asso-
ciée à la glace dans la
plus grande partie de la
masse : toutes les cre-

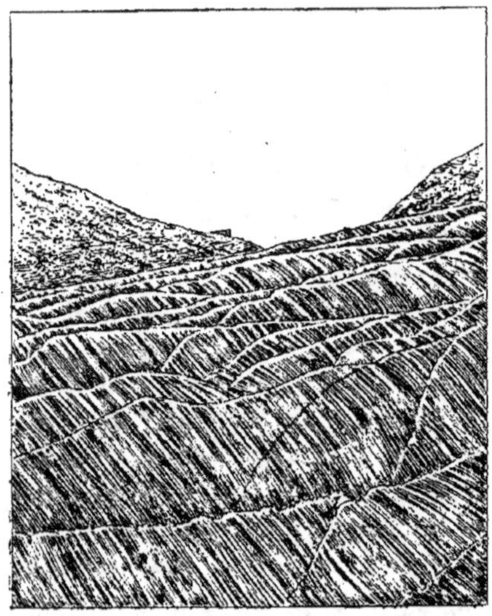

Fɪɢ. 27. — Remaniement des glaciers par la pluie. Les
vagues de la *Mer de glace* (massif du mont Blanc); la
coexistence des variations de température qui résultent
les unes de la tendance au glissement vers l'aval de
la vallée, les autres de la fusion partielle par le
contact de l'eau de pluie, qui est nécessairement plus
chaude que la glace, débite celle-ci en petits lits qui
se disposent parallèlement les uns aux autres dans
une direction résultant de la composition de la verticale et de la ligne de pente du mouvement. Il se produit des bandes rendues très visibles, même de loin,
par les traînées de poussières que la liquéfaction
concentre et qui sont incorporées dans la masse hya-
line comme une trace cinématique.

vasses sont ruisselantes, et le soleil, de ses premiers rayons,
liquéfie de tous côtés de petits courants d'eau et des mares ; sur
les deux rives, des chutes et des torrents apportent de l'eau qui
s'insinue sous la glace.

Ces mêmes contributions d'origine pluviaire fournissent encore
d'autres conditions qui sont efficaces pour l'activité cinématique
des glaciers : Par leur choc sur la surface glacée, elles produisent,

principalement dans les courbures des glaciers, des chocs pouvant déterminer des fractures et surtout une surcharge qui, dans certains cas, est considérable et qui amène des déplacements des centres de gravité des masses constitutives provoquant comme une augmentation de la pesanteur qui se traduit par une collaboration à l'écoulement.

C'est à la suite de certaines réactions de ce genre que plus d'un glacier a manifesté, dans la région de sa moraine frontale, un accroissement subit de sa vitesse de translation, pouvant se continuer un temps plus ou moins long, d'après le délai nécessaire à la conquête d'un nouvel état de stabilité.

En tout cas, l'eau liquide résultant de la perte de force vive se comporte comme une sorte d'huile lubrifiante, qui facilite la mobilité générale des glaciers.

Collaboration de la pluie à la réduction des roches en éclats attaquables par la gelée. — Au nombre des actions déterminées par la pluie qui entrent dans l'élaboration de la terre végétale et des autres matériaux pulvérulents de la surface terrestre, se présente l'intervention de la température variable.

Le plus facilement sensible de ses effets suppose la congélation, infligée à la pluie dès sa précipitation sur le sol plus ou moins perméable.

La pluie imprégnant des roches poreuses peut, en se congelant, agir d'une manière mécanique avec une énergie, qui devient décisive, dans des phénomènes d'érosion.

Beaucoup de pierres calcaires sont, comme on dit, *gélives*. A la fin de l'hiver, on retrouve des coupes de carrières laissées quelques mois auparavant compactes et qui sont pulvérisées. Ces pierres sont la plupart du temps des mélanges de particules calcaires et de particules argileuses.

Ce peuvent être aussi des marnes ou des granits, comme le rapakivi de Finlande, dont on a fait les remparts de Cronstadt, les quais de St-Pétersbourg, un beau granit porphyroïde, gris ou rose, à larges cristaux lamellaires, qui n'a que le défaut, grave à la vérité dans les pays froids, de se fendre à la gelée.

Il y a des roches calcaires qui ne sont point gélives, ce dont profite l'art des constructions pour trouver en ces roches d'excellents matériaux.

Le débit des roches gélives est très varié d'un type à un autre : parfois, il y a pulvérisation pure et simple ; souvent, réduction en écailles assez uniformes comme grosseur et parfois en petits polyèdres dont la forme dépend de beaucoup de circonstances.

Si une argile bien imprégnée se congèle, elle augmentera de volume et se fractionnera parfois en petits prismes rappelant les colonnades basaltiques, dont ils semblent une réduction, c'est ce que les paysans de plusieurs régions expriment en disant qu'ils ont affaire à des terres *chandelleuses,* qui réalisent en quelque sorte par elles-mêmes un véritable labour spontané, équivalent à un binage, très favorable à l'ensemencement.

Mais un des effets les plus intéressants de la gelée sur les roches est l'éclatement des silex de la craie, parce qu'ils concernent une question de la préhistoire qui a le plus préoccupé les archéologues.

A la suite des mémorables travaux de Boucher de Perthes et de ses continuateurs, on sait maintenant que d'innombrables générations humaines ont précédé celles que la tradition nous avait habitués à considérer comme primitives : elles nous ont laissé des preuves irrécusables de leur existence, et particulièrement des silex, présentant manifestement les traces d'une taille intentionnelle.

Cependant, si un nombre considérable de ces objets présentent des caractères de forme auxquels on ne saurait se tromper, il en est d'autres, au contraire, qui, bien que reliés aux haches polies par des intermédiaires tout à fait continus, ne possèdent que des traits plus ou moins contestables ; et, à chaque instant, les anthropologistes restent en suspens, quant à savoir si tel éclat de silex a été produit par l'homme, ou s'il est le résultat de fractures spontanées ou accidentelles.

Le doute à cet égard est d'autant plus permis que la fabrication des plus belles pièces a été accompagnée de la séparation de lames et d'éclats parfois fort irréguliers et qui n'en constituent pas moins des produits du travail humain.

Dans les cas où les éclats dont il s'agit ne sont pas associés à des objets qui montrent sans hésitation l'intervention humaine, on est en général d'accord pour ne pas leur accorder d'importance, s'ils n'ont pas toutefois quelques caractères spéciaux, tels que de fines *retouches* sur les arêtes, parfois transformées aussi en lames de scie, ou bien une surface sensiblement perpendiculaire à la longueur du silex et qu'on désigne sous le nom de *plan de frappe*, ou encore une sorte de convexité particulière qualifiée de *bulbe de percussion*, etc.

Toutefois, quelques observateurs ont contesté la nécessité de ces caractères spéciaux pour reconnaître des pierres volontairement taillées, et ils s'appuient sur l'excellence à l'usage de silex qui en sont dépourvus, comme pointes de flèches, couteaux, râcloirs, perçoirs, scies, masses, etc. Ils font argument aussi de cette circonstance très remarquable, que les éclats de silex de tous les gisements sont extrêmement peu variés dans leurs formes et qu'ils se rapportent facilement à des types distingués sous les noms précédents dans l'arsenal de l'homme préhistorique. Ils insistent enfin sur ce fait que les causes ordinaires de fracture spontanée des silex ne paraissent pas de nature à expliquer les formes dont il s'agit et dont ils ont fait, dès maintenant, des collections colossales.

Il faut reconnaître en effet, quant au dernier point, que ces causes de fracture sont peu nombreuses. Parmi elles se signalent tout d'abord les chocs que des silex peuvent éprouver en se heurtant les uns contre les autres, soit au bord de la mer, soit dans le lit des torrents, soit lors des éboulements de quartiers de roches silicifères.

On n'a pas assez étudié la première de ces conditions, qui cependant semble pouvoir donner en petit nombre des éclats du genre de ceux que nous avons en vue, seulement il faut remarquer que l'action ultérieure du mouvement des vagues est de modifier ces éclats pour les transformer en petits galets plus ou moins arrondis. Dans les cours d'eau, les éclats ne se font que très rarement et les éboulements eux-mêmes semblent bien inefficaces pour expliquer la prodigieuse abondance des pierres en litige.

Tout naturellement, on pense aussi à la gelée, mais j'avoue qu'à première vue, je l'avais regardée comme ne procurant pas davantage le résultat désiré, et je me fondais sur un fait d'observation très fréquent, qui montre le silex perdant sous l'effet du froid de petites esquilles hémisphériques. Aussi, est-ce avec un vif intérêt que je me suis vu amené à reconnaître que cette opinion n'est pas aussi générale qu'on pouvait le croire et qu'elle est contredite par des faits extrêmement nets ([1]).

Il est vrai que ceux-ci étaient assez difficiles à recueillir et devaient résulter d'une vraie expérience, disposée inconsciemment, mais dans des conditions satisfaisantes au point de vue des garanties, car la trouvaille d'un nombre quelconque d'éclats de silex ne pouvait pas suffire à trancher la question, puisque l'hypothèse de la production par des chocs pouvait toujours se représenter à l'esprit.

Des puits profonds ayant été ouverts dans l'argile à silex recouvrant la craie à Prépotin, aux environs de Mortagne (Orne), les déblais déposés en tas à la surface du sol et consistant en gros rognons de silex mélangés à de l'argile, ont été abandonnés pendant tout un hiver. La localité, éloignée de tout chemin, paraît n'avoir été que fort peu visitée, et quand je l'ai revue au mois de mars, les tas n'avaient point été touchés. Les rognons de silex, terminés par leurs surfaces arrondies, gisaient sur une argile délayée par la pluie, mais conservant, sans modification notable, la forme même des tas que les puisatiers avaient accumulés.

On remarquait que ces rognons étaient, très ordinairement, fendus en sens divers et avaient alors été réduits en fragments très anguleux juxtaposés de part et d'autre de très fines fissures.

Celles-ci, ouvertes sans aucun doute par le froid, qui n'avait pu se faire sentir que depuis l'extraction des pierres, précédemment enfouies sous les quelques mètres d'argile qui les protégeait contre l'intempérisme, étaient visiblement déterminées dans leur direction par des particularités de structure et, avant tout, par des inclusions d'argile qui, en gelant et par la dilatation de l'eau

<hr>

([1]) *Sur quelques formes remarquables prises par des silex sous l'effet de l'éclatement spontané par la gelée* (Comptes rendus du Congrès des Sociétés savantes en 1902, Sciences).

qui les imprégnait, avaient joué très exactement le rôle de véritables coins.

Les éclats ainsi produits avaient toutes sortes de formes ;

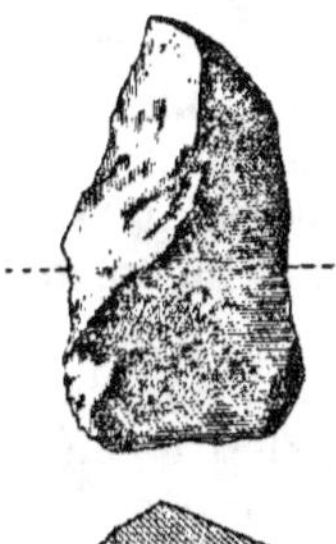

Fig. 28. — Éclat de silex détaché d'un rognon de la craie par l'effet de la gelée. On remarque sa forme comparable à une pointe de flèche préhistorique et que la coupe transversale mise an bas de la figure permet de saisir la forme de prisme à trois pans.

Fig. 29. — Éclat de silex détaché par la gelée d'un rognon de la craie. On en prend souvent de tout pareils pour des *lames* de couteaux de l'âge de la pierre ; bien qu'il suffise d'une gelée pour les fabriquer de toutes pièces.

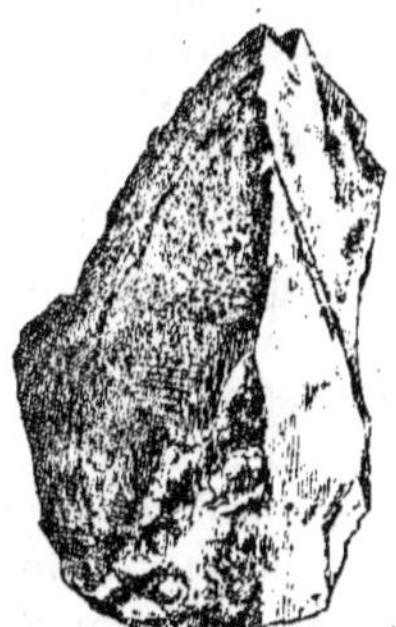

Fig. 30. — Une écaille de silex semblable aux précédentes, mais qui présente à sa face supérieure une fissure qui est fort instructive pour expliquer les fendillements par la gelée.

Fig. 31. — L'échantillon de la figure précédente dont on a déplacé la portion supérieure pour montrer sur l'autre, au point A, un petit lopin d'argile pris dans le silex et qui, par la dilatation consécutive à la gelée de l'argile, qui était humide, a joué à la façon d'un coin pour réaliser la fracture.

mais dans le nombre, une majorité incontestable se signalaient par d'étroites analogies avec les silex taillés, souvent même avec les plus nets.

J'en conserve au Muséum une collection très instructive et dont quelques échantillons ont été exposés au public. Par exemple, on verra que la gelée a séparé un joli *fer de lance avec plan de frappe* qui, supposé un peu frotté par le sable dans un cours d'eau et ayant perdu le tranchant et l'aspect tout récent de ses arêtes, ne saurait être distingué de bien des échantillons donnés comme étant d'origine humaine. Et cela d'autant plus que le frottement le débarrasserait d'une sorte d'écorce de silice terreuse, qu'il a d'un côté, et dont la suppression augmenterait beaucoup sa symétrie.

Dans la masse de silex d'où cette *flèche* a été séparée, on observe des cassures bien comparables à celles qu'on attribue à l'enlèvement sur un *nucléus*, de *lames de couteau* ou de *râcloirs* conservés dans les collections. Et sur ces diverses cassures, les patines plus ou moins anciennes, quoique bien récentes, ont des caractères variés suivant les différents côtés d'un même bloc.

Un détail, qui ajoute à l'intérêt de ces faits, c'est que, comme je l'ai dit déjà, les mêmes formes se reproduisent fréquemment, et c'est pour le montrer que je citerai, à côté du précédent, un autre exemple que je conserve soigneusement. Il s'agit d'un éclat bien plus gros que le précédent. Au moment de ma visite, il était à sa place dans un rognon de plus de o^m,6o de longueur traversé de fissures dans des directions très variées. Il a une forme en cœur très analogue à celle de beaucoup de haches de pierre et qui le serait encore plus, après des frottements qui l'adouciraient, avec celle de beaucoup de *hachettes* primitives. Mais on constate qu'il est fissuré lui-même et au moindre contact, il se scinde en deux fragments distincts. L'un de ceux-ci a de grandes ressemblances avec certaines pointes de lance ; l'autre montre sur la surface de fracture l'amas d'argile à la congélation duquel il paraît naturel d'attribuer l'effort mécanique d'où la séparation est résultée.

Un autre spécimen, digne de figurer près des précédents, s'est fendu autrement sous l'influence du froid : ce n'est plus suivant un plan, mais suivant deux plans, faisant l'un sur l'autre un angle droit, de sorte qu'il s'est détaché de la grosse portion une manière de tétraèdre qui a, avec maintes pointes de flèche sans retouches, une très intime ressemblance.

Souvent, la gelée détache de véritables lames de silex. J'en citerai qui ont une grande similitude avec des objets recueillis par M. Émile Rivière dans les célèbres grottes de Menton et figurés dans son Mémoire (¹).

Parfois, on voit quelque chose de plus et certaines lames offrent des détails où l'on croirait voir des retouches, si l'on n'était bien édifié sur leur origine. Tantôt ce sont des tailles qui semblent destinées à donner plus de fil au tranchant, tantôt c'est une espèce de bec qui semble avoir été produit afin de constituer un petit grattoir très commode à tenir à la main.

Il est des cas où le type auquel on rapporte le spécimen n'est plus une lame, mais une pointe pouvant ressembler aussi à une petite hachette. J'ai gardé un éclat où l'on voit des faces très heureusement associées pour produire des tranchants et une pointe. Et il est intéressant d'ajouter que des formes semblables se rencontrent avec une grande fréquence, ce qui montre que la conclusion qu'on a voulu tirer des ressemblances mutuelles, en faveur de l'opinion du travail volontaire de nombreux graviers diluviens, n'est pas fondée.

Quelques pierres sont plus compliquées et donnent bien le sentiment d'un perfectionnement successif produit par des ablations intentionnelles. Ainsi j'ai une petite hachette qui diffère des précédentes par un méplat longitudinal, substitué à la crête que celles-ci présentent.

Il faut mentionner, dans cette série de retouches, des éclats qui ressemblent à des grattoirs, à des pointes de lance du type acheuléen, car les deux faces sont « travaillées », et des éclats sont partis de tous les côtés, collaborant à une forme très symétrique.

J'ajouterai encore que la gelée détermine dans certains silex la formation de cassures conchoïdales tout à fait identiques à celles dont on a fait d'habitude le produit exclusif de la percussion.

Un spécimen, ressemblant à un grattoir pourvu d'une apparence de bulbe de percussion, montre sur l'un de ses bords une série de petites indentations des plus remarquables par leur régularité et qui en font une véritable lame de scie : il n'y a

(¹) *Étude sur l'homme fossile de Menton.*

cependant là qu'un effet fatal de la gelée s'exerçant sur des silex de composition et de structure convenables.

Il importe de noter que le mécanisme révélé par l'expérience involontaire de Prépotin est réalisé à chaque instant par la nature et peut se produire sur une échelle gigantesque. Toutes les fois en effet que l'érosion amène la démolition de berges constituées par la craie ou d'autres roches renfermant des silex, entre autres par le terrain argileux qui surmonte la craie, des rognons siliceux, jusque-là soustraits aux grands froids des hivers, sont abandonnés à l'intempérisme dans des conditions où la gelée pourra s'exercer sur eux. S'ils ont la structure convenable, c'est-à-dire s'ils contiennent de petits lopins d'argile ou de craie humide disséminés, ils se réduiront, par des fissures plus ou moins planes, en éclats qui ressembleront beaucoup aux pointes de flèches préhistoriques et aux objets analogues. Il pourra, de ce chef, s'en fabriquer des milliers et des milliards, et le diluvium en devra contenir jusque dans ses parties les plus anciennes.

Que certaines de ces pierres anguleuses aient été utilisées par l'homme, c'est ce qui est très possible, mais je ne vois pas jusqu'ici de critérium qui permette de s'en assurer. Les retouches ne sont pas toujours suffisantes pour cela, et parmi les éclats que j'ai ramassés à Prépotin, il y en a, comme on l'a vu, où la gelée a fait de tout petits éclats retouchés sur les arêtes et qui sont même parfois convertis en scie. Il y a des croissants concaves à aspect retouché. Il y en a qui ressemblent aux *biseaux à bec*, et dès lors, on ne voit aucune forme qui manque à la série.

Quand on ramasse ces soi-disant pierres taillées dans le diluvium, on est frappé de trouver avec elles des fragments de silex qui protestent par leur fragilité contre la supposition que des chocs soient les artisans des formes anguleuses. Mes observations, tout en fortifiant cette conclusion, complètent la série précédente en montrant que ces objets fragiles, loin d'avoir été détachés intentionnellement, et avec les grandes précautions qu'on supposait, sont aussi des produits résultant de la gélivité de certains silex.

J'ai, par exemple, des rognons siliceux très branchus, c'est-à-dire présentant des protubérances parfois allongées et ratta-

chées au silex par un appendice étranglé. Eh bien, le froid a
souvent fait sauter cette protubérance, non point dans la partie
rétrécie et la plus fragile, mais bien plus bas, là encore où se
trouvait un petit nodule argileux ou crayeux.

Sans exagérer l'importance des remarques précédentes, il est
cependant intéressant d'insister sur la prudence qu'il faut

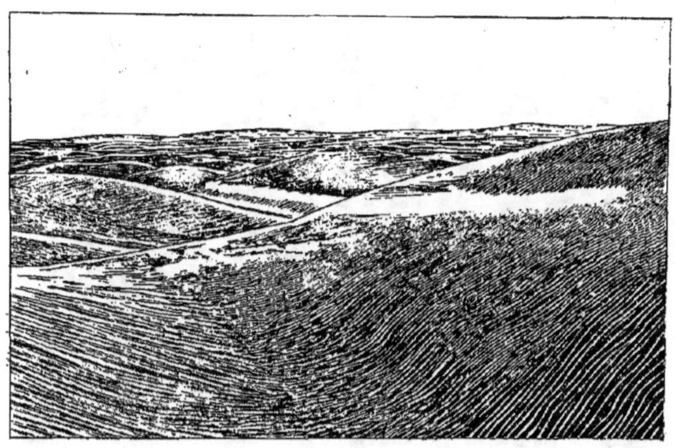

Fig. 32. — La surface désertique du Sahara ridée par un long régime du vent. On est
frappé de l'analogie de ces ondulations avec celles que produisent les ruissellements
aqueux soit dans les rivières proprement dites soit au fond des courants marins, comme
nous en retrouvons dans tant de terrains gréseux. Il est nécessaire de mentionner et de
distinguer l'un de l'autre ces deux faciès.

apporter à la détermination d'éclats de silex d'apparence intentionnelle, quand leur gisement n'est pas de nature à lever, par
lui-même, tous les doutes sur la légitimité de l'interprétation.

Pour ce qui est en particulier des prétendues pierres taillées, si
formidablement abondantes dans le diluvium, l'application de
cette conclusion est tout à fait directe, et je crois même qu'on
peut lui en ajouter une autre dont il sera facile de saisir la portée.

C'est qu'un très grand nombre des graviers arrondis qui se
trouvent dans la masse de ce même diluvium, et sur lequel les
amateurs de silex n'ont pas arrêté leur attention, ne sont en
réalité que le produit de l'émoussement, par frottement mutuel,

d'éclats ayant eu à leur origine les formes anguleuses et tranchantes de ceux que nous avons décrits dans les lignes qui précèdent.

En laissant de côté les silex non brisés, c'est-à-dire ayant conservé le profil qu'ils avaient à l'état de rognons ou de plaquettes

Fig. 33. — La dune de Zuydcoote dans le département du Nord. Caractère très spécial de la surface du sol, qui présente le caractère éolien et pluviaire. Dans les régions littorales en voie de lent affaissement, le diastrome qui sépare la surface actuelle du sol de la surface supérieure des dépôts qui l'envahissent peut fournir, pour plus tard, un faciès qui sera utile pour reconnaître certaines régions continentales progressivement submergées.

dans la roche originelle, il semble qu'on peut dire que tous les graviers du diluvium ont eu à un certain moment, et surtout comme conséquence de l'exercice de la gelée, des caractères de forme du genre de ceux qui font reconnaître les éclats dont les hommes antéhistoriques ont fait un si large usage.

En regardant à ce point de vue les graviers les plus fréquents dans le diluvium comme dans le sable actuel de la Seine, on remarque que la plupart d'entre eux se présentent comme des tétraèdres allongés et surbaissés, dont les arêtes ont été plus ou moins fortement émoussées par le frottement dans le lit fluviaire.

Avis donc aux naturalistes de se tenir en garde contre une assimilation trop rapide à des instruments volontairement travaillés, de beaucoup de silex anguleux contenus dans le dilu-

vium et qui résultent vraisemblablement d'un éclatement consécutif à la gelée.

Le rôle de la pluie dans la fonction éolienne. — La pluie ne
se sépare pas, ou seulement très artificiellement, du mécanisme
éolien, qui embrasse toute l'atmosphère, cet océan aérien.

Nous avons vu que la pluie n'agit pas de même avec ou sans
le vent. Beaucoup de vallées, ont selon leur orientation, deux
versants de profils très différents, suivant qu'ils sont ou non
exposés au vent dominant et à la pluie qu'il apporte.

La pluie entraînée par le vent au-dessus des continents, dans
des régions littorales, contribue à disséminer le sel marin sur
une zone beaucoup plus large que ne pourrait le faire l'infiltration, à elle seule, de l'eau marine dans le sol.

Il en résulte, outre la production de caractères nouveaux de
la terre végétale, des modifications dans le caractère de la flore
par la dissémination de plantes hallophiles et même par la qualité des produits zootechniques.

Collaboration de la pluie à la fonction océanique. — La mer
est l'un des mécanismes les mieux caractérisés de toute la physiologie tellurique.

Si le voisinage de la mer donne en général lieu à de très
abondantes chutes de pluie, les ruissellements aqueux amènent
dans la mer un énorme cube d'eau douce et de boue ; les fleuves
et la mer édifient de concert les deltas et les bancs de toutes
sortes.

Inversement, la mer est un immense bassin d'évaporation qui
alimente les nuages d'où dérivent les pluies, et c'est là un des
exemples les plus nets des circulations continues de l'équilibre
planétaire.

Ainsi s'établit une compensation constante, qui maintient les
propriétés générales de l'océan, et lui laisse toujours à peu près
la même composition.

N'oublions pas, par exemple, que l'alimentation de l'eau de
mer en *oxygène dissous*, indispensable à la vie des êtres aquatiques,
est en partie l'œuvre de la pluie, dont chaque goutte contient et
fournit sa quantité de gaz vital.

Rôle de la pluie dans la fonction biologique. — Il va sans dire qu'aucune manifestation biologique n'a pu prendre place durant les phases primitives du développement planétaire, et à elle seule, la haute température régnante alors et dont nous avons les traces si incontestables, suffit pour le démontrer.

Il a fallu que la surface terrestre ait été amenée à un état

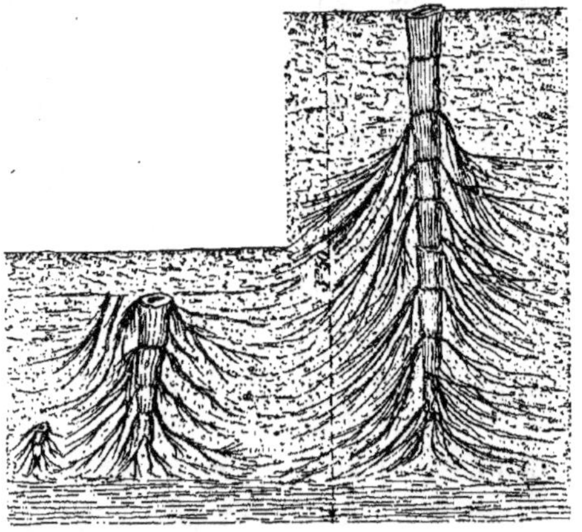

Fig. 34. — Sol fossile avec souches de Calamariées dans la mine de houille des *Trois gores*, aux environs de Saint-Etienne, montrant la situation verticale des stipes et la disposition des racines et des radicelles, qui indiquent que la fossilisation s'est réalisée sur place. (D'après C. Grand'Eury : *Recherches géobotaniques sur les forêts et les sols fossiles et sur la végétation et la flore houillère*, in-4°, 1912 et 1913 ; deux livraisons seules ont paru *jusqu'ici*. C'est un vrai devoir de publier la fin de ce magnifique ouvrage, interrompu par la mort prématurée de son auteur.)

d'atténuation des forces agissantes et en particulier à une diminution des propriétés chimiques des composants minéraux, pour que la vie animale ou végétale trouvât un milieu favorable à son éclosion. Il a fallu en conséquence que l'état de choses compatible avec la persistance de l'eau liquide fût réalisé, et c'est dire que la pluie, comme bien d'autres agents de la surface, était nécessairement en plein fonctionnement.

La vie est donc une conséquence de la pluie et l'on comprendrait son apparition à un certain moment *optimum*, où la circulation de l'eau dans l'atmosphère, dans l'océan, dans la partie superficielle du sol, eût satisfait à des conditions convenables.

Toutefois, il reste à concevoir sous quelle influence ce grand perfectionnement de la machine naturelle a été accompli.

Or, sans entrer dans des détails qui nous entraîneraient bien vite en dehors de notre sujet, il est intéressant de constater, comme je l'ai fait dès 1896 (voir la *Nouvelle Revue*, t. CL, p. 650) que l'apparition de la vie ne serait pas ainsi acceptée sans précédent.

Nous avons la preuve que quelque chose de tout à fait analogue avait eu lieu, dans le monde minéral, il est vrai, mais avec une allure si nettement parallèle avec le phénomène biologique que l'enseignement désiré pourrait nous en provenir.

Il s'agit de l'intervention dans le concert de la nature, d'une force aussi bien caractérisée que les autres forces déjà à l'œuvre, mais qui était restée latente.

Je veux parler de la *force cristallogénique*, c'est-à-dire de la cause de l'existence des cristaux, qui constituent un ensemble qui, malgré des différences essentielles, se place avec une certaine symétrie, en face du monde des animaux et des végétaux.

C'est seulement à un certain moment, mais à un moment absolument précis de la chute progressive de la température à la surface de la terre, que la *première particule* solide est apparue dans un milieu où il n'existait jusque-là que des corps fluides. Cela paraît être (pour le dire en passant) un moment réalisé seulement aujourd'hui sur le Soleil, où la zone solide ou photosphère, semble bien près encore de son apparition, par la production du givre doué du pouvoir émissif que l'on sait.

Pour le minéral, il faut concevoir qu'à un certain degré thermométrique, une entité dynamique, dont rien n'aurait pu faire supposer la présence, est entrée en scène ; qu'elle a exercé une action dirigeante sur les petits corpuscules solides, pour en faire les édifices qu'on appelle les cristaux et qui sont variés à l'infini d'une espèce minéralogique à une autre et qui sont pourvus d'une personnalité véritable. La seule manière que nous ayons de matérialiser cette hypothèse est d'admettre, dans l'espace, des points agissants, des centres dynamiques tout spéciaux, qui organisent la matière solide aussitôt apparue et en font des cristaux.

Si l'on admet ces entités dynamiques et leur merveilleux pouvoir, peut-on faire une objection sérieuse à l'existence d'autres entités également dynamiques qui, en agissant sur la matière, l'organisent aussi, mais non plus sous la forme minérale et cette fois avec tout le cortège des caractères anatomiques et physiologiques des êtres vivants ?

Dira-t-on que la supposition est plus compliquée? Elle est si incompréhensible dans le premier cas que la remarque ne saurait porter.

D'où viennent ces entités, dans une des séries aussi bien que dans l'autre? La question reste sans réponse.

Par quel mécanisme vont-elles organiser la matière en cristaux, en végétaux et en animaux? Notre ignorance à cet égard n'est pas plus grande que relativement à l'origine et au mode de procéder de la chaleur et de l'électricité.

La force biologique n'a pas jusqu'ici montré un protéisme comparable, et moins encore une aptitude à se transformer en force physique ou à dériver d'elle. Mais son allure n'est pas si éloignée qu'on pourrait croire de l'allure de la force cristallogénique. De même que tout à l'heure nous voyions celle-ci déterminer des minéraux différents dans les différentes localités favorables, de même la force biologique provoque les associations matérielles en germes divers, d'après les conditions locales du milieu où elle opère et nous la voyons, comme la force cristallogénique, augmenter avec le temps, le nombre et la variété de ses produits, les faunes et les flores s'ajoutant les unes aux autres au cours des périodes géologiques. De même, il n'y a eu, lors de la croûte initiale solide, que des minéraux à allure de givre et plus tard (à la surface) que des minéraux volcaniques, puis les minéraux métamorphiques, puis les minéraux filoniens, puis les minéraux sédimentaires, — de même, après une faune, dont les termes supérieurs étaient le crustacé (trilobite) et le mollusque céphalopode (orthocère), nous en voyons où s'ajoutent : le poisson hétérocerque (*Onchus*), puis le batracien (*Archegosaurus*), puis le reptile (*Ichthyosaurus*), puis l'oiseau (*Hesperornis*), enfin le mammifère… Et le perfectionnement organique, pas plus que le perfectionnement minéralogique, n'abroge les types inférieurs, qui continuent à avoir des représentants.

Climats géologiques. — Tant que l'atmosphère terrestre ne fut pas à peu près ce qu'elle est aujourd'hui, une température uniforme régna à la surface du globe, où d'ailleurs se faisait encore sentir la chaleur propre de la planète. En d'autres termes, il n'y avait pas de climats, et la Vie étant bien antérieure à la différenciation de température, la flore avait partout sensiblement le même caractère tropical ; des plantes houillères et par exemple des fougères arborescentes se rencontrent dans des couches polaires, comme dans des formations tropicales du même âge que celles-ci.

L'établissement bien net des climats semble dater de l'époque éocène, mais il ne s'est pas accompli brusquement, car depuis les temps carbonifères jusqu'à l'époque de l'infrà-lias, les conditions les plus favorables au développement des plantes semblent s'être déplacées progressivement vers le sud. Et, durant longtemps, les pays du Nord conservèrent une température plus élevée que celle dont ils jouissent maintenant, ainsi qu'en témoignent les fossiles. Par exemple, à l'époque quaternaire, dans la localité qui est aujourd'hui Moret (Seine-et-Marne) les figuiers poussaient en pleine terre et donnaient des sycones semblables à ceux qui ne se produisent plus spontanément qu'à des latitudes bien plus méridionales. De même, des gisements du diluvium ancien ont révélé l'existence dans nos rivières de corbicules, c'est-à-dire de mollusques dont les correspondants n'existent plus que dans les cours d'eau de pays très chauds.

Des gisements pliocènes montrent une flore exigeant une température moyenne de 17°, au lieu de celle de 11°,8, qui règne aujourd'hui dans les mêmes endroits, par exemple à Meximieux dans l'Ain.

« La forêt de Meximieux, dit G. de Saporta ([1]), ressemblait à celles qui font l'admiration des voyageurs dans l'archipel des Canaries. Ce sont, en partie au moins, les mêmes essences, en tenant compte de la richesse plus grande, dont la localité pliocène garde le privilège. »

Pour le miocène, le même paléontologiste conclut à une cli-

([1]) *Le Monde des plantes avant l'apparition de l'Homme.* Un volume in-8, Paris, 1879.

matologie encore plus chaude : « Il est difficile de ne pas
admettre que la mer miocène (du midi de la France) n'ait été
pour l'Europe, qu'elle rendait semblable à l'Archipel indien, une
cause puissante d'adoucissement de climat. Une température
égale, clémente durant l'hiver, pluvieuse durant l'été, n'a cessé
de régner sur notre continent et d'y favoriser le maintien d'une
végétation aussi riche que variée. »

Pour le climat éocène :

« L'influence d'une nature chaude, d'un climat comprenant
des alternatives très prononcées de saisons sèches et brûlantes et
de saisons pluvieuses et tempérées ; favorables pourtant au développement d'une végétation riche et variée, à la fois élégante et
frêle ; peuplée de formes originales, mais généralement petites...
ressemblant au total à celle de l'Afrique intérieure, avec des
traits empruntés à l'Asie méridionale et à la Chine : tels sont,
à ce qu'il me semble, les caractères inhérents à la flore éocène
de l'Europe. »

Les temps crétacés nous offrent une météorologie subtropi-
cale : le lac d'Armaille, dans l'Ain, a fourni les vestiges de toute
une forêt de Cycadées, rappelant les arbres jurassiques à l'ombre
desquels a évolué la population des reptiles secondaires, se rat-
tachant ainsi à l'exubérante végétation houillère.

D'après Grand'Eury ([1]), la nature fistuleuse des plantes houillères gorgées de sucs, indique une rapidité de croissance
extraordinaire. Le climat devait être chaud et humide, analogue
à celui de la Nouvelle-Zélande. La prodigieuse dimension des
insectes houillers confirme encore cette conclusion.

([1]) *Mémoires des Savants étrangers*, t. XXIV.

TROISIEME PARTIE

LES TRACES FOSSILES DE LA PLUIE

Il serait d'un très haut intérêt de comparer à la pluie moderne la chute de celle qui est tombée durant la série des époques géologiques. Les traces qui peuvent seules nous en rester, et qui devront nous suffire pour établir des conclusions, sont malheureusement très rares et la raison en est bien facile à comprendre. Elles ne font, en effet, que partager le sort de toutes les traces des phénomènes continentaux.

Un moment de réflexion suffit pour reconnaître qu'une foulée d'animal terrestre a beaucoup moins de chance d'échapper à la destruction qu'une trace de bête aquatique. Celle-ci très fréquemment est recouverte par des sédiments tombant au travers de l'eau calme, et si la qualité du remplissage est suffisamment différente des caractères de la matière impressionnée, le moulage pourra se faire et même se conserver, pendant des temps prodigieux.

C'est ce que montrent les collections de paléontologie, où bien des fossiles n'ont été représentés que par des moulages de pas ou de déplacements, jusqu'à l'époque où des débris, tels que des os, des dents, des écailles, etc. ont été trouvés.

Quand un sol pouvant avoir reçu des traces physiologiques est soumis à l'inondation, par exemple, par la montée de la mer, la première conséquence de l'arrivée de l'eau est la suppression de tout vestige et le nivellement de très larges surfaces. Il y a

longtemps déjà que j'ai montré que la conservation est due le
plus souvent à l'extension, avant l'inondation. d'une couche de
sable qui s'accumule dans la dépression de la roche imprimée et
que nous supposons plastique et conséquemment argileuse,
et c'est ainsi que se sont conservés tant de merveilleux échantillons.

CHAPITRE I

RUISSELLEMENT DE L'EAU DE LA PLUIE

Sommaire. — *Traces fossiles de la pluie.* — Empreintes artificielles. Comment la pluie peut produire des empreintes durables. Les gouttes des pluies géologiques étaient analogues à celles d'aujourd'hui. Bilobites. Puits naturels. *Ripples-Marks.* Traces de boue prises pour des traces organiques.

Traces fossiles de pluie. — Par le fait seul de sa chute, la pluie détermine sur le sol un travail qui se traduit souvent par la désagrégation des roches. Sur certaines substances, chaque goutte laisse une dépression et il est facile de concevoir la dépense de force que cette empreinte représente.

On trouve à divers niveaux géologiques le contremoulage de pareilles empreintes, qui sont d'autant plus précieuses qu'elles nous éclairent sur certaines conditions météorologiques des époques passées. Le complément de ces découvertes est, comme dans tant d'autres cas, fourni par l'imitation artificielle de ces particularités.

Déjà, en 1852, Marcel de Serres mettait sous les yeux de l'Académie des Sciences (¹), une plaque d'argile sur laquelle il avait produit des empreintes au moyen d'une pluie artificielle.

Le célèbre naturaliste accompagnait la présentation de son résultat de cette étrange réflexion : « Il diffère cependant de l'empreinte naturelle en ce qu'il ne présente pas des empreintes convexes et en relief, mais seulement des cercles creux et assez profondément concaves. Nous ne sommes pas encore parvenu

(¹) *Comptes rendus de l'Académie des Sciences,* 1852, t. LV, p. 106.

à en former de saillants, mais nous espérons y parvenir en variant les procédés que nous avons suivis pour fabriquer de pareilles empreintes et les rendre transportables. »

Le fait est cependant inévitable et coïncide avec celui que nous procurent d'innombrables empreintes de tous genres fournies par les roches sédimentaires. Nous savons maintenant de science certaine[1] que les pistes animales, par exemple, ont été imprimées sur de l'argile tout à fait molle et plastique et que si elles n'ont pas été effacées par les suites de la sédimentation, c'est que le vent s'est chargé de les remplir de sable qui, plus tard, s'est cimenté en grès. C'est pour cela que les bilobites et autres traces « problématiques », comme on les appelle, se présentent toujours à la face inférieure de bancs de grès, séparés les uns des autres par des couches argileuses qui s'effritent au moment de l'exploitation du grès.

Sans insister davantage, nous rappellerons que la méthode expérimentale a été décisive pour expliquer les causes des déformations fréquentes des gouttes de pluie géologiques.

Ces déformations tiennent à l'obliquité avec laquelle le petit sphérule aqueux est venu frapper la matière plastique. Des gouttes lancées obliquement, à l'aide de la petite burette désignée dans les laboratoires sous le nom de « pissette » déterminent des cupules dont l'allongement est en rapport direct avec l'intensité du souffle de l'opérateur.

Avec les anciennes idées de cataclysmes, on aurait pu prévoir que les gouttes géologiques devaient être plus grosses que les nôtres et que l'ellipticité de leurs empreintes présentait un diamètre plus long. Il n'en est rien cependant, et la pluie fossile nous apporte un témoignage de l'uniformité des conditions générales de la Terre depuis le début des époques sédimentaires, qui coïncident avec les preuves que nous avons, si nombreuses et si variées, de la continuité et de l'homogénéité de l'évolution terrestre.

Parmi les localités où des empreintes pluviaires ont été observées ou recueillies, on peut citer Bagnoles-de-l'Orne, du silurien inférieur, si riche, comme on sait, en bilobites et en traces ana-

---

[1] Stanislas Meunier, *La Géologie expérimentale*.

logùes ; les environs de Saint-Étienne, du houiller, et Équihen, près de Boulogne-sur-Mer, et près de Dinant en Belgique (fig. 35), du jurassique, etc.

Fig. 35. — Puits naturel cylindrique, ouvert au travers du marbre noir de l'époque carbonifère recouvert d'assises houillères et perforé par conséquent par une pluie datant de la période primaire. Ce puits présente tous les caractères de ceux qui, à Paris même, traversent le calcaire grossier éocène d'Ivry, et témoignent de la stricte constance du phénomène pluviaire depuis les plus anciennes époques sédimentaires jusqu'à aujourd'hui.

A Equihen, les gouttes de pluie sont accompagnées de traces rameuses, qu'on ne peut pas se refuser d'identifier avec celle des ruissellements superficiels de l'eau (*ripple marks*, des Anglais).

Il est arrivé que des paléontologistes, même de haut mérite, comme Nathorst et Saporta, ont cru voir des traces organiques dans de simples traînées de boue. Telles sont celles que nous avons rencontrées en face du château de Pierrefonds (Oise). Argilo-sableuses, elles s'étaient déposées sur les sables tout récemment entaillés d'une tranchée ouverte sur 26 mètres de hauteur, au travers de toute la masse de la glauconie moyenne dite de Cuise.

Chaque goutte d'eau boueuse, filtrée rapidement par la roche perméable sur laquelle elle s'écoule, abandonne en mamelon les particules minérales dont elle était chargée ; selon sa vitesse, c'est-à-dire selon la pente du sol, elle forme ainsi des protubérances plus ou moins étalées et parfois fort élancées.

Qu'on suppose de pareils amas recouverts, par le vent, de sables différents, plus tard cimentés en grès, puis comprimés par le poids des couches superposées, et nous aurons, là aussi, des ruissellements fossiles.

CHAPITRE II

LES EAUX COURANTES

Vallées fossiles. — Si l'on se demande à quoi peut répondre l'expression de *vallées fossiles*, on peut tirer quelque bénéfice de l'observation de localités littorales en voie actuelle de subsidence. De semblables régions abondent sur la côte de Normandie et de Picardie prises comme exemples.

Prenons comme type la Scie, qui se jette à la mer à Pourville, près de Dieppe.

La rivière n'arrive à l'eau salée, au moment des marées basses, qu'en franchissant un cordon de galets siliceux, fourni par la démolition de la craie qui compose la falaise sur les deux rives de l'embouchure, et il suffit de très petites modifications météorologiques pour apporter dans les inflexions du dernier méandre des variations continues.

Durant la marée basse, on constate que le filet d'eau douce dépose, même assez loin du littoral, un ruban de limon entièrement fourni par le continent et qu'enserrent les deux zones marines, où l'inondation n'intervient pas.

Il faut s'éloigner dans les terres pour ne plus rencontrer les sables et les limons marins charriés par le vent et qui prennent part à la constitution des berges de la rivière minuscule.

D'ailleurs, l'océan, si formidable aux courants qui se jettent dans son énorme masse, est loin d'être aussi brutalement destructeur des témoignages continentaux et fluviaires qu'on se l'imaginerait *a priori*. De tous côtés, le long de la côte, et jusqu'en Bretagne, il arrive de rencontrer des portions de la surface continentale qui, submergées depuis plusieurs siècles, sont maintenant toutes nettoyées, comme par un coup de plumeau, à tel point qu'à Saint-Lunaire, on peut y faire une herborisation et une récolte entomologique d'échantillons d'aujourd'hui.

On marche sur un tapis de mousse, sur lequel sont couchés des fragments de bois et d'où émergent des souches d'arbres et d'arbustes variés, ce qui implique que certaines portions de la célèbre forêt de Scissey ont été envahies sans violence par la mer.

Il va sans dire que cette forêt submergée, continuant à s'affaisser et à se recouvrir d'un sédiment marin sans cesse épaissi, subira les effets de la fossilisation et passera à l'état de ces *sols fossiles* que l'on rencontre à tant de niveaux géologiques, depuis le carbonifère de la Nouvelle-Écosse et le jurassique de l'île de Portland jusqu'au terrain quaternaire de Calais.

Cette remarque nous éclaire sur ce qui pourra arriver de l'embouchure de la rivière, qui nous occupait tout à l'heure, où règnera, avec l'allure que nous disions, le contact mutuel de matériaux marins avec des éléments fluviatiles.

On conçoit la persistance de certains reliefs du sol composant la vallée antique, bien plus résistants que les troncs d'arbre de la forêt de Scissey, et même des délinéaments de berges fluviaires, dans la masse desquels le courant d'eau douce a pu encastrer des débris organiques.

Ajoutons que ces restes d'êtres vivants éclaireront les conditions géographiques du lieu à l'époque où il s'est constitué. A côté de coquilles fluviales, de poissons d'eau douce, etc., on verra des êtres amphibies tels que des batraciens, des reptiles et même des oiseaux et spécialement des échassiers.

Or, cette réunion de conditions et de vestiges a été rencontrée à diverses reprises, et parfois de manière à permettre une comparaison très précise, avec les vallées modernes, de véritables vallées fossiles.

Les Moulineaux. — Pour ma part, je me rappelle en avoir étudié une des plus remarquables et dont il est d'autant plus intéressant de parler, que toutes traces en ont disparu par le fait de l'exploitation industrielle du sol.

Il s'agit d'une localité incomparablement célèbre pour les géologues parisiens, mais qui, maintenant, ne peut plus guère leur procurer que des déceptions : le Bas-Meudon et spécialement les lieux dits « Les Moulineaux » et « les Montalets ».

En 1836, dans ce dernier endroit, le digne frère d'Alcide d'Orbigny, savant modeste et laborieux, fit la découverte, à la base du terrain d'argile plastique et à la surface supérieure de la craie, d'un dépôt singulier auquel il donna le nom de *conglomérat ossifère de Meudon*.

« Au-dessous d'un puissant dépôt d'argile plastique, j'ai rencontré, dit-il (¹), plusieurs couches dont personne n'avait encore fait mention. A la base de cet ensemble sont des rognons, quelquefois plus gros que la tête, composés de calcaire pisolithique endurci... On y voit aussi quelques rognons de silex, de la craie... »

C'est le correspondant de nos galets de l'embouchure de la Scie.

« La puissance et la nature de ce banc de conglomérat varient beaucoup. ...Au-dessus de ce banc se succèdent des lits plus ou moins argileux fossilifères. »

Il s'y mélangeait des coquilles empruntées à la craie, comme le fait se reproduit aujourd'hui à Pourville, relativement à des fossiles, qui sont exactement du même âge que ceux des Montalets et de fossiles tertiaires, qu'on ne connaissait d'ailleurs pas, lors de la découverte de d'Orbigny. Nous y signalerons spécialement des anodontes, d'espèces nouvelles, mais qui sont tout à fait identiques pour leur manière de vivre et pour leurs traits essentiels aux anodontes (moules d'eau douce) dont l'auteur fit *Anodonta Cordieri* et *A. antiqua*; avec eux, des cyclades, des paludines et des planorbes, comme on en trouve dans les lignites du Soissonnais, qui sont exactement du même âge géologique.

(¹) *Notice géologique sur les Environs de Paris*, par M. Charles d'Orbigny (Extrait du *Dictionnaire pittoresque d'Histoire naturelle*, brochure de 58 pages, avec une planche en couleur. Paris, 1858.

Nous ferons un deuxième groupe pour des ossements de reptiles évidemment fluviaires : des crocodiles, représentés par des dents et un fragment de mâchoire (*Crocodilus depressifrons*) ; des tortues aquatiques, très voisines des genres actuels *Trionyx* et *Emys* ; d'un très grand animal, connu sous le nom de *Mosasaurus*, déjà représenté au Muséum par un magnifique échantillon provenant de Maëstricht. Et d'Orbigny mentionne à leur suite « un coprolithe renfermant de petits fragments de poissons et appartenant probablement à l'un des reptiles cités. »

Dans cette faune, prédominent d'une manière intéressante, des mammifères appartenant aux trois groupes des pachydermes, comme l'*Anthracotherium*, le *Lophiodon* ; des carnassiers, comme une loutre, des renards, des civettes ; des rongeurs, d'ailleurs mal déterminés.

Mais ce n'est pas tout et Ch. d'Orbigny n'a pas connu le plus intéressant membre de la faune des Montalets, le *Gastornis parisiensis,* un oiseau à peu près aussi gros par rapport à l'autruche que l'autruche l'est par rapport à une dinde, « dont le poids, d'après Constant Prévost, approchait peut-être de celui d'un cheval, qui nageait comme un cygne et jouissait de la faculté de rester debout sur une seule patte durant son sommeil, à la manière des échassiers (¹). »

Toute cette formation, d'après d'Orbigny, n'avait pas plus de huit pouces d'épaisseur et était recouverte de 60 pieds d'argile plastique qui est d'origine lacustre et de calcaire grossier qui est une formation marine.

La qualité fluviaire du dépôt qui nous occupe est d'autant plus certaine qu'elle a été contrôlée par des observations dues à Hébert, dans un prolongement du terrain, sur le territoire de Bougival et de Port-Marly. C'est bien, suivant les expressions de d'Orbigny, la trace d'un cours d'eau douce, dans le lit duquel se stratifiaient des débris arrachés aux rocs de ces berges et en particulier des fossiles marins sénoniens, comme *Belemnitella mucronata, Ostrea vesicularis, Inoceramus Cuvieri.*

Cernay près Reims. — Les études faites au Bas-Meudon,

(¹) *Comptes rendus de l'Académie des Sciences,* 1855, t. XL, p. 683.

ont été confirmées et complétées par les découvertes réalisées par le docteur Victor Lemoine, dans le terrain éocène inférieur de Cernay, à la porte de Reims.

Il existe là aussi un conglomérat qui offre des caractères morphologiques analogues à la roche du Bas-Meudon, et même on y a signalé la manière dont il repose sur le calcaire pisolithique, en le burinant avec des allures de fond de cours d'eau. C'est, par places, un véritable gravier avec des galets, les uns formés de silex et les autres de craie durcie.

On y rencontre également des coquilles marines, comme il s'en trouve dans la plupart des rivières qui les ont empruntées aux roches de leurs berges et de leur fond. Il y a eu sans doute mélange, par suite de l'affaissement de la localité, avec des matériaux provenant de niveaux différents.

La faune coïncide, par bien des caractères, avec celle de Meudon. Comme à Meudon, les unios, les térédines sont associés à des animaux plus élevés, fluviaires ou terrestres : des crocodiliens se répartissent entre plusieurs genres ; les tortues, nombreuses, appartiennent aux genres *Trionyx* et *Emys* ; les sauriens y sont variés et ont procuré le nouveau genre *Simœdosaurus*. Et ici, comme à Meudon, la merveille est fournie par des oiseaux gigantesques, des échassiers, comme l'*Eupterornis remensis* et surtout comme *Gastornis Edwardsi,* congénère de *G. parisiensis* des Montalets.

Bernissart. — Les travaux de recherche de la houille dans la région du Hainaut ont procuré, aux environs de Bernissart, des notions sur les relations morphologiques des roches du sous-sol composé de crétacé inférieur, de jurassique supérieur en couches horizontales et, tout au fond du sondage, de terrain carbonifère très accidenté et très faible. C'est au voisinage de la masse des *morts-terrains* (¹) que l'on eut la surprise de rencontrer, dans des roches marneuses, de gros ossements dont on eut quelque peine à reconnaître l'origine.

Aussi, avec un zèle dont la géologie doit être reconnaissante

(¹) Les houilleurs désignent sous ce nom les couches stériles, c'est-à-dire ne contenant pas de couches de houille.

vis-à-vis des praticiens, adopta-t-on des méthodes de sondage
d'une délicatesse tout à fait inusitée, pour ne pas compromettre
l'intégrité de ces fossiles.

On se trouvait à un niveau remarquable par l'association
d'éléments stratigraphiques marins avec des dépôts d'eau douce
et comme transitoires entre le sommet du jurassique marin
(terrain portlandien) et la base du crétacé également marin (ou
néocomien).

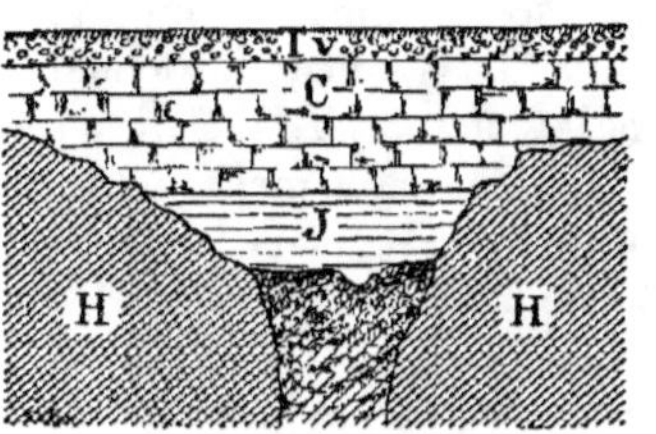

Fig. 36. — Le gisement de Bernissart, type d'une vallée d'âge wealdien. H. H, terrain houiller dans lequel est ouverte la vallée secondaire et qui en constituait les flancs, le fond de la vallée, représenté par de fines lignes horizontales, a fourni la masse des fossiles infra-crayeux, dont le type est l'*Iguanodon Bernissartensis*, étudié par M. de Pauw, et dont les divers types constituent un ensemble essentiellement *fluviaire* d'animaux et de végétaux, Le reste de la vallée antique est comblé par une centaine de mètres d'épaisseur de couches portlandiennes, faisant partie de la série des *morts-terrains*, suivant l'énergique expression des mineurs.

Dans certains pays, et Bernissart est du nombre, la jonction des deux niveaux, ailleurs si distincte, est réalisée, au contraire, par l'intime réunion de dépôts lacustres qui, malgré leur peu d'épaisseur, passent d'une manière insensible de l'ensemble jurassique à l'ensemble crétacé. Les coupes théoriques représentent cette disposition par l'intrusion d'une lentille, jouant le rôle d'un coin, entre les deux terrains et qui elle-même est subdivisée en deux demi-lentilles, dont l'une, au niveau du jurassique constitue le purbeckien, et l'autre, au niveau du crétacé, constitue le wealdien.

On peut croire que, dans les localités où elle se présente, cette condition résulte de la situation continentale de la région et, pour Bernissart en particulier, de ce qu'un régime fluviaire s'y était établi. Aussi nous ramène-t-elle à constater de nouveau les particularités paléontologiques que nous ont déjà présentées le Bas-Meudon et Cernay, près Reims.

Les gros ossements cités tout à l'heure se sont révélés comme provenant d'un reptile de la sous-classe des Dinosauriens [1], remarquables à la fois par leurs gigantesques dimensions et par

______

[1] Ce nom veut dire *Lézards terribles.*

la singularité de leur allure, qui n'est représentée par aucun reptile actuellement vivant.

Cet animal, désigné sous le nom d'*Iguanodon Bernissartensis*, a, comme le montrent les échantillons reconstitués, la physionomie générale de ces mammifères monodelphes, que tout le monde connaît sous le nom de kangourous : mais il mesure 9^m,50 du bout du museau à l'extrémité de la queue et debout sur ses membres postérieurs, comme le kangourou, il s'élève à 4^m,36 au-dessus du niveau du sol. La tête, relativement petite, rappelle celle du cheval par son aspect général ; mais les traits les plus nombreux du squelette ne laissent aucun doute quant à la qualité de reptile.

L'*Iguanodon* n'est d'ailleurs pas le seul reptile du gisement de Bernissart. Avec les vingt squelettes qu'il a fournis, on a trouvé de petites tortues des genres *Emys* et *Trionyx* (toujours comme à Meudon et à Cernay). Il y avait une centaine d'espèces de poissons, parmi lesquels abondent le *Lepidotus*, avec plusieurs autres genres.

En outre, le régime d'eau douce est bien démontré par de nombreux végétaux, composés de fougères, de cycadées et de conifères. L'espèce dominante, d'après les déterminations de Gaston de Saporta, est le *Lonchopteris Mantelli*.

Le gisement de Bernissart est très remarquable dans ses relations avec l'orographie souterraine du bassin de Mons et avec les couches crétacées inférieures du Hainaut. Les géologues Briart et Cornet ont conclu de leur examen très attentif l'existence d'une vallée profonde, dirigée de l'est à l'ouest, au milieu d'un terrain houiller et dans laquelle s'est déposé le terrain crétacé. Cette vallée se serait prolongée en France vers le Boulonnais, et plusieurs vallées latérales, d'importance variable, y débouchaient tout le long de son parcours ([1]).

Deltas fossiles. — Certains fleuves, comme le Rhône, le Nil, le Gange, le Mississipi, édifient à leur embouchure des dépôts qu'à cause de la forme triangulaire de la surface qu'ils recouvrent les anciens avaient déjà qualifiés de *deltas*.

([1]) *Bulletin de l'Académie royale de Belgique*, 1878, 2ᵉ série, t. XLVI, p. 387.

La production en est déterminée par la perte de force vive, infligée à l'eau courante du fleuve par la résistance de l'eau marine contre laquelle elle vient se heurter. Il en résulte que chacune des particules charriées arrive à son tour au degré de ralentissement qui détermine sa précipitation, d'après son poids, son volume ou sa forme et que, par conséquent, la structure des deltas est essentiellement régulière.

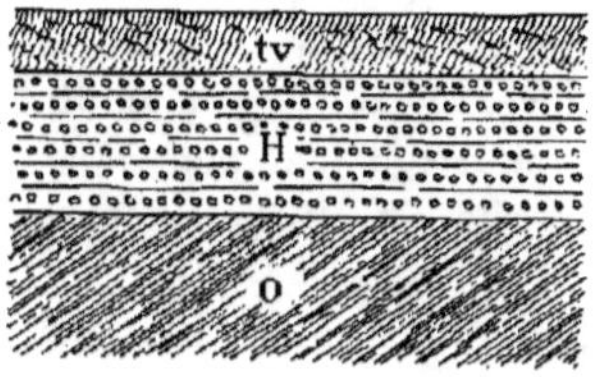

Fig. 37. — Coupe du delta de l'Arve au lieu dit la Jonction, près le bois de la Bâtie à Genève, où l'Arve se jette dans le Rhône ; *tv*, terre végétale ; H, graviers et galets fluviatiles en lits plus ou moins irréguliers ; O, épaisse superposition de lits sableux et graveleux due au régime spécial des dépôts de deltas.

Une singulière doctrine, dont les promoteurs furent Dolomieu et Elie de Beaumont, faisait de l'ère actuelle *l'ère des deltas*, en même temps qu'ils y voyaient l'ère des dunes et celle des volcans à cratères. Ce sont autant d'erreurs. Il y a eu des deltas dès le début des époques sédimentaires, de même qu'il y a des volcans et des dunes de tous les âges.

Et même, l'étude directe de la structure des deltas actuels étant à peu près impossible, ce sont les deltas fossiles et les deltas imités par l'expérimentation, qui ont pu en donner une idée.

Le plus bel exemple de delta fossile que nous connaissions existe à Commentry, dans le département de l'Allier. Nous en avons fait, dans notre *Géologie* (¹) une description qu'il n'y a qu'à reproduire ici :

On voit sur le flanc exposé au jour de la grande tranchée dite de Saint-Edmond, dans l'exploitation de houille de Commentry, une épaisse couche de houille recouverte successivement de schistes imprégnés de matières organiques, de grès noirs et de poudingues, ou conglomérats de galets qui se prolongent jusqu'à la surface du sol. A première vue, il semble qu'il y ait là, en superposition, quatre dépôts successifs. Si l'on en choisit un pour le remonter depuis la base jusqu'au sommet, au travers de toute l'épaisseur de la masse charbonneuse, on remarque qu'il

(¹) Un vol. in-8 de 988 pages, Paris, 1908.

est formé d'un combustible d'autant plus pur qu'on le recueille plus bas ; à mesure que l'on s'élève, on le trouve de plus en plus chargé de matériaux incombustibles et qui, après la calcination, constituent les cendres.

Les feuillets obliques de la houille se poursuivent au travers des schistes, où l'on voit de même une structure oblique qui se continue depuis le niveau du combustible jusqu'à celui des grès. En suivant un des feuillets, on reconnaît que sa composition varie d'une manière progressive : vers le bas, on rencontre la proportion maxima de matière combustible ; et peu à peu augmente l'élément sableux, de façon que c'est insensiblement qu'on arrive aux grès noirs.

Dans ceux-ci encore, la structure en feuillets obliques persiste avec évidence et le feuillet qu'on a suivi depuis la base de la houille jusqu'au haut des schistes peut être continué dans le grès. Il montre son grain, allant progressivement en grossissant au fur et à mesure de l'ascension, si bien qu'à la fin, les éléments ressemblent beaucoup aux petits cailloux de la base des poudingues.

Ceux-ci ont une structure bien plus vague que les grès sous-jacents, à cause du volume de leurs éléments ; cependant on peut deviner qu'ils en sont la suite, rien qu'à cette circonstance que le calibre de leurs galets augmente régulièrement à mesure que l'on s'élève.

Et la signification de cette anatomie, c'est que le quadruple ensemble constitué par la houille, le schiste, le grès et le poudingue ne consiste pas en quatre couches superposées, mais en une infinité de petits lits obliques, couchés les uns à côté des autres et dont chacun est composé de quatre segments : de houille, de schiste, de grès et de poudingue.

Or, il est facile de voir que telle doit être, en effet, la constitution des dépôts accumulés par les fleuves dans les deltas qu'ils édifient : c'est aussi la constitution de dépôts artificiels réalisés par l'expérience.

Après avoir, à l'exemple de M. Fayol ([1]), considérablement

_____

([1]) *Études sur le terrain houiller de Commentry* ; livre premier ; lithologie et stratigraphie par M. Henri Fayol, 3 volumes in-8 avec atlas, Saint-Etienne, 1887.

élargi une partie du lit d'un ruisseau dont le courant est suffisamment rapide, on jette à l'amont de cet élargissement un
mélange, aussi intime que possible, de cailloux, de sable, d'argile et de végétaux ayant assez séjourné dans l'eau pour ne pouvoir plus flotter. Au bout d'un temps suffisant, le bassin formé
par l'élargissement du cours d'eau se trouve rempli de ces
matériaux charriés. On détourne alors le ruisseau à l'amont, on
laisse dessécher le produit, puis on y pratique, à la bêche, des
sections verticales convenablement orientées : on y reconnaît
alors la structure générale de la tranchée de Saint-Edmond, c'est-
à-dire que le fond du bassin est couvert de débris végétaux représentant la houille ; que les argiles simulant les schistes se sont
déposées par-dessus ; que les sables, équivalents des grès, les
ont recouvertes ; et enfin que le tout est couronné par les galets
correspondant aux poudingues.

En analysant le phénomène, on voit que la résistance opposée par l'eau du bassin à l'entrée du cours d'eau a déterminé le
triage des éléments qu'il charrie : les galets sont tombés les premiers sur la berge inclinée du bassin et sont par conséquent
restés vers la partie haute de cette berge ; les sables, soutenus
davantage, sont allés un peu plus loin, et de même, les particules argileuses, puis les débris végétaux.

Mais ce premier dépôt a véritablement allongé de toute son épaisseur le lit du ruisseau ; le phénomène, en se continuant, est parti
successivement d'une origine située de plus en plus en aval, et alors
les quatre niveaux superposés se sont développés parallèlement.

Sicile, etc. — Comme le terrain houiller, le terrain sicilien
(groupe pliocène), offre des formations qu'il faut rattacher à la
production des deltas, par exemple, sur la côte ligurienne, à
l'embouchure de certaines rivières, des lambeaux formés de cailloux plus ou moins cimentés ensemble et disposés en lits inclinés de 15 à 20° sur l'horizon.

Ajoutons que les deltas du Rhône et du Nil existaient dès la
période quaternaire. M. Colladon en a décrit un de cet âge à la
Bâtie, point où le Rhône sort du Léman à Genève. Et, en face
d'Arles, sur la rive droite du Rhône, sous le cimetière de Saint-
Gilles, on voit des graviers en lits inclinés à 30° environ et qui

sont surmontés brusquement par une assise horizontale de galets, épaisse d'environ 4 mètres.

Estuaires fossiles. — De même que des deltas fossiles, il y a des estuaires fossiles. On en voit dès le silurien, dont les traces, en plusieurs points de l'Angleterre, et spécialement dans le Shropshire, au niveau de Lludlow consistent en lits caractérisés par le mélange de poissons marins avec des plantes continentales.

Des estuaires dévoniens existent dans les pays où, comme en Écosse et dans une partie de l'Angleterre, se sont déposées les assises du vieux grès rouge. C'est là que les poissons cuirassés : *Cephalaspis*, *Pteraspis*, *Coccosteus*, *Pterichthys* sont associés à des plantes terrestres évidemment charriées dans la mer par des cours d'eau débouchant d'îles ou de continents.

Comme estuaires permiens, on peut signaler certaines parties des grès d'Artinsk, où des plantes terrestres comme *Calamites gigas*, *Callipteris conferta*, etc., sont intimement associées à des coquilles marines. Dans le bassin de la Volga, on rencontre des couches saumâtres à *Palæomutela* dont les analogues surgissent dans une partie de la formation de Karroo, en Afrique australe.

Dans le *Lettenkohle*, qui constitue le trias d'une grande partie du Tyrol et de la Carinthie, des dépôts d'estuaires consistent en lits argileux, renfermant des filets charbonneux et alternant avec quelques grès et des gypses tout à fait caractéristiques. On y recueille un mélange d'animaux marins et d'animaux lacustres accompagnés de plantes terrestres.

Comme estuaires liasiques, nous citerons le grès des environs de Mondego, en Portugal, et les lits riches à la fois en insectes et en poissons du Gloucestershire et de quelques points du Mecklembourg.

Sans aller plus loin, ajoutons que la notion des continents oolithiques est confirmée par la constatation de véritables estuaires dans les niveaux ligniteux du bathonien de bien des points de la France méridionale (Dordogne, Aveyron, Lot), où des débris d'*Equisetum*, végétal terrestre, ont été recueillis en abondance. Le portlandien de la Champagne et celui du Jura contiennent des corbules qui conduisent à la même conclusion.

CHAPITRE III

INFILTRATION DE L'EAU DE PLUIE

Biefs de Picardie et Bone-beds. — Après avoir reconnu l'analogie, pour la pluie fossile, des conditions décrites pour la pluie actuelle, quant à sa chute et quant à son ruissellement sur le sol, nous avons à constater l'existence de documents concernant son infiltration.

Si l'on se reporte à notre chapitre de la première partie, où est traitée la décalcification (p. 62), on verra que diverses formations, telles que celles de l'argile à silex se sont continuées pendant des laps de temps prodigieux, et le moment est venu pour nous d'y

voir l'origine de couches argileuses, sableuses, phosphatées, en
tous cas formées de matériaux insolubles dans l'eau, qui ont été
arrachés par la pluie à leur association avec le calcaire.

Déjà, on a vu que des couches, même épaisses, de semblables
éléments, ont été confondues avec des formations restées intactes
depuis leur dépôt. Du nombre sont les *biefs* de la Picardie qu'en
les décrivant, nous avons reconnus pour provenir de portions
de couches calcaires tertiaires et qui ont subi la décalcification
intégrale au cours de leur intercalation entre d'autres couches
également décalcifiées et produites, les unes aux dépens de formations récentes et les autres à ceux de formation plus ancienne.
En somme, ces produits de la sédimentation souterraine sont
des témoignages irréfutables de l'action continentale de la région
où ils prennent naissance, ce qui leur donne ce grand intérêt
que, si on en découvrait dans l'épaisseur de la croûte terrestre,
nous leur devrions la notion d'une époque où le point où ils se
montrent a été lui-même accessible à la pluie, même si depuis
lors il a été recouvert de sédiments, mêmes très épais, de production marine.

Malgré la diversité de leur composition minéralogique et bien
que beaucoup d'entre eux soient, comme les *biefs* de Picardie,
formés de détritus d'origine minérale, on leur a imposé le nom
de *bone-beds* (lits d'ossements), parce que leur type essentiel est
composé de débris osseux d'une valeur industrielle considérable.

Je pense avoir été le premier à élucider l'histoire géologique
de pareilles accumulations, qui se comportent comme les coquins
des Ardennes et les oolithes de Beauval et d'Hardivillers et se
concentrent peu à peu dans un lit continu et plus ou moins
mince, représentant tout ce qu'une couche initiale a pu sauver
de l'entreprise pluviaire. Plus tard, la sédimentation ayant repris
son cours sur le même point, le lit considéré a été ramené à des
profondeurs plus ou moins considérables, où nous l'exploitons
maintenant. On voit que, quelles que soient les particularités de
son gisement actuel, il constitue un témoignage incontestable de
la condition continentale, la seule qui permette à la pluie d'extraire d'une formation calcaire le carbonate de chaux qu'elle
contient et d'en isoler les débris insolubles.

Parmi les innombrables exemples qu'on pourrait citer de *bone-*

beds, et sans chercher à retrouver l'époque précise où chaque dépôt a été isolé par la pluie de la formation beaucoup plus épaisse dont il faisait partie, nous citerons quelques localités remarquables.

Dans le silurien de Downton, en Angleterre, on trouve un lit d'ossement de 10 centimètres d'épaisseur seulement, mais où les matériaux phosphatés sont d'une abondance extraordinaire. Ils proviennent, pour l'immense majorité, de poissons appartenant aux genres : *Onchus, Teraspis, Plectodus, Thélodius,* qui ont été étudiés en 1874 par Randall.

Le carbonifère inférieur (dinantien), non loin de Bristol, comporte un bone-bed tout à fait typique, formé presque exclusivement de dents de poissons. On en trouve également en Belgique, dans le houiller supérieur, ou stéphanien.

Le trias du Plateau Central renferme, d'après la *Description géologique du Mont d'Or lyonnais* de MM. Falsan et Locard (1860), une couche composée presque exclusivement des dents du *Saurichthys,* dont le nom signale les caractères ambigus entre les reptiles et les poissons.

C'est encore dans le trias, niveau dit le *lettenkohle,* qu'on rencontre auprès de Tubingue, un vrai bone-bed avec nombreuses dents de *Ceratodus.* En Souabe, Quenstedt a distingué, dans l'épaisseur du terrain rhétien, plusieurs bone-beds, qui constitueraient des transitions entre l'infra-lias et le terrain jurassique proprement dit. C'est même dans l'épaisseur d'un de ces niveaux que Plieninger a découvert en 1817 une petite dent fossile, qui est devenue bien célèbre comme révélant l'existence, à ce niveau si ancien, d'un mammifère, le *Microlestes antiquus.*

La même trouvaille s'est renouvelée dans le rhétien anglais, qui renferme à Penarta des bone-beds qui ont procuré 70 000 dents du poisson qualifié d'*Acrodus,* accompagnées de 29 dents de *Microlestes.* En Franche-Comté, le rhétien débute parfois par un bone-bed de près de 20 mètres de puissance : les lits d'ossements et de dents qui le composent, alternant un grand nombre de fois avec des schistes à *Avicula contorta* ou d'autres fossiles caractéristiques.

En 1856, Gressly a recueilli dans un bone-bed du canton de Berne, le tibia, plusieurs os du tarse, une tête de fémur, une griffe, une plaque écailleuse, dont les détails anatomiques font croire qu'ils proviennent d'un reptile qui devait mesurer de 16 à 17 mètres de longueur ([1]).

Terminons cette énumération par la mention de la rencontre que nous avons faite nous-même, dans la forêt de Compiègne, non loin du Trou du Han, si célèbre parmi les paléontologistes, d'un véritable bone-bed, composé presque exclusivement de dents de squales, fort petites : subordonné aux sables dits de Cuise, il mesurait 6 centimètres d'épaisseur et se continuait sur une coupe assez longue.

Concrétions souterraines d'origine pluviaire. — Un autre genre de témoignage d'infiltration souterraine de l'eau de surface consiste en *concrétions* de tous genres et nous devons citer, comme particulièrement net, la formation des *lehm-kindchen* ou enfants du lœss.

Ce sont des nodules sphéroïdes ou ellipsoïdes de marnolithe, au sein des couches de limon d'origine éolienne, qu'on désigne sous les noms de lœss ou de lehm.

D'innombrables localités des environs de Paris montrent ces concrétions dans la coupe de limon tout à fait récent. C'est à Villejuif que se trouve l'exemple le plus volumineux, mais il est d'innombrables régions où on le rencontre aussi et jusque dans des sables récents transformés en grès plus ou moins friable.

Nous nous arrêterons à un seul cas, intéressant par sa complication relative.

Des travaux exécutés pour dégager la gare des voyageurs à Puteaux ont mis au jour de singulières masses sphéroïdales.

L'excavation a été ouverte sur le flanc du coteau dans l'épaisseur des couches de sables dits de Beauchamp qui reposent, dans la région, sur le calcaire grossier supérieur : les boules pierreuses étaient noyées dans ces sables et inégalement espacées les unes des autres. La pluie circule très aisément dans cet ensemble.

A première vue, ce sont des nodules de grès et leur rencontre est si fréquente dans les sables de tous les niveaux géologiques

([1]) *Bulletin de la Société géologique de France.* 1856, 2ᵉ série, t. XIII, p. 369.

qu'elle ne serait en aucune façon digne d'être signalée si elle ne s'accompagnait cette fois d'une particularité remarquable.

Il se trouve, en effet, que ces nodules, au lieu d'être pleins, sont *creux*, et cela, comme je vais essayer de le faire comprendre, complique leur histoire d'une façon considérable.

On admet, comme conséquence des observations et aussi des expériences, que la constitution des nodules ordinaires, c'est-à-dire pleins, s'est réalisée dans les masses de sable d'une façon très simple. Ces sables ont été traversés par des dissolutions variées capables d'abandonner une substance conjonctive qui, solidifiée entre les grains de sable, pouvait les réunir en une masse cohérente.

La substance dont il s'agit est le plus ordinairement du calcaire ou carbonate de chaux ; mais elle peut être

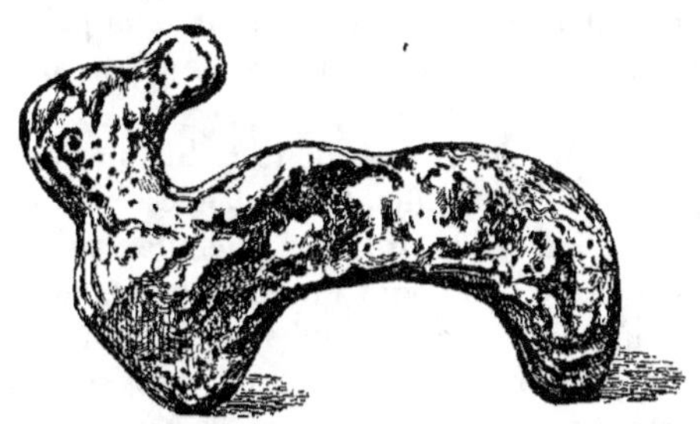

Fig. 38. — Concrétion siliceuse d'origine pluviaire. Rognon de meulière consécutive à la décalcification du calcaire de Beauce, d'origine d'eau douce et qualifié d'Aquitanien en considération des faluns du *Bordelais*. A l'origine de leur dépôt les couches consistaient en calcaires imprégnés d'une proportion plus ou moins grande de silice soluble dans l'eau et qui s'y est renouvelée très longtemps. Par suite de l'activité chimique des matières minérales et tandis qu'en certaines régions la formation n'éprouvait pas de changements notables, en d'autres elle éprouvait les entreprises de certains réactifs tels que l'acide carbonique qui dissolvait la matière calcaire et laissait le résidu argileux imprégné de la silice sus-mentionnée. Celle-ci s'est peu à peu concentrée ; elle a perdu la plus grande partie de son eau de constitution et parfois même elle s'est cristallisée par places en *géodes* de cristal de roche (1/10ᵉ de la grandeur naturelle).

aussi de la silice, de l'hydrate de fer ou quelques autres matières encore.

Ce qui est intéressant et ce qu'on ne peut contester, c'est que les dissolutions filtrant au travers des sables rencontrent de temps en temps des points qui exercent sur elles comme une attraction irrésistible : elles y déposent leur matière dissoute et successivement le germe de concrétion s'enrichit de nouveaux dépôts et grossit de façon à acquérir parfois des dimensions très grandes. On ne peut douter que les énormes assises dans lesquelles sont ouvertes de grandes carrières de grès, comme à Fontainebleau, à Orsay, à Rambouillet et bien ailleurs, ne soient tout simplement des nodules qui ont assez grossi et qui résultent aussi de la soudure progressive de nodules primitivement distincts. Cette histoire est bien merveilleuse, pleine encore de détails inexpliqués, tels que la fréquence de deux nodules de grès superposés entre lesquels le sable est resté parfaitement libre ; — tels que la forme cristalline propre au carbonate de chaux, que certains nodules de grès manifestent d'une manière évidente, etc. Mais le point essentiel est fort compréhensible, pour ainsi dire sensible aux yeux et personne ne le conteste.

Mais si nous essayons d'appliquer ces résultats à l'histoire des nodules creux, nous rencontrons des difficultés spéciales.

Un de ces nodules creux, qui fait partie avec quelques autres de la collection du Muséum, est une boule un peu ovoïde, dont le diamètre longitudinal mesure 85 centimètres et le diamètre vertical 67 environ ; c'est une boule qui comprend une simple coque de grès très solidement cimentée et très dure, de 5 à 8 centimètres d'épaisseur suivant les points, et un noyau sableux tout à fait meuble et qui laisse sa place vide quand le tubercule est brisé.

Évidemment, en présence de ces boules creuses, l'explication de tout à l'heure ne peut pas être adoptée sans modifications, car il semblerait qu'on entre dans le domaine de la pure métaphysique, si l'on admettait un instant seulement l'hypothèse d'un centre de concrétion qui n'agirait qu'à distance et qui déterminerait la précipitation calcaire, ciment des grès, à une énorme distance tout autour de lui, mais non pas à son voisinage immédiat.

L'embarras du théoricien paraît même s'augmenter encore, quand il réfléchit que le cas des nodules de Puteaux est loin d'être isolé et qu'on connaît d'autres boules creuses et présentant d'autres compositions minéralogiques. Il suffira de mentionner, à cause de leur célébrité, les *aétites* ou *pierres d'aigle*, auxquelles tant de superstitions ont été rattachées et qui consistent, comme on le sait, en une coquille d'oxyde de fer, enveloppant de toutes parts un noyau argileux ou sableux trop petit pour les remplir, au point que, par l'agitation, il y ballotte comme le battant d'un grelot.

En étudiant ces curieuses productions, on peut cependant en reconstituer l'histoire dont chaque étape se trouve illustrée, démontrée, par des spécimens bien connus. On arriveai nsi à admettre tout d'abord la production d'une concrétion ordinaire, c'est-à-dire engendrée autour d'un centre et grossissant progressivement jusqu'à un certain volume. On doit croire qu'elle est produite par une petite quantité de la matière agglutinante et qui le plus souvent est du carbonate de chaux.

A un certain moment, et par suite d'un changement de régime et de composition des eaux d'infiltration, cette concrétion prend beaucoup plus d'activité : autour d'un noyau très faiblement cimenté, il se fait une coque d'une roche beaucoup plus riche en ciment et cette circonstance est de la même catégorie que celle qui produit des zones concentriques dans un même rognon, quoique l'effet en soit ici bien différent. Cette coque plus cimentée et dont le ciment peut être également de calcaire devient bientôt, et justement à cause de sa richesse en carbonate de chaux, le siège d'un travail interne de cristallisation qui a pour effet de l'enrichir encore, même si le liquide conjonctif cesse d'arriver et il doit en résulter un appauvrissement en calcaire des régions voisines. Il peut arriver aussi que la composition du liquide conjonctif change un peu et devienne siliceuse, de sorte que le grès deviendra de plus en plus résistant vers sa surface. Si alors, comme la chose est si fréquente, le liquide calcifiant s'arrête et est remplacé par un liquide corrosif pouvant traverser la coque de grès siliceux, alors la région interne du nodule sera privée du calcaire qui s'y était constitué et le sable y redeviendra libre et mobile. Il n'en faut pas davantage pour que la concrétion en sphère creuse soit complètement expliquée. C'est ce qui a dû avoir lieu à Puteaux.

Dans le cas des *aétites,* il se passe quelque chose d'analogue, mais de plus net encore, car il y a substitution du ciment ferrugineux au ciment primitif, qui est de nature toute différente. De plus, l'argile emprisonnée peut subir un retrait consécutif à la perte de son eau et, dès lors, elle devient beaucoup moins volumineuse que sa prison et acquiert ainsi la mobilité que nous avons rappelée.

Éboulis. — Parmi les vestiges dont l'étude procure la connaissance des faciès aux époques géologiques, on peut citer comme les moins nombreux et les moins nets, ceux qui proviennent des régions exondées et qui permettent de reconnaître les points continentaux. Aussi doit-on attacher le plus grand intérêt à les bien définir.

En étudiant à ce point de vue la surface actuelle de la Terre, on est frappé de la colossale importance des éboulis dans les pays montagneux et l'on se demande si ces formations clastiques n'ont pas dû laisser des témoignages de leur ancienne existence.

Il est clair que toutes les *brèches*, si fréquentes à tous les niveaux, peuvent toujours être comparées à des éboulis et que la cimentation des égravats, sur tous les flancs des vallées abruptes du Jura, des Alpes et des Pyrénées, donnerait des produits comparables à ces formations parfois anciennes.

Cependant, comme il peut y avoir d'autres causes que l'intempérisme pour réduire des roches en petits blocs anguleux ou roulés, accumulés sans ordre, on a le droit de laisser la question sans solution précise, et l'on est bien aise de constater que les éboulis vrais présentent en certains cas des traits particuliers qui permettent de les reconnaître.

L'un de ces traits est la multiplicité ordinaire des types lithologiques qui se trouvent en mélange intime et qui se rapportent à des modes de formations distinctes les unes des autres. Dans les Alpes, ou dans le Jura, par exemple, on voit des éclats de roches cristallines, venant des plus grandes profondeurs, associés à des débris de calcaires et de schistes des formations plus récentes, secondaire ou même tertiaire. Or, on trouve de temps en temps des conglomérats d'âges géologiques anciens avec la même allure.

A cet égard, mon attention a été appelée, il y a longtemps, par un échantillon (fig. 39) déposé au Muséum en 1843 par le géologue Philippe et qui provient de Montgaillard dans les Hautes-Pyrénées. Dans cet échantillon, gros comme le poing et taillé avec soin, se distinguent des débris très anguleux jetés sans ordre au milieu d'un ciment très complexe où brillent d'innombrables paillettes de mica et de la poussière argilo-calcaire. Des granulites de diverses variétés, des grenats à grain fin, des phyl-

<hr>

(¹) *Comptes rendus de l'Académie des Sciences.* 1908, t. CLXVII, p. 359.

lades noirâtres ressemblant de très près aux ardoises d'Angers, mais en feuillets plus ou moins tordus, des calcaires, les uns gris et d'apparence lithographique, ou noirs et d'apparence paléozoïque, se reconnaissent çà et là. Le collectionneur a considéré son échantillon comme représentant un conglomérat ou brèche de froissement constituant des filons. Je crois qu'il est plus logique d'y voir un éboulis proprement dit.

D'autres indices de l'intervention de la pluie dans l'histoire de véritables éboulis consistent dans la présence, qui est fréquente, de cailloux non seulement polis, mais encore couverts de stries tout à fait remarquables.

Chose curieuse, les stries dont il s'agit ont été d'abord attribuées à des agents qui sont complètement étrangers à leur origine, c'est-à-dire aux glaciers. L'observation, comme nous l'avons vu ailleurs, montre que dans les formations glaciaires venant de se produire il n'y a pratiquement pas de galets striés. Il est vrai que si l'on examine des moraines peu anciennes, quaternaires ou même plus récentes, on y voit parfois abonder des pierres burinées ; mais on découvre bientôt que la striation en est très postérieure au dépôt et qu'elles résultent entièrement du phénomène pluviaire.

Il importe de bien insister sur ce fait que si les roches calcaires sont les plus aptes à acquérir des stries par le mécanisme souterrain, beaucoup d'autres roches subissent la même modification dans des conditions un peu différentes.

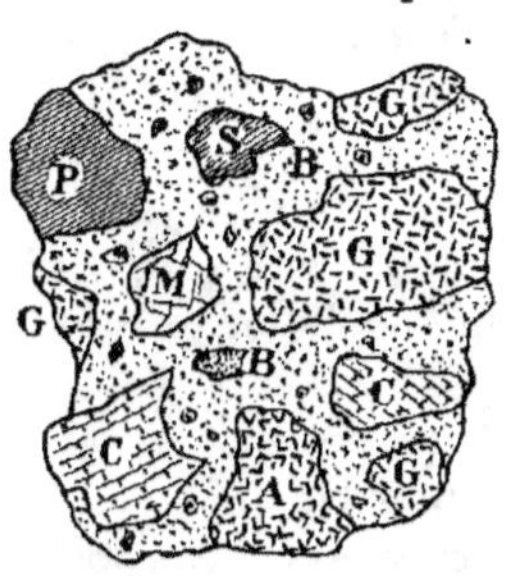

Fig. 39. — Eboulis fossile de la rive droite de l'Adour, en face du pont de Montgaillard (entre Bagnères-de-Bigorre et Tarbes, Hautes-Pyrénées). — Cette roche, qualifiée d'abord de *brèche de friction* et dont on avait alors méconnu le mode de formation, constitue des couches irrégulières, coupant sous diverses directions et avec des angles variables une masse d'argile et de marnes « bigarrées » sur lesquelles repose un calcaire crayeux. — Elle contient des granits, des porphyres et ne présente aucune altération par la chaleur ou par des réactions chimiques intenses. — P, fragment de phyllade paléozoïque ; C, calcaire lithographique ; G, granulite ; S, schiste ; M, marbre ; A, amphibolite ; B, ciment fin, reliant les fragments et constituant le produit de fossilisation et de métamorphisme de la boue pluviaire. Cette roche bréchoïde est conservée au laboratoire de géologie du Muséum d'Histoire naturelle sous le signe de catalogue 8. X-260. — Elle ressemble intimement à nombre de roches comprises dans les éboulis récents des chaînes de montagnes. Il est remarquable que les géologues n'ont pour ainsi dire jamais mentionné les éboulis fossiles dans les chaînes montagneuses fossiles.

Dans les placages boueux du pays de Vaud, que j'ai spécialement étudiés, on trouve des galets striés de serpentine, de diorite, de protogine, de schiste, etc. Le fait s'explique par le poids
considérable du terrain, qui se tasse, et qui est bien plus considérable que celui des collines récentes. En outre, j'ai reconnu la
striation dans des terrains sans calcaire, pourvu qu'il s'y trouve
de fines particules argileuses, que la circulation des eaux peut
extraire : la diminution du volume primitif, quelle qu'en soit la
cause, suffit à déterminer le phénomène.

On conçoit d'ailleurs que les blocs striés puissent ensuite,
quand le tassement s'est arrêté, être cimentés les uns avec les
autres par l'intermédiaire d'une substance conjonctive. Si la
cimentation intéresse des galets calcaires, ceux-ci peuvent être
soustraits à toute dissolution ultérieure et conserver leurs stries
et leur poli au même titre que les tests de coquilles altérables
conservent tous les détails de leur ornementation. Dès lors, rien
ne s'oppose à ce que des amas d'éboulis, en partie striés, soient
compris dans des formations géologiques d'âge quelconque ; et
l'on voit quelle erreur on commettrait si de la trouvaille des
stries dans leur masse, on voulait conclure l'existence de glaciers
paléozoïques.

Un des exemples les plus célèbres a été fourni par les conglomérats carbonifères de Dwyka, dans la colonie du Cap, et le docteur Stapff a protesté le premier contre la signification glaciaire
qu'on lui attribuait. Depuis lors, des remarques analogues ont
été faites à des niveaux encore plus anciens et, spécialement dans
le précambrien de la Norvège, par M. Straham ; de l'Australie,
par M. David ; et de la Chine, par M. Bayley Willis. Les localités chinoises ont fourni des échantillons identiques à ceux qu'on
extrait du quaternaire alpin.

Tout le monde reconnaîtra le vif intérêt qui permet d'affirmer
que déjà, aux époques sédimentaires les plus anciennes, les
continents, pourvus d'un modelé très accentué, subissaient de
la part de l'atmosphère, les phénomènes d'érosion qui sont si
actifs aujourd'hui dans les régions montagneuses. La vaste erreur
que nous avons constatée plus haut pour l'explication des galets
striés de l'époque actuelle a été tout naturellement étendue aux
galets anciens que l'on trouve, pour ainsi dire, à tous les niveaux.

Dès le terrain précambrien, il y en a une telle abondance, avec des roches polies, que Hicks (¹) et Ramsay (²) déclarèrent qu'il y eut alors une époque froide. C'est par le même raisonnement que J. Thompson crut voir des traces de glaciers cambriens à Islayer en Écosse (³). Pour le silurien, les assertions du même genre sont vraiment innombrables. Dans son ouvrage intitulé *The great ice Age* (p. 568), M. James Geikie diagnostique les formations glaciaires dans le silurien inférieur de l'Écosse méridionale ; Dawson émet la même conclusion pour la région du lac Supérieur (⁴). Dans son *History of Isle of Man,* publiée en 1841, Cumming compare les conglomérats du vieux grès rouge dévonien aux produits de la cimentation du *boulder clay* quaternaire et il s'écrie ; « Faut-il en conclure que ces étranges poissons (*Cocosteus, Pterichtys, Cephalaspis*) avaient à souffrir des atteintes des vagues glacées et à lutter contre la poussée des glaces flottantes ? » C'est aussi à propos du dévonien de Kirkby, de Londsale, de Sedbergh que Ramsay écrit : « Nous avons trouvé beaucoup de pierres et de blocs nettement striés et, sur beaucoup d'autres, comme le fantôme de stries effacées par le temps. » Cette description s'applique au second conglomérat carbonifère de Dwyka, Afrique australe, que M. Dunn n'avait pas craint de regarder comme glaciaire (⁵).

C'est aussi de tous côtés que l'on rencontre des conglomérats carbonifères supposés glaciaires : en France par Godwin-Austeen (⁶), en Écosse par James Geikie (⁷), en Irlande par Haughton (⁸), en Nouvelle-Écosse par Dawson (⁹), aux États-Unis par Orton (¹⁰), dans les Indes par Blandford (¹¹), par Oldham (¹²) et par d'autres. « Les traces d'actions glaciaires datant de la

(¹) *Geological Magazine,* 1876, nouvelle série, t. III, p. 157.
(²) *Nature,* 1880, t. XXII, p. 400, Londres.
(³) *British Association,* Rapport de 1870, p. 89.
(⁴) *Canadian Naturalist,* II, 6.
(⁵) Carte géologique de la colonie du Cap, 1886.
(⁶) *Quarterly Journal of Geological Society,* 1856, t. XII, p. 58, Londres.
(⁷) *Great-ice Age,* p. 568.
(⁸) *Climate and Time,* p. 296 (1851).
(⁹) *American naturalist,* t. VI, p. 416.
(¹⁰) *Transactions of Manchester geological Society,* t. XIV, p. 417.
(¹¹) *Records of the Geological Survey of the India.* t. XIX, p. 34.
(¹²) *Geological Magazine* (n. s.), t. III, p. 303.

période anthracolitique ont été relevées en si grand nombre, dans l'Inde, en Australie et dans l'Afrique du Sud qu'elles ne laissent plus de doutes d'une véritable *période glaciaire* carbonifère ou permienne au moins en ce qui concerne ce pays. »

Le terrain permien a conduit à des observations analogues de Ramsay pour le Staffordshire [1], de Hall pour l'Irlande [2], de Sutherland [3] et de Stow [4] pour diverses régions du continent africain, de Kohen pour l'Inde [5].

Mentionnons seulement pour le trias le mémoire de Ramsay sur le Rothliegend de Thuringerwald [6] et celui de Wilkinson [7] sur le conglomérat de la série de Hawkesburg dans la Nouvelle-Galles du Sud. Jud [8] a regardé comme glaciaires des brèches de l'oolithe supérieure du Nord de l'Écosse. Escher de la Linth [9] a prétendu reconnaître des galets glaciaires [dans le crétacé des Alpes et Godwin Austeen [10] dans celui de Croydon en Angleterre. Pour l'éocène, il suffit de citer Croll [11] pour les bords du lac de Thoune et J. Martin [12] pour la Bavière et plusieurs points de la Suisse, et cela nous amène aux couches tertiaires supérieures, où le phénomène glaciaire a laissé, comme dans le quaternaire, des traces qu'on ne peut discuter [13].

Nous n'avons pas à revenir sur les preuves que nous avons données quant à l'indépendance absolue des deux phénomènes de l'existence de glaciers et de la striation des roches. Or, cette conclusion est d'une gravité qu'on apercevra quand on saura que les cartes géologiques représentent de gigantesques étendues de territoires pour cette seule raison qu'on y a reconnu la pré-

---

[1] *British Association Report* (de 1854), p. 93.

[2] *Geological Survey of Ireland*, p. 12 (1873).

[3] *Quarterly Journal of Geological Society*, 1870, t. XVI, p. 515.

[4] *British Association Report* (1880).

[5] *Neues Jahrbuch Mineralogie Festband* (1907), p. 548.

[6] *Philosophical Magazine*, 4e série, t. XXIX, p. 290.

[7] *Philosophical Magazine*, 1881, 5e série, t. VIII, p. 287.

[8] *Quarterly Journal of the Geological Society*, t. XXIX, Londres.

[9] *Philosophical Magazine*, 4e série, t. XXIX, p. 290.

[10] *Quarterly Journal of the Geological Society* (1887).

[11] *Climate and Time*, p. 305 (1851).

[12] *Bulletin de la Société géologique de France*, 3e série, t. II, p. 271.

[13] Stanislas Meunier, *Les Glaciers et les Montagnes*, p. 250. Un volume, Paris, 1920.

sence de galets striés. Il en résulte pour de certaines régions, et
principalement des régions montagneuses ou régions à éboulis,
une apparence d'extension glaciaire qui le plus souvent est
erronée ; il en résulte aussi l'affirmation d'une ou de plusieurs
époques glaciaires, c'est-à-dire de cahots dans l'évolution, si
progressive au contraire, et si harmonique, des conditions météorologiques et de toutes leurs conséquences.

Pour terminer cette revue d'erreurs, nous reproduirons le
passage suivant, emprunté au *Traité de Géologie* de M. Haug [1] :
« Les cailloux qui entrent dans la composition de la moraine de
fond frottent les uns contre les autres ; ils arrondissent leurs
angles, mais conservent des faces planes, ce qui les distingue
des cailloux fluviatiles ou littoraux [2]. Les galets calcaires présentent de plus les stries suivant plusieurs directions différentes,
chacune correspondant à une nouvelle position du galet par
rapport à son voisin. Ces *cailloux striés* caractérisent entièrement les formations glaciaires : un *œil tant soit peu exercé* [3] ne
les confond pas avec ceux que l'on rencontre quelquefois dans
les éboulis. Les stries ne peuvent se conserver que dans des
terrains imperméables ; dans les terrains perméables, elles sont
rapidement détruites par les eaux d'infiltration, de même que
les polis glaciaires ne sont le plus souvent conservés sur les
roches que lorsque celles-ci sont protégées contre les agents
atmosphériques par de la boue glaciaire [4]. »

On me permettra de clore ce paragraphe par la citation de
cette appréciation de M. Marcellin Boule, quant à l'histoire des
galets striés : « M. Stanislas Meunier a montré, par de curieuses
expériences de laboratoire, que les cailloux striés peuvent très
bien se rencontrer dans de pseudo-moraines [5]. »

Cavernes fossiles. — Il n'est pas d'exemple plus frappant que

[1] Pages 457 et 458, un volume in-8, Paris, 1907.
[2] On n'a aucune preuve directe de ce régime de frottement.
[3] Exercé à quoi ?
[4] Il se trouve que dans le canton de Vaud, aux Avants, à Blonay et ailleurs, les
placages à galets striés alimentent des sources qui sont essentiellement incrustantes.
[5] *L'Anthropologie* de février 1902, p. 135.

les cavernes, de la continuité entre les phénomènes anciens et les faits actuels.

C'est en Belgique que leur étude paléontologique a été inaugurée. Les recherches de Schmerling remontent à 1830 et il a eu de nombreux continuateurs dans son pays, surtout dans les environs de Dinant, où l'on peut signaler, entre autres, le Trou de la Naulette, sur la Lesse, et le Trou du Frontal, dans la vallée de la Meuse.

Leur sol, composé de produits stalagmitiques associés à des lits argileux ou sableux, a fourni beaucoup de vestiges organiques dont la réunion suffit à montrer la longue persistance de certaines cavernes.

Ce sont, vers la surface, des restes d'animaux semblables à ceux qui vivent encore dans nos régions septentrionales tempérées, tels que l'ours brun, le loup, le renard, le cerf, le chevreuil, le bœuf, le castor. Au-dessous sont des animaux qui ont complètement disparu de nos pays, mais qu'on retrouve dans des localités plus ou moins éloignées, comme le renne et le glouton, maintenant cantonnés dans la zone glaciale, le chamois et la marmotte, retirés dans les Alpes et les Pyrénées, l'ours grizzly (*Ursus ferox*) des montagnes Rocheuses de l'Amérique du Nord, le lion (*Felis spelæa*), qui habite maintenant l'Afrique.

Viennent enfin des animaux complètement disparus de la faune vivante : le mammouth (*Elephas primigenius*), le rhinocéros à narines cloisonnées (*Rhinoceros tichorhinus*), le grand hippopotame (*Hippopotamus major*), l'hyène des cavernes (*Hyæna spelæa*), l'ours des cavernes (*Ursus spelæus*), le cerf à bois gigantesques (*Megaceros hibernicus*).

L'homme vivait parmi ces êtres maintenant fossiles et c'est de la découverte de ses ossements que l'on baptisa une caverne du nom de *Trou du Frontal*.

Il y a en France des cavernes célèbres, surtout par les traces que l'homme quaternaire y a laissées de son industrie et de son art : ce sont, entre toutes, celles de la Vézère : les Eyzies, Laugerie, la Madeleine. Au Portel (Ariège), on voit le portrait en rouge d'hommes datant des époques palæolithiques. La grotte d'Arcy a fourni depuis longtemps aux paléontologistes une grande quantité d'animaux fossiles, et la Grotte des Fées, dans le voisinage, mais très différente de forme, a livré en 1859, au marquis de Vibraye, avec des ossements fossiles, des vestiges de l'industrie humaine, comme des silex taillés, des os et des bois de cerf, travaillés en pointes de lances ou de flèches.

Il faut rapprocher de ces cavernes quaternaires les brèches osseuses, où les fragments rocheux et les ossements sont cimentés ensemble par des concrétions calcaires.

A Nice, dans les flancs du rocher qui porte le Château, on voit des crevasses remplies d'un limon de décalcification dans lequel sont empâtés des débris fossiles très variés et parfois bien conservés. On rencontre de ces dépôts dans les Alpes, les Pyrénées, aux environs de Paris. Autour de Gibraltar, les formations quaternaires comprennent des vases cimentées par du calcaire et renfermant des ossements et des coquilles terrestres sous la forme de brèches, dont les plus anciennes contiennent des vestiges d'espèces perdues. Les États-Unis en ont de considérables.

En Algérie, une véritable brèche osseuse est associée à des gisements d'onyx, stalagmite de cavernes antiques.

Il est tout naturel que des animaux et des hommes aient pris les cavernes pour abri. En outre, ce que nous avons vu des causses et des régions analogues, toutes perforées d'abîmes, dans lesquels tombent les animaux, dont les cadavres en décomposition sont si souvent une horrible gêne pour les spéléologistes, expliquent aussi la richesse de certains gisements, tels que ceux du Quercy, dans lesquels Henri Filhol a dégagé de la phosphorite toute la faune du gypse : *Palæotherium* et *Anoplotherium*, mélangés à des Rhinocéros et à des *Anthracotherium* de l'Aquitanien d'Auvergne (Saint-Gérard-le-Puy).

Voici comment l'on reconstitue l'histoire de ces gisements (¹).

1° A l'époque ludienne (partie inférieure du tongrien), des cavernes ouvertes dans la masse de calcaires d'âges divers, compris entre le bathonien et l'oxfordien, ont fourni un refuge à des animaux *de la faune du gypse*, et entre autres, à des chauves-souris, qui ont superposé, comme elles le font aujourd'hui, des amas de guano aux bancs calcaires. Il se déclare entre les produits

---

(¹) Société des Sciences physiques et naturelles de Toulouse, 1881, 120 pages et 10 planches, 1883.

de fermentation microbienne (phosphate d'ammoniaque, etc.)
et le carbonate de chaux, des réactions dont le produit le plus
important est le phosphate de chaux.

2° Plus tard, le terrain s'affaisse ; il est recouvert d'assises plus
récentes que le tongrien, oligocène, miocène, etc. ; la zone des
phosphates est amenée dans le domaine du bathydrisme. Il se
fait des concrétions et toutes les variétés de stalactites et de
stalagmites.

3° Plus tard encore, le terrain subit en masse un retour vers
la surface du sol, et les couches superposées sont en partie supprimées par la dénudation, d'où il résulte qu'on ne peut pas
dire que les fossiles donnent leur âge aux émissions de phosphore ;
l'observation montre que la minéralisation a été nécessairement
plus récente, et il est exact d'ajouter que, dans la formation des
phosphorites, il y a eu superposition du phénomène bathydrique
à une décalcification superficielle amenant la production de
cavernes, puis du phénomène biologique, sous la forme de dépôts
de déjections phosphatées et ammoniacales au contact des calcaires.

La phosphorite de Caylux, entre autres, révèle par l'aspect
zonaire des sections qu'on y pratique, une similitude complète
de son régime générateur avec celui qui a présidé à l'accumulation des onyx.

L'onyx, qui compte parmi les plus belles pierres d'ornement,
a comme gisements des cavernes comblées par le dépôt chimique
de carbonate de chaux qu'y détermine la pluie infiltrée.

Nous avons vu que les stalactites et les stalagmites, résultant
de l'évaporation de la pluie toujours carboniquée qui a traversé
la roche calcaire excavée, restituent à la caverne ce que les cours
d'eau souterrains avaient enlevé à la roche initiale pour en
agrandir les cavités. La production de l'onyx une fois arrêtée,
parce que le vide est comblé, on exploite fructueusement ces
cavernes fossiles. On en connaît de tous les âges. Des gisements
remarquablement purs sont exploités au Mexique, à Tacali, en
Basse-Californie et en Algérie, dans la province d'Oran, où le
gisement d'Aïn Tebalek, aujourd'hui presque épuisé, a été
exploité activement par les Anciens, qui ne connaissaient pas
d'autres gisements d'onyx que ceux d'Algérie.

Enfin, de véritables cavernes fossiles qui furent pourvues d'avens et de puits naturels font partie du terrain sidérolithique. C'est dans le Jura suisse, aux environs de Délémont, qu'on a spécialement étudié ces gisements. On a rencontré tout d'abord des points qui, bien que très riches en fer, étaient très éloignés d'être arrivés à un état de décalcification complète. Même en faisant abstraction d'une certaine quantité de carbonate de chaux introduite postérieurement par la circulation des eaux, on y rencontrait des ossements d'animaux fossiles et spécialement des *Palæotherium* de l'âge de la pierre à plâtre de Paris, et datant par conséquent du tertiaire oligocène. La durée écoulée depuis le creusement de ces cavernes explique, par de longs travaux moléculaires, l'acquisition par le minerai de la forme pisolithique qui est très générale.

Filons. — Le nombre est grand des minéraux engendrés par les sources thermales.

Ce travail amène fatalement, au cours des temps, leur tarissement ; mais il reste de leur passage des traces volumineuses que l'on appelle des filons et qui sont le produit du remplissage, plus ou moins complet, des canaux dans lesquels circulaient les eaux remontant de la profondeur vers la surface et qui, en définitive, représentent d'anciennes pluies à leur retour de leur voyage souterrain.

Les filons constituent, comme nous l'avons vu, p. 235, un chapitre considérable de la Géologie. Nous devrons cependant nous borner à leur égard à de très sobres généralités.

La topographie souterraine des gîtes minéraux varie peu de l'un à l'autre et cette constance a été signalée depuis bien longtemps, en particulier au xviie siècle, par Agricola, qui l'a mentionné avec détail dans son livre intitulé *De Re Metallica* au chapitre *de Ortu et causis subterraneorum* ([1]).

Considérons un filon proprement dit du type le plus ordinaire (fig. 40). Sur la section d'un escarpement du sol, le long des flancs de la vallée, il se présente comme une bande s'élevant plus ou moins verticalement. Son épaisseur, qui peut être uniforme, de

([1]) Un volume in-folio illustré, Bâle, 1657.

quelques centimètres à un mètre, offre un aspect qui contraste à
première vue avec celui de la roche dite « encaissante », laquelle,
au contraire, peut être indéfiniment variée, granitique, schis-
teuse, calcaire, gréseuse et même formée par l'empilement de
roches très diverses pouvant même contenir des fossiles.

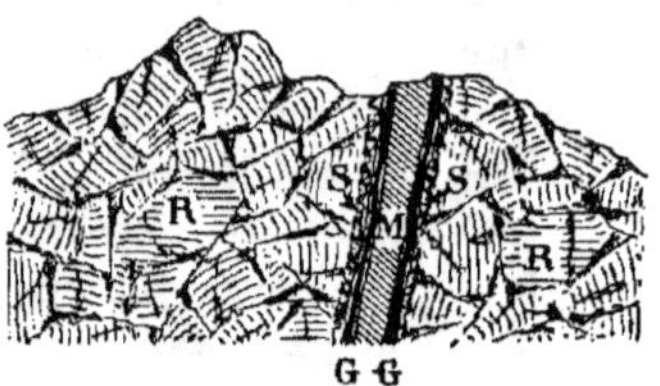

Fig. 40. — Coupe d'un filon métallique M recoupant une roche R préalablement traversée
par une géoclase ; GG, gangue associée de
façons très diverses avec le minerai ; S S, sal-
bandes ; zône de la roche encaissante modifiée par l'influence des agents minéralisateurs.

Le filon affecte une diversité de composition, de nature, d'autant plus accentuée
que certaines de ses régions
sont pierreuses ou cristallines, pendant que d'autres
sont métalliques et brillantes.
La structure générale est, au
contraire, en étroite coordi-
nation avec la forme du filon.
Et c'est souvent en bandes
parallèles à sa plus grande
dimension, avec une évidente symétrie à droite et à gauche
d'un plan médian, que se succèdent les éléments constitutifs du
gîte.

En partant d'un des bords pour faire la traversée de la bande,
on pourra rencontrer une tranche de quartz, suivie d'une tranche
de galène ou minerai de plomb, après lequel viendra comme un
feuillet de pyrite de fer, d'un jaune d'or ; enfin, un ruban de
calcite, ou carbonate de chaux bien cristallisé, etc.

On sera alors à la moitié de l'épaisseur du filon et en continuant on retrouvera la même série, mais renversée. Contre le
ruban de calcite limité par le plan médian, il y aura un second
ruban tout pareil, de la même structure. Après quoi se présentera,
en pendant exact du filet doré de pyrite de fer, un filet également
doré de la même pyrite. Puis viendra une bande de galène, si
pareille à la première qu'on croirait la voir dans un miroir. Et
le filon se terminera, comme il avait commencé, par du quartz
ayant tous les caractères du début de cette double série([1]).

Cette structure *rubanée* et symétrique s'explique toute seule
par la comparaison du filon avec un tuyau de conduite d'eau

([1]) Stanislas Meunier, *Les Gîtes minéraux*. Un volume in-8, Paris, 1919.

incrustante, qui se serait progressivement engorgé par la superposition des dépôts du liquide.

Cette comparaison ne peut être mise en doute, mais l'objection
paraît bien grave du fait de l'insolubilité des éléments du filon.
Et c'est ici que les résultats de Sénarmont triomphent ([1]).

« Des gîtes métallifères très importants paraissent, dit-il, s'être
formés par voie de dissolution... Tout tend à prouver que ces
gîtes ne sont autre chose que d'immenses canaux plus ou moins
obstrués, parcourus autrefois par des eaux incrustantes;... les
principes les plus répandus dans les sources thermales sont les
acides carbonique et sulfhydrique, les sels alcalins et, entre
autres, les sulfures et les carbonates. Il faut supposer de plus,
dans les *eaux mères* des filons, quelques éléments nécessaires à
la formation des minéraux métalliques, mais cette hypothèse n'a
pas besoin d'être justifiée. »

Et ce furent alors que se succédèrent les mémorables expériences
où des corps insolubles furent obtenus par doubles décompositions
ou par des réactions analogues, dans des conditions où pourront
se faire sentir les influences minéralisatrices de l'eau sous pression, portée à une température supérieure à celle de son
ébullition. L'eau suréchauffée agit ainsi comme un minérali-
sateur décisif dans un grand nombre de circonstances.

Prenons un exemple de cette manière d'opérer.

Au lieu de mélanger le sulfhydrate d'ammoniaque au sel de
plomb dans un verre à expériences, Sénarmont aura soin de
mettre ces deux réactifs dans des récipients distincts : le sulfhydrate, dans une petite ampoule de verre mince qu'il fermera à la
lampe et la solution plombifère dans un long et gros tube de verre.
Après avoir introduit l'ampoule, sans la briser, dans le liquide, il
portera celui-ci à l'ébullition et, pendant que la vapeur sortira
abondante, il fermera le gros tube à la lampe et le laissera refroidir.

Alors le tube de verre, chargé comme nous venons de le dire,
sera glissé dans un canon de dimension convenable, en acier
fondu, qui, après avoir reçu quelques centimètres cubes d'eau,
sera hermétiquement fermé à l'aide d'un bouchon dont la parfaite
étanchéité est la condition indispensable au succès.

([1]) *Annales de chimie et de physique*, 1851, 3e série, t. XXXII, p. 131.

L'appareil étant ainsi disposé, on le chauffera progressivement jusqu'à une température de 3 à 400°, qu'on maintiendra durant plusieurs jours. Après un refroidissement progressif, on ouvrira le canon d'acier, et, s'il n'y a pas eu de malheur, on retrouvera le tube de verre entier, mais devenu opaque par des réactions secondaires, et l'on constatera à son intérieur l'existence d'un revêtement continu, admirablement cristallisé et complètement constitué par des petits cubes brillants, d'un blanc d'argent, ou, pour mieux dire, d'un blanc de galène.

Car c'est en effet de la galène, minéralogiquement parlant, qui s'est faite, l'ampoule s'étant brisée par la dilatation de l'air qu'on y avait laissé à dessein, et le sulfure alcalin s'étant alors mélangé au sel de plomb.

Sénarmont a réussi cette expérience sur tous les minéraux filoniens, aussi bien sur les gangues, quartz, calcite, barytine, fluorine, etc., que sur les minerais, blende, pyrite, cinabre, stibine, sidérose, limonite, etc.

On sait que les minéraux constituants des filons sont les minerais et les gangues : les premiers sont l'objet de l'exploitation ; ils ont généralement l'aspect métallique ; il en est aussi de pierreux ; les gangues, beaucoup moins variées que les minerais, sont comme des matières de remplissage.

Quelquefois on constate entre la roche encaissante et les bords du filon ou *épontes*, un intervalle rempli de matériaux détritiques, que l'on appelle *salbande*.

A l'inverse, on rencontre des parois de filon, tellement appliquées contre la roche encaissante qu'elles en ont par concrétion reproduit tous les détails de structure, et, par exemple, le polissage et les stries résultant du phénomène orogénique : ce sont des *miroirs de filons*. Enfin cette roche encaissante a quelquefois subi, par une sorte de capillarité, une imprégnation, qui se révèle par un réseau de veinules filoniennes au point que parfois cette véritable annexe est susceptible d'exploitation : c'est le *stockwerk* des Allemands.

On a voulu voir, dans le passé, une « époque filonienne » ; c'est encore une erreur : le phénomène métallifère est continu, comme la circulation des eaux minérales.

Nous avons vu que celles-ci apportent au jour une série pour

ainsi dire indéfinie d'espèces ; et de même, dans un filon, on ne
rencontre jamais une seule espèce minérale. D'ordinaire, il y en
a une évidemment prépondérante comme quantité, mais d'autres lui font cortège et procurent quelquefois des avantages
accessoires.

A l'histoire des filons se rattache la production de certains
gîtes qualifiés de *calaminaires,* à cause de la fréquence du zinc
parmi les substances qui les composent. Ils ont la forme d'amas
souvent très hétérogènes, remplissant des cavités ou *poches*
ouvertes dans des roches calcaires. La comparaison établie entre
diverses localités, telles que la Vieille-Montagne, le Laurium, de
nombreux points de l'Algérie et de la Tunisie, etc., conduit
à voir dans ces dépôts des résultats de la précipitation chimique,
réalisée par le calcaire, aux dépens de solutions métalliques circulant dans les régions souterraines.

A cet égard, l'étude du Laurium (près d'Athènes) a procuré des
renseignements spécialement précis ([1]).

Dans cette localité, le sol consiste en bancs, obliques sur
l'horizon, de calcaire et de schiste, alternant régulièrement entre
eux. Il en résulte qu'à une diastrome ayant le calcaire à son toit
en succède une autre qui a le calcaire à son mur, et ainsi de
suite. L'eau métallifère, poussée des profondeurs selon des fissures de divers ordres, s'est déversée dans ces joints de stratification, de façon à circuler tantôt sur un fond de schiste et tantôt
sur un fond de calcaire. Dans le premier cas, alors que la roche
précipitante a été attaquée de bas en haut, les cavités remplies de
produits calaminaires ont en gros la forme de cônes, avec la
pointe en haut : elles sont, comme on dit, en *éteignoir.* Au contraire, quand le calcaire a été attaqué par-dessus, les corrosions
ont pris le profil d'entonnoirs. La précision des études dont ces
détails de forme ont été l'objet, a permis de reconstituer les conditions d'origine de nombreux amas de tous les âges. Il en résulte
une confirmation de l'inextricable complication des circuits parcourus par les eaux dans les profondeurs du sol.

La puissance pétrogénique de l'eau souterraine se manifeste

([1]) Huet, *Mémoires de la Société des Ingénieurs civils,* 1878 et 1886.

encore dans le phénomène zéolithique, que nous avons vu à
l'œuvre actuellement, et qui est le remplissage, par des minéraux
variés, des interstices de tous genres et spécialement des vacuoles
des coulées de lave, plus ou moins anciennes.

Celles-ci, épanchées au contact de l'air, ont été ensuite amenées
sous les eaux des mers par un bossellement positif. Alors, elles
ont été recouvertes de sédiments variés et elles ont été baignées
par les infiltrations bathydriques, à la température des profondeurs qu'elles avaient ainsi atteintes. Grâce à leur activité chimique, ces eaux se sont minéralisées, soit aux dépens des masses
plus ou moins lointaines, soit en attaquant certains minéraux
des roches boursouflées elles-mêmes.

En tout cas, en arrivant dans les vacuoles et parfois en s'y
rencontrant les unes avec les autres, elles ont abandonné tout ou
partie de leur minéralisation. Les parois des chambres ovoïdes
se sont revêtues d'une pellicule minérale, et sur ce premier
enduit, des dépôts se sont succédé, pareils ou différents au cours
des temps, selon les vicissitudes du milieu souterrain et des procédés d'alimentation des filets aqueux.

Et c'est ainsi que se sont faits les nodules d'agates zonaires,
la pierre à camées, dont on trouve parfois des spécimens incomplets, arrêtés à l'état de coque siliceuse fermée de toutes parts et
ayant conservé dans leur panse, une quantité plus ou moins
grande de l'eau génératrice.

On rencontre d'ailleurs des minéraux zéolithiques dans les
filons métallifères, comme de l'analcine dans les gîtes d'Arendal,
et en Norvège, de l'harmotome, à Andeasberg, au Harz, à Kons-
berg, en Norvège, avec de la stilbite.

Sur une échelle colossale, les zéolithes les plus variées sont
associées avec des gîtes de cuivre natif et d'argent natif, en nodules parfois énormes, enclavés dans les terrains les plus anciens
qui affleurent au bord du lac Supérieur. Ces nodules sont
tellement purs au point de vue chimique qu'on est porté à supposer que des actions galvanoplastiques ont présidé à leur dépôt.

Alluvions verticales. — De même que les rivières charrient
une quantité considérable de matériaux : sables, argiles, fragments rocheux, que l'on désigne sous le nom général d'*alluvions*,

les eaux qui remontent des profondeurs à la surface, y rapportent
par un procédé purement mécanique, des éléments que j'ai dési-
gnés sous le nom d'*alluvions verticales*.

Le phénomène est des plus fréquents. Ainsi, le forage du puits
de Grenelle et celui du puits de Passy apportent de 54o mètres
de profondeur des quantités notables de sable vert.

Quand on a curé le « puisard romain » de Bourbonne-les-
Bains, en 1874, on a reconnu que le canal de venue des eaux
minérales était encombré d'une colonne de sable venant du fond.
Les perforations verticales naturelles reproduisent le même fait,
sur une échelle infiniment plus grande, et on le constate dans des
terrains d'âges très divers.

Il en est de beaux exemples aux environs de Paris, qui consistent en intrusions de sables composés des éléments du granit
(quartz, mica altéré, feldspath kaolinisé), traversant des assises
variées et spécialement la craie et l'argile plastique.

Montainville, auprès de Beynes (Seine-et-Oise), se rattache
à une série de gisements qu'on a poursuivis depuis Vernon
(Seine-et-Oise) jusqu'à Plessis-Piquet, près de Sceaux (Seine).

L'étude détaillée de l'affleurement visible à La Maladrerie de
Montainville a conduit à en rapporter l'âge à une date postérieure
à l'époque aquitanienne (oligocène supérieur), car on a trouvé
dans la masse éruptive des fragments de meulière de Beauce,
d'ailleurs transformée dans sa composition minéralogique,
comme le ferait le contact, en vase clos, de l'eau chaude, conformément aux expériences de Sénarmont.

Plus célèbres et plus anciennes encore sont les alluvions verticales qui ont fourni les sables diamantifères du cap de Bonne-
Espérance.

Ayant été mis en possession en 1877 d'une petite quantité de
sable provenant de Du Toit's Pan, je fus assez heureux pour
conclure de son examen[1], une théorie de la formation des gîtes
diamantifères de l'Afrique australe qui, tout à fait nouvelle
alors, a été pleinement confirmée depuis par les explorateurs.

---

[1] Stanislas Meunier, *Mémoire sur les alluvions verticales*. Bull. Soc. imp. des
naturalistes de Moscou (1876). Voir aussi *Comptes rendus de l'Académie des Sciences*
du 3o août 1875.

Certains d'entre eux l'ont même regardée comme si évidente qu'ils ont jugé inutile d'en citer l'auteur, oubliant qu'avant mon travail, l'opinion admise par tout le monde, y compris les voyageurs comme Dunn et Stow, était radicalement différente.

Dans un Rapport très favorable, qui fut lu le 21 mai 1877 par Daubrée, devant l'Académie des Sciences, au nom d'une commission nommée pour examiner mon Mémoire, cette théorie est bien exposée :

« Relativement à l'origine et à la formation de ces sables, les géologues qui les ont examinés sur place sont d'accord pour leur attribuer une origine profonde, à raison de leur disposition en amas verticaux et enclavés dans les roches diverses. On a rattaché leur sortie à des phénomènes volcaniques, et considéré ces sables comme le résidu sur place de l'altération des roches pyrogènes. Tout en admettant que la roche diamantifère a été amenée de bas en haut, M. Stanislas Meunier lui attribue un autre mode de formation. D'après l'analyse minéralogique qu'il a exécutée, la masse de remplissage se compose de roches très diverses et à l'état de fragments distincts : serpentine, grenatite à sahlite, pegmatite, talcschiste. Il paraît peu probable que des roches aussi différentes se soient formées ainsi d'un seul coup, à l'état de mélange, sous l'action des mêmes causes. Il est plus naturel de supposer que chacune d'elles a été arrachée à un gisement spécial, puis charriée jusqu'au point où le mélange actuel se présente. Or, admettre d'une part l'origine profonde des sables à diamants, et d'autre part, y reconnaître le produit d'un transport, c'est les ranger dans la même catégorie que les sables granitiques intercalés à travers les terrains stratifiés... Pour revenir au travail qui fait l'objet de ce Rapport, nous dirons que M. Stanislas Meunier, à la suite d'un examen attentif des sables de l'exploitation dite Du Toit's Pan, en a nettement séparé plusieurs espèces minérales qui n'avaient pas été signalées dans les sables diamantifères de l'Afrique australe ; de plus, l'auteur a été amené par cette étude à une explication ingénieuse du mode de remplissage des puits verticaux obstrués par ces sortes de sables. »

Quelques années après avoir étudié les sables de Du Toit's Pan, je fus mis en possession d'une nombreuse série d'échantil-

lons offrant des caractères bien différents de ceux que j'avais eus
d'abord, et qui cependant confirmèrent ma théorie des alluvions
verticales. Ils provenaient de quatre mines différentes : Du
Toit's Pan, Bulfontein, Old de Beer, Kimberley. Leur examen
minéralogique donna lieu à un Mémoire à l'Académie royale de
Bruxelles ([1]). Je dirai un mot ici des roches de Kimberley.

Le conglomérat extrait de cette mine à 3oo pieds de profondeur, et qui est l'échantillon le plus profond que j'ai eu entre
les mains, offre un aspect tout à fait exceptionnel. Il est presque
noir avec de petites taches blanches, de façon à donner tout
d'abord l'idée de quelque basalte amygdaloïde. Cependant, il est
hydraté et essentiellement magnésien et la plupart des fragments
qui le constituent consistent en une serpentine compacte.

Çà et là se détachent des fragments jaunâtres à cassure grasse,
dont l'aspect est également fort caractéristique. Cette roche,
qui donne à l'analyse la composition d'une serpentine de composition moyenne, se montre au microscope presque entièrement
opaque. On y voit briller par places des cristaux tout à fait incolores, très actifs sur la lumière polarisée. On ne les retrouve
pas dans le résidu de l'attaque de la roche dans un acide et je
suis porté à les considérer comme consistant en péridot. Des
infiltrations blanches de calcite ressortent de toutes parts sur
une section du conglomérat de Kimberley, et sous le choc du
marteau elles se détachent sous forme de plaques.

On retire exceptionnellement de la gangue de Kimberley des
fragments plus ou moins volumineux de roches diverses, dont
les plus intéressantes sont : une belle roche ophitique d'un vert
clair, finement grenue, renfermant des amandes blanches com-
posées de calcaire pour la plus grande partie; un noyau sphé-
roïdal d'une roche grisâtre, finement grenue, où se montre à
l'œil nu l'association d'un minéral incolore avec une substance
foncée et que la forme arrondie de la plupart des grains entrant
dans sa composition doit faire ranger parmi les grès dioritiques;
un fragment d'une roche verdâtre, remarquable par les cristaux
à l'état métalloïdique qui remplissent certaines de ses fissures :
l'analyse y montre l'existence de silicates magnésiens et de

([1]) Bulletin, 3ᵉ série, t. III, nᵒ 4, avril 1882.

silicates alumineux; une ophite dont la densité considérable
s'explique par l'abondance du fer oxydulé; un échantillon qui
est l'un des plus intéressants parmi les produits de Kimberley :
une serpentine qui, vue à l'œil nu, est des mieux caractérisées et
où brillent de grandes lamelles de diallage et de la calcite plus
ou moins teinte en vert et enduisant les fissures; une euphotide;
un petit galet très rond consistant en une variété de tourmaline,
ressemblant beaucoup à celle que l'on peut recueillir à Saint-
Pons, dans le département de l'Hérault; des galets aplatis que
leurs propriétés rapprochent de certaines variétés de chloritoschiste.

La roche significative parmi tous ces échantillons, c'est la
serpentine, qui résulte ici de l'hydratation sur place de silicates
magnésiens anhydres et on trouverait difficilement un argument
plus décisif à l'appui de l'opinion qui fait de là serpentine
comme le kaolin de ces silicates.

Déjà, en 1872, j'ai montré qu'il n'y a guère de serpentines,
même les plus homogènes d'apparence, où l'on ne puisse
retrouver du péridot ou des pyroxènes ([1]). Dans l'échantillon de
Kimberley, on voit directement ces restes de la roche non
modifiée d'où proviennent les serpentines. Dans le cas particulier, on est de plus frappé de l'analogie d'aspect du péridot
non encore modifié avec celui du péridot constitutif de la chan-
tonnite, c'est-à-dire de la roche météoritique qui, d'après mes
recherches ([2]), doit reproduire les caractères des masses terrestres
éruptives et profondes dont les serpentines sont des chapeaux.

La serpentine de Kimberley paraît avoir des analogies intimes
avec diverses serpentines européennes et, à cet égard, je citerai
tout spécialement celle que l'on rencontre entre Bolo et Guère,
non loin de Constantinople. Un échantillon de cette roche, de
la collection du Muséum, est à ce point de vue fort intéressant.
On y observe au microscope de véritables squelettes de cristaux
péridotiques ayant subi la serpentinisation sans avoir perdu le
contour géométrique.

Les conclusions de mes études des échantillons du Cap sont

([1]) *Comptes rendus de l'Académie des Sciences*, séance du 20 mai 1872.
([2]) *Idem.* Séance du 31 octobre 1870.

que les matériaux provenant des quatre mines de Du Toit's Pan,
de Bulfontein, d'Old de Beer et de Kimberley ont le même mode
de formation.

On peut apprécier en outre l'importance des phénomènes
d'altérations subies par les alluvions verticales diamantifères, soit
de la part des agents externes, soit de la part de causes plus
profondes.

Parmi les modifications de cette seconde catégorie, il faut
faire une place toute spéciale à l'hydratation des silicates et tout
spécialement à la transformation du péridot et du pyroxène en
serpentine. Nulle part ne se montrent des faits plus éloquents.
Ils ont cet intérêt tout spécial de pouvoir être attribués directement à la réaction des eaux chaudes ascendantes qui ont charrié
l'alluvion à diamants et de montrer que celle-ci a traversé des
conditions analogues à celles dont les sables granitiques des
environs de Paris ont conservé l'empreinte. C'est ainsi que les
modifications subies par les argiles associées aux meulières
tertiaires empâtées dans le sable kaolinique et que j'ai naguère
signalées, représentent des phénomènes de même ordre que la
serpentinisation des roches péridotiques et pyroxéniques des
pans.

CONCLUSION

LA DERNIÈRE PLUIE

Il va sans dire que le phénomène de la pluie n'a débuté sur la Terre qu'à une époque où celle-ci avait acquis des caractères bien voisins de ceux qu'elle présente actuellement. C'est donc une manifestation naturelle très récente, si on la compare au temps écoulé depuis la séparation initiale de la matière cosmique qui la compose, c'est-à-dire depuis le commencement de son individualité.

La pluie a fait suite à l'œuvre d'épuration de l'atmosphère, tout d'abord chargée d'une foule de vapeurs, maintenant condensées et le plus souvent même solidifiées, qui eussent été incompatibles avec l'explosion du phénomène biologique — pour ne citer que lui dans la série des modes de l'activité planétaire.

Mais, si les études géologiques permettent de suivre à la piste les travaux imputables à la pluie, depuis les premières époques sédimentaires, il semble que les documents soient incomparablement moins nombreux et d'un caractère infiniment moins précis, dans la recherche des circonstances qui signaleront la dernière pluie. Il est tout à fait vraisemblable en effet, d'après les enseignements de la *Géologie comparée* (¹), que la dernière goutte d'eau sera tombée sur le sol et absorbée par lui, avant que les temps de la désagrégation planétaire soient accomplis.

(¹) Voir à ce sujet: *Le Ciel géologique*, par Stanislas Meunier, un volume in-8, Paris (1871), et la *Géologie comparée*, par le même, Paris (1895), et plusieurs autres publications.

Constatons tout d'abord que cette question de la fin de la pluie entre d'une manière nécessaire dans le sujet du présent volume, et que la seule raison qui pourrait nous la faire éluder serait notre impuissance à la considérer comme vraisemblablement résolue.

Or, c'est par l'étude des notions fournies pendant une période semi-séculaire que nous sommes arrivé, *presque malgré nous*, et par la seule logique de l'enchaînement des enseignements de là Nature, à en faire un simple incident inéluctable de la vie du globe.

Nous avons, dans les pages qui précèdent, insisté sur l'absorption progressive des eaux des océans, et par conséquent de toutes les eaux de la superficie terrestre, par le seul progrès en profondeur du refroidissement de la planète. Et les dosages de l'eau de carrière dans les roches les plus variées ayant démontré que si le globe doit se refroidir jusqu'à son centre, la masse entière de l'élément aqueux serait, d'après le célèbre travail de Delesse [1], incontestablement insuffisante pour l'hydrater dans toute sa substance, la conclusion s'impose de l'acquisition par notre planète d'un état normalement final de l'évolution sidérale. C'est ce qu'il va nous être aisé de prouver.

Au fur et à mesure des progrès de l'Astronomie, on voit augmenter les témoignages de l'unité de composition des astres dont la réunion constitue l'Univers physique. Après avoir constaté leur uniformité morphologique, qui y montre des globes sphéroïdaux et leur uniformité d'allure qui les révèle comme tournant les uns autour des autres dans des orbites fermées, on est parvenu, grâce au secours de l'analyse spectrale à reconnaître leur unité chimique, les mêmes corps simples se rencontrant dans les uns comme dans les autres et aucun ne semblant présenter des substances différentes de celles qui composent la Terre. On est même allé encore plus loin et l'unité de constitution géologique s'est manifestée à plusieurs reprises. Mars et Vénus montrent la coexistence de continents et d'océans recouverts d'une atmosphère gazeuse en circulation continue; les pôles présentent des calottes glacées bien analogues

---

[1] *Bulletin de la Société géologique de France*, 2e série, t. XIX, p. 64.

à celles de la Terre, et la Lune offre de toutes parts des volcans manifestement comparables quant à leur forme et vraisemblablement quant à leur origine aux volcans de la Terre. Ces constatations sont venues apporter les confirmations les plus précieuses à la théorie géniale de Laplace au point que celle-ci en paraît comme définitivement démontrée.

Cependant, on ne peut méconnaître que l'ensemble des ressemblances intimes entre les astres s'associe à des différences caractéristiques et qu'on est dans l'obligation d'en attribuer la cause à l'âge relatif des astres considérés. En d'autres termes, on reconnaît que les différents corps célestes sont des amas sphéroïdaux d'une même matière chaotique différant surtout par le volume et qui ne se sont sans doute pas individualisés en même temps. Ils évoluent parallèlement les uns aux autres et avec une vitesse qui est d'autant plus grande que leur diamètre est moins considérable, traversant des étapes dont les principales sont désignées par les appellations de nébuleuse, de stellaire, de planétaire et de lunaire, sans compter les degrés relatifs à la désagrégation et qui présentent les deux formes principales, d'astéroïdique et de météoritique.

Tout cela, maintenant bien admis par les astronomes comme par les géologues, il restait cependant un petit détail d'autant plus embarrassant à première vue, qu'il concerne un corps tout voisin et que l'on a eu toute facilité d'étudier dans le plus grand détail. C'est la Lune, dont la surface ne se borne pas à nous montrer des volcans, ce qui serait tout à fait conforme aux données qui précèdent, mais qui ne nous présente presque *que des volcans*. La plupart des astronomes et même des sélénologues, comme s'intitulent ceux qui se sont spécialisés dans l'étude de la Lune, n'ont pas craint (au mépris de toute la philosophie radieuse qui émane des liens énumérés plus haut et que présume si bien la synthèse de Laplace) de supposer qu'elle présente des particularités essentiellement différentes de celles qui caractérisent la Terre cependant si voisine et dont elle est évidemment sortie, comme la Terre est sortie de la masse qui devait devenir le Soleil.

Dans ces conditions, il paraît spécialement intéressant de proclamer que la différence affectée par la Lune comparativement

à la Terre n'est en réalité qu'apparente; et même, en allant
beaucoup plus loin, mais de la manière la plus légitime comme
on va voir, que la différence apparente constitue une vérification,
et une confirmation éclatante du mécanisme de l'évolution
planétaire, dont la Terre nous permet de pénétrer les détails.

C'est ce qu'il va être aisé de faire comprendre en peu de mots.

On sait que l'éruption volcanique est une conséquence nécessaire du refroidissement spontané de la planète et de la contraction à laquelle la croûte est soumise dès lors, d'une manière
inéluctable. Cette contraction, à l'inverse de celle qui anime le
noyau et qui est dirigée vers le centre de la Terre, est au contraire
tangentielle, c'est-à-dire parallèle à la surface du globe. Elle
détermine une compression de l'écorce, qui se déforme et qui se
brise de façon à se réduire en segments, qui glissent les uns sur
les autres de façon à augmenter leur épaisseur commune en
même temps qu'à diminuer leur surface. C'est dans ce mouvement de glissement que se développe l'action calorifique d'où
dérive l'activité volcanique. En effet, des zones souterraines
pourvues par infiltration de leur *eau de carrière*, se trouvent
nécessairement recouvertes par des niveaux amenés de plus bas
et qui, en conséquence, sont à température plus élevée. La roche
humide ainsi recouverte est, par là même, recuite comme en
vase clos; l'action de l'eau suréchauffée qui l'imprègne se traduit
par la minéralisation (c'est-à-dire la cristallisation) de ses éléments et l'intervention de la pression force l'eau à s'incorporer
dans le *magma*, qui acquiert ainsi la propriété foisonnante, c'est-
à-dire la tendance à faire éruption centrifuge par toutes les fissures qui pourraient le mettre en communication de tension
avec les régions moins profondes, à plus forte raison avec l'extérieur. Tous les détails de l'éruption volcanique s'expliquent de
la manière la plus naturelle dans cette manière de voir, qui est
elle-même la suite logique des faits les mieux établis de l'évolution planétaire spontanée.

Cela posé, il est évident que l'éruption volcanique, qui a commencé à sévir dès que la croûte, progressivement épaissie, fut
refroidie, et qui a compris deux zones concentriques, dont la
plus profonde est en ignition pendant que la moins profonde est
imprégnée d'eau, persistera à se manifester tant qu'il y aura de

l'humidité, progressant vers le centre, qui sera réchauffée par
le phénomène mécanique tangentiel.

Or, il n'est pas nécessaire que ces deux facteurs du volcanisme
aient un avenir égal en durée. Il peut se faire que le refroidissement spontané soit complètement réalisé, alors qu'il resterait
encore un excès d'eau à la surface. Celle-ci se congèlerait et
prendrait désormais l'état solide et l'allure générale des roches
pierreuses connues. Mais on peut faire la supposition inverse et
se demander ce qui se produirait si toute l'eau était absorbée
bien avant que le globe fût complètement froid, c'est-à-dire à la
température de l'espace. Dans ce cas, et alors que la surface de
l'astre serait complètement desséchée, le volcanisme pourrait
encore se réaliser en profondeur : il y aurait des poussées de
lave foisonnante et des projections de cendres qui retomberaient
sur le sol, sur lequel n'existeraient plus ni océan ni atmosphère.

A partir de ce moment, le nombre des cratères irait constamment en augmentant et il faut remarquer que les montagnes
volcaniques n'auraient plus à compter avec les dégradations et
les érosions qui, au bout d'un temps relativement très court,
arrivent à les faire disparaître; elles n'auraient pas davantage à
compter avec les sédimentations ou extensions de dépôts marins,
lacustres et atmosphériques, qui les masquent sous des revêtements de plus en plus épais. Au contraire, ce sont les formations
volcaniques qui, peu à peu, voileraient tous les produits d'origine différente, et la surface deviendrait de plus en plus le domaine
incontesté et exclusif du volcanisme.

Or, c'est ce qui est arrivé pour la Lune, et l'état, à première
vue si singulier de la surface de notre satellite, aurait pu être
prévu par quiconque aurait su les ressources thermométriques
et hygrométriques dont le petit astre pouvait disposer à l'origine. On peut donc voir dans la géographie sélénologique une
confirmation tangible de la théorie volcanique établie d'abord
pour l'usage exclusif de la Terre, et allant plus loin, on peut y
reconnaître un nouvel argument pour proclamer cette unité
astronomique dont nous parlions tout à l'heure.

Remarquons, en terminant, que l'activité volcanique n'a pas
besoin d'être plus active sur la Lune que sur la Terre, pour
donner lieu au résultat décrit et que, même si elle était égale à

celle-ci, l'effet obtenu serait celui que nous observons. En effet, si on suppose pour un moment que, seulement depuis le début de l'époque tertiaire, la Terre ait été privée de toute trace d'eau superficielle, désormais absorbée, tout en conservant encore une dose notable de chaleur, on conclut que toutes les manifestations volcaniques des temps tertiaires s'étaleraient sur le globe sans avoir subi les déficits érosifs et sédimentaires qui ont été rappelés. Dès lors les innombrables volcans, les immenses extravasements de basalte et d'autres laves, les extensions de cendres, dont celle relativement récente du Krakatoa nous donne un exemple, se seraient partagé la superficie des continents et des océans taris, et certainement la Terre aurait une figure tout à fait semblable à celle de la Lune.

On reconnaîtra l'intérêt de ces remarques, qui contribuent pour une part notable à la simplification de la théorie générale de la cosmologie.

Ce genre de considérations comporte un bref complément, digne, me semble-t-il, d'une certaine attention, parce qu'il précise le rôle de l'eau d'imprégnation, dans l'acquisition par les roches entièrement évoluées, d'une de leurs particularités les plus caractéristiques.

C'est, comme nous le montrent les météorites de tous les types, d'être complètement azoïques, c'est-à-dire privées de tout vestige de la vie. Le charriage des nappes, indispensable à la fidélité du contact de la zone pierreuse avec le noyau qui la supporte et dont elle est un produit de condensation et de cristallisation, en réalisant cette cataclase interne sur laquelle nous avons insisté, substitue la structure cristalline à la structure sédimentaire infatigablement remaniée.

Même pour des roches peu anciennes, le fait est des moins contestables et nous en pourrions citer d'innombrables exemples.

Tels seraient les marbres illustres de la Grèce, dont l'âge a été si longtemps problématique, parce que l'on ne voyait pas de témoignage paléontologique dans la substance cristalline qui a ému la sensibilité enthousiaste de nos plus grands poètes, Victor Hugo, Leconte de Lisle et bien d'autres.

Il a fallu la persévérance et la perspicacité d'un observateur hors ligne, comme M. Phocion Negris (d'Athènes), pour trouver

çà et là dans ces roches, quelques minuscules tests de foraminifères, dont nous possédons, grâce à lui, des photographies
amplement grossies et qui fixent l'âge de ces pierres à un passé
relativement très récent.

On sent l'importance de cette trouvaille, car elle jette le jour
le plus imprévu sur le fait si paradoxal de granit et de gneiss
contenant dans leurs masses des empreintes de végétaux pri-
maires, comme le musée de Berne en possède.

Quelque prolongé et quelque répété que soit le brassage des
roches charriées, dans l'élaboration des montagnes, il y reste de
temps à autre de petits lambeaux qui, tout cataclastiques et cristallins qu'ils sont devenus, ont conservé des vestiges de leur
contexture originelle, c'est-à-dire sédimentaire.

La conséquence, c'est que, non seulement les roches volcaniques ne peuvent pas avoir conservé les indices paléontologiques
qui ont fait partie de leur anatomie, lors de leur formation, mais
que les roches métamorphiques, après avoir gardé leurs fossiles
pendant une durée parfois énorme, remaniées qu'elles sont à
d'innombrables reprises dans l'incessant travail orogénique de
la croûte, ont perdu nécessairement toute structure organique.

En construisant en 1886 la route carrossable du Grimsel, on
contourna un bloc de gneiss, de 3 ou 4 mètres en tous sens,
abritant, contre les avalanches, l'hôtel de Guttanen. Ayant fait
sauter ce bloc à la poudre, on remarqua, sur l'une des dalles de
1^m,50 à 2 mètres dans lesquelles il s'était réduit, une empreinte
cylindroïde un peu courbe qui fut étudiée par De Fellenberg et
déposée au musée de Berne, où elle est encore considérée comme
représentant une *Calamites*, végétal des temps carbonifères.

Précédemment, Sismonda avait fait une découverte analogue
sur un bloc de gneiss du val Pellina, où Schimper et Heer
avaient reconnu un *Equisetum*. Et la priorité dans cette direction
paraît revenir à Brochant qui, dès 1819, fit une trouvaille toute
pareille dans les roches cristallines de la Tarentaise.

Il résulte de ces remarques que la destinée normale des roches
sédimentaires est de conserver, pendant un temps variable et qui
peut être gigantesque, le témoignage fossile des êtres organisés
vivant à l'époque de leur dépôt. Elles procurent ainsi aux
hommes des documents de la première valeur sur l'histoire de

leur demeure terrestre. Mais leur condition finale est d'acquérir plus tard, par la continuité des réactions souterraines, une structure essentiellement minéralogique.

Alors la collaboration de la vie est progressivement, et peut-être bien, à la fin, complètement exclue, de telle sorte que le phénomène biologique ne laisse aucune attestation de la part qu'il a prise dans la Nature, et qu'il ne restera rien de l'éclosion et de la carrière de toutes forces autres que celles qui prennent part à l'histoire des objets inorganisés.

Une pareille conséquence, quelle que soit l'impression qu'elle fasse sur notre esprit, nous laisse supposer que, vraisemblablement, rien de ce qui a trait à notre existence ne durera aussi longtemps que la Terre elle-même. Celle-ci destinée à s'égrener en débris, tombant chacun à son tour à la surface de ses compagnons sidéraux, une pareille conséquence explique peut-être la principale déception à laquelle a conduit l'étude, si passionnante d'ailleurs, des pierres tombées du ciel ou météorites.

Ces roches extra-terrestres ont été reconnues comme des restes ultimes des astres, et peut-être d'un seul astre, qui circulait autour de la Terre en véritable satellite, arrivé à la période de décomposition avant la Lune, qui est d'ailleurs en plein déclin, parce qu'il était moins volumineux et en conséquence des lois les plus connues du refroidissement.

On reconnaît parmi ces roches extra-terrestres un certain nombre de manières d'être représentées dans la série de nos formations telluriques ; mais en dépit de recherches maintes fois répétées et qui un moment avaient tenté Pasteur lui-même, dans les mains de qui j'ai eu l'honneur de remettre des échantillons de la météorite charbonneuse d'Orgueil (Tarn-et-Garonne), on n'y a jamais aperçu la moindre particularité qui autorise la supposition d'une intervention de quelque agent biologique. Ces pierres d'ailleurs représentent au premier chef des spécimens de la cataclase qui nous occupait tout à l'heure.

Ne serait-ce pas en effet un attribut inévitable pour les roches qui prennent part à l'évolution entière d'un astre, et alors que disparaît complètement l'eau d'infiltration, de subir dans toutes leurs parties, en conséquence des manifestations volcaniques, la transformation holocristalline, qui suppose la destruction de tout ce qui peut dériver de la vie.

Le phénomène de la suppression biologique ferait donc le pendant symétrique de l'apparition des organismes qui, sur chaque astre, constituerait le caractère distinctif d'une période moyenne.

En terminant ainsi cette *Histoire géologique de la pluie*, c'est à-dire de l'eau douce, nous complétons un ensemble déjà commencé par l'*Histoire géologique de la mer*, c'est-à-dire de l'eau salée.

TABLE DES MATIÈRES

PREMIÈRE PARTIE
LES TRAVAUX ACTUELS DE LA PLUIE

DEUXIÈME PARTIE

COLLABORATION DE LA PLUIE AUX DIVERSES FONCTIONS GÉOLOGIQUES